U0464204

国家社科基金项目"英国对华决策新发展及其对中英关系的影响研究"（16BGJ069）阶段性成果

新乡医学院博士科研启动基金和新乡医学院人文社会科学研究培育基地项目资助

岛国心理与英国对外政策

崔金奇 著

中国社会科学出版社

图书在版编目(CIP)数据

岛国心理与英国对外政策/崔金奇著.—北京:中国社会科学出版社,
2017.6
ISBN 978 - 7 - 5161 - 9924 - 4

Ⅰ.①岛… Ⅱ.①崔… Ⅲ.①政治心理学—研究②对外政策—
研究—英国 Ⅳ.①D0 - 05②D856.10

中国版本图书馆 CIP 数据核字(2017)第 042093 号

出 版 人 赵剑英
责任编辑 王 琪
责任校对 胡新芳
责任印制 王 超

出 版 中国社会科学出版社
社 址 北京鼓楼西大街甲 158 号
邮 编 100720
网 址 http://www.csspw.cn
发 行 部 010 - 84083685
门 市 部 010 - 84029450
经 销 新华书店及其他书店

印 刷 北京明恒达印务有限公司
装 订 廊坊市广阳区广增装订厂
版 次 2017 年 6 月第 1 版
印 次 2017 年 6 月第 1 次印刷

开 本 710×1000 1/16
印 张 14.25
字 数 219 千字
定 价 59.00 元

凡购买中国社会科学出版社图书,如有质量问题请与本社营销中心联系调换
电话:010 - 84083683
版权所有 侵权必究

序

赵怀普

英国是西方近现代文明和资本主义的发源地之一，19 世纪到 20 世纪初曾是国际体系的主导国，经历了 20 世纪的霸权衰落后，今天仍是具有全球和地区影响的重要国家之一，是联合国安理会常任理事国、欧盟三大国之一，在我国对外政治、经济、文化战略布局中占有重要的位置。

作为一个老牌的资本主义国家和西方强国，英国在长期殖民扩张和参与国际事务的过程中积累了丰富的政治经验，形成了深厚的外交传统，尤其善用外交手段来维护国家利益。第二次世界大战后其国力虽然衰落，但英国在国际外交舞台上依然活跃，在国际事务尤其欧洲事务中仍然拥有较强的影响力，展现了开阔的国际视野和高超的外交技巧。"三环外交"（即英国和美国、英国和英联邦、英国和欧洲）构成了战后英国对外政策的基本框架，随着国际形势的变化和英国对外政策的调整，这"三环"的各自比重和内容都已大为改变。英国 1973 年加入欧共体，标志着英国对外战略尤其对欧政策的重大调整，但是英国并未因此放弃其他两环。比起其他欧洲国家来，英国仍需要更多地照顾同各方面的关系，英国外交正是通过对这类复杂问题的处理展现其特色的。2016 年 6 月发生的"脱欧"公投，触发了英国对外政策的新一轮调整，从英国外交史的角度看，"脱欧"堪称 21 世纪英国对欧洲的又一次"光荣孤立"。一般认为，"脱欧"势将削弱英国在欧洲事务中的影响力，从长远看，失去了欧盟成员国的资格，英国将难以依托欧盟在欧洲和世界事务中发挥重要作用，英国在世界外交中的活动天地可能会继续缩小。但对此也不宜过分强调，毕竟英国的作用是历史上延续下来的。

英国是欧洲的第二大经济体和军事强国、世界核大国、联合国安理会常
任理事国以及英联邦的主导国家，英国在欧洲事务的某些领域（尤其
外交和防务领域）的作用仍是不可替代的，其在世界事务中的作用也
依然不容小觑。虽然眼下正面临着巨大的挑战，但英国外交仍会展现其
"现实主义"特色，即审时度势，努力使自己不处于过分被动、尴尬的
境地。正如陈乐民先生在《战后英国外交史》一书中指出的那样，英
国外交的总势是在被动中争取尽可能多的主动，从不放弃表现主动性的
任何机会。既善于适应环境的变化，又善于在变化了的环境里不与传统
的利益决绝，这是一种应变的"天赋"。值得注意的是，近些年来，随
着中国等一些新兴大国的群体性崛起，英国日益重视开展对新兴大国外
交，谋求通过合作拓展经济利益，同时借此巩固和提升英国在国际事务
中的影响力，"脱欧"或促使英国更加致力于追求这一目标。

英国外交是国际关系领域的重要研究课题，国外有很多学者从不同
视角对英国外交问题进行研究，从不同侧面反映了英国外交的实际状
况，也对英国外交政策的成败进行了不同解读。国内也有不少有关英国
外交问题的优秀研究成果问世，但大多属于英国外交史研究，即通过梳
理英国的发展史及其国际角色的变化来发现总结英国外交的特点；也有
部分作品对英国外交中的现象进行原因分析，提出历史学、政治学乃至
哲学、社会学和心理学等方面的思考。总体而言，与国外研究相比，国
内研究无论在广度还是深度上都存在不小差距，尤欠缺英国外交政策与
对外关系之多学科交叉研究。还值得注意的是，随着老一辈英国外交研
究学者的离世和退休，国内专门的英国外交研究队伍也出现了萎缩的趋
势。当前欧洲形势正在发生深刻复杂的变化，英国"脱欧"增加了英
国对外政策与欧盟政治发展的不确定性，"脱欧"之后英国将如何定位
其国际角色，其外交政策将发生怎样的调整和变化，以及这些调整和变
化将对英国的对外关系尤其中英关系带来何种影响等，这些都是值得认
真研究的重要问题。亦由此可见英国外交研究仍大有潜力可挖，对致力
于创新的研究者而言，拓展研究视角和创新研究方法显得尤为迫切和
重要。

崔金奇博士是英国外交研究领域的一个新兵，也是一个探索创新的
勇者。金奇本科学习心理学，硕士主修历史学，五年前入外交学院攻读

国际关系法学博士学位，其学科与专业跨度之大令人啧奇，也正是这一点赋予其多元化知识结构和跨学科思维优势，为其从事交叉学科研究课题打下了良好的基础。金奇一入学就明确了博士论文拟研究的问题，即运用精神分析这一心理学流派的理论与方法探究影响英国对外政策与外交行为的深层次原因。目前国内外学术界将心理因素引入英国外交政策分析的文献不多（尤其缺乏系统的、有深度的分析），更少有学者尝试运用精神分析理论来解读英国的对外政策与外交行为。金奇独辟蹊径，尝试将精神分析的基本原理应用于英国外交研究，他先是结合英国历史发展的进程，建构了"岛国心理"这一核心概念，继而运用此概念和变量对英国的对外政策进行分析，并辅之以案例考察，以期从深层次发现英国对外政策和外交行为的心理根源和内在动因。论文的主要观点是：英国的"岛国心理"是在该国历史演进过程中形成的，其固有的与欧洲大陆分离的恐惧和长期被欺凌的历史，使英国逐渐形成了独特的岛国心理。岛国心理的核心要义是恐惧心理和不安全感，这种心理一旦形成就会影响到英国的对外政策和行为。消除恐惧和不安全感，主要有三条途径：一是岛国民族自身的强大，自强以自安；二是依附于别的大国，借以生存；三是消亡，融入某个单元或集体中。在这一概念认知与界定下，论文详细探讨了英国强盛时期的均势外交，衰落过程中的对美依附战略以及针对欧洲一体化的战略选择及英欧关系的总体态势，据此形成了对英国外交行为的心理学分析和思考。应该说，论文在选题角度和研究方法上都有比较明显的探索创新体现，论文评审专家对此给予了充分肯定。首先是选题较新颖，以岛国心理这一个常被提及却没有得到严肃论证的因素来系统地探讨英国外交政策和行为中这一因素的影响所在，有利于丰富国际关系特别是英国外交政策的研究，因此该选题在学理上有显然的意义。就其现实意义而言，英国是国际体系中一个重要国家，也是与中国有着重要外交关系与利益关联的国家，其岛国心理如何影响外交行为的选择，对于中国处理对英关系有着政策上的参考价值。其次，论文尝试用精神分析这一心理学流派的理论作为外交行为与国际关系研究方法，在分析方法上也有所创新（迄今国际关系学界大多是借用认知心理学的研究方法，很少有人尝试用其他心理学方法分析国际关系）。总的看，全文逻辑连贯，结构清晰，文笔流畅，材料丰富，论证方式多样，写作规范，显示了作者比较扎实的理论基础和专业素养。当然，论文仍有进一步完善和提升的空间，譬如对岛国心理这一核心概念的认知与界定，可以做更深入地挖掘和提炼，以期对岛国心理的多面性、复杂性形成更完整的论述；同时在此基础上，还可引入与其他岛国的比较分析，以进一步增强论点和结论的说服力。

　　《岛国心理与英国对外政策》是在金奇的博士论文基础上修改成书的，该书选题涉及国际政治心理学、外交政策分析和英国外交政策的演变等重要研究课题，充分体现了作者对国际关系心理学尤其精神分析理论在国际关系研究中的应用可适性及特殊性的理解和探索。虽然有关英国对外政策的心理根源的分析还有待进一步深入，但作者在这一研究领域的尝试是领先的，作者提出的理论框架也可部分适用于对世界上其他一些岛国的对外政策的研究。相信该书的出版必将推动国际关系心理学和英国外交政策等问题的研究。

　　金奇博士留给我的一个突出印象是勤奋上进，对科研持积极、严谨的态度，学风扎实。他曾主持并完成多项与心理学相关的研究课题，此次《岛国心理与英国对外政策》一书的出版对他而言意义重大，不仅实现了其个人的学术发展与跨越，也见证了他探索国际关系研究之新方法的努力和做出的有益贡献，我作为导师对此甚感欣慰。当前国际社会及学术界对英国"脱欧"及未来的英国对外政策走向十分关注，希望金奇博士继续探索下去，努力在国际关系和英国外交领域取得更多更好的研究成果。

（作者系外交学院国际关系研究所教授、博士生导师）

目　　录

绪　　论

一　问题的提出与研究意义

英国是当今国际关系中一个具有重要影响力的国家，其外交风格独特，自成体系，娴熟的外交技巧常常为他国学习和借鉴。而英国外交中的许多政策和行为也为学界所关注，比如均势政策、英美特殊关系、三环外交、英欧若即若离的状态等无不吸引着众多学者的目光。对英国外交行为的产生原因，不同学者从不同角度给出了自己的答案。笔者思考的是能不能透过显性行为，从英国民族心态上来进行发掘，这也许是个令人期待的课题。

海洋和大陆是地球两个主要自然和人文地理环境，这些环境的不同，形成了地缘政治结构的不同特点，衍生出不同的文明、文化、政治制度等，形成不同的人文传统、心理倾向和行为特征。① 地缘政治结构由离心力和向心力两股力量形成，在国家层面上，两者都与对领土属性的生物性心理感受有关。② 这里的离心力主要是促使政治分裂的动力，指的是某一民族反对强加于自己的外来政治制度、语言、文化、宗教等的驱动力；向心力则是促进政治团结的动力，加强的是特定领土不可分割的感受。

"地缘位置和地缘环境历来是国家和民族生存和发展的基本空间，是国家存在的客观基础和自然条件，也是国际政治发展演变所依赖的

---

① ［美］索尔·科恩：《地缘政治学——国际关系的地理学》，严春松译，上海社会科学出版社 2011 年版，第 38 页。

② Robert Ardrey, *The Territorial Imperative*, New York：Atheneum, 1966, p. 108.

必要环境基质。"① 在这里，地缘位置的含义和地理位置一样，主要包括以经纬度为标志的数理地理位置，以山川、海陆、地形、气象等为标志的自然地理位置，以具有经济意义的自然条件或经济事物为标志的经济地理位置，以及政治地理位置和军事地理位置等。这几种地理位置也可以概括为国家的绝对位置和相对位置，数理地理位置和自然地理位置可以归为绝对位置，经济地理位置、政治地理位置和军事地理位置等可以归为相对位置。绝对位置是以国家在地球表面的位置为参照，数量关系具有稳定性，相对位置是以政治区域位置为参照，表现出的是一种互动水平。每个国家都有特定的地缘位置，可能会产生特定的地缘政治特点和潜力，不同的地缘位置会给所在国带来某种天赋优势，当然也可能带来天赋劣势，进而影响到所在国的生存和心理及行为反应。

所谓地缘环境一般指的是国家这一行为体以及由行为体在各种空间背景和条件下所构成的国际关系总和，也就是我们所说的国际环境。地缘位置表现的是国家间相对的地理位置以及由此产生的利害关系，是复杂国际关系在地理空间上的表现，地缘环境则表达的是这种复杂关系的一种动态性质，是一种"可塑的空间"②。地缘位置所具有的客观性和相对稳定性两大特性决定了其在任何时候都会对国际关系产生影响，③一个国家或国家集团在制定和推行某种战略的时候，都难免受到地缘位置的根本性影响。美国因为太平洋和大西洋宽阔水域的天然保护，使得它与其他大陆和强国隔开，免受外敌侵略，对美国的发展和在世界上领先地位的保持有着重要的作用；俄罗斯和原苏联有着广阔的陆地面积，这种被称为"心脏地带"的地缘优势，也使得其能够挫败拿破仑和希特勒那样有着军事征服倾向的大规模军队，保持自己的存在；④ 波兰因

---

① 李义虎：《地缘政治学：二分论及其超越——兼论地缘整合中的中国选择》，北京大学出版社 2007 年版，第 37 页。

② Marcus Doel, *Poststructuralist Geographies: The Diabolical Art of Spatial Science*, Edinburgh University Press, 1999, p. 118.

③ 金应忠、倪世雄：《国际关系理论比较研究》，中国社会科学出版社 1992 年版，第 268 页。

④ Spykman, *The America's Strategy in World Politics*, New York: Harkert Blais Inc., 1942, pp. 182 - 183.

处于德国、俄国等大国的包围之中，在历史上多次遭到入侵瓜分；英国处于欧洲大陆的边缘，与大陆既相隔又相望，在保持自己独立存在的同时，无时无刻不在为自己的存在担忧。

国际关系研究中的一项重要内容就是地缘战略研究，"地缘政治本身代表着一种把政治权势和地理空间联系到一起的思想传统"[①]。自然环境对一个国家国民性格的形成有重要影响，虽然不能绝对地说"地理位置限制和影响其他一切因素"[②]，但其对一个国家各个方面的影响还是不能忽视的。特定的地理位置会造就特定的民族心理，特定的民族心理会使得一些国家在世界历史的演变中发挥特殊作用。比如英国，许多战略家和学者直到今天仍然关注并研究英国，很大程度上在于英国曾经甚至现在还是世界上比较独特的一个国家。除了耳熟能详的"世界工厂""日不落帝国""帝国情结"等英国特有词汇外，近现代英国的外交也有很多值得玩味与思考的地方，例如近代对欧洲的均势政策，当今对欧洲一体化表现出的若即若离和对美国的依附战略等，都有着其深刻的岛国心理背景。

地缘位置是不变的，而与地缘位置相对应的地缘环境具有一定的可变性。从人类心理发生角度讲，环境是会影响心理形成和发展的，这里所说的环境既含有社会环境也包括自然环境，环境的差异性会产生不同的心理。不难看出，在地缘环境与心理发生方面存在一个逻辑关系，如图 1 所示，不同的地缘环境会形成相应的民族文化和民族心理，从而产生不同的政治心理，心理学理论认为，人的心理具有相对稳定性，所以，一旦某种文化心理形成，便具有相对稳定性，这种民族心理会影响一国的对外政策和外交行为。

图 1　地缘与心理发生机制

---

① Yvind Sterud, "The Uses and Abuses of Geopolitics", *Journal of Peace Research*, Vol. 25, No. 2, 1988.

② ［美］尼古拉斯·斯皮克曼：《和平地理学》，刘愈之译，商务印书馆 1965 年版，第 41 页。

源于此，本书从分析英国的地理位置及所产生的民族心理出发，拟从心理学视角审视英国的对外政策和外交行为选择，重点探索英国在当今的对外政策，特别是在欧洲一体化过程中行为表现的心理根源。本书中的"岛国心理"（Island nation psychology）是构建理论框架的核心概念。本书采用地缘政治学的基本理论，承认英国的主体国民心理是英伦三岛居民历史发展进程中沿袭下来的岛国心理，通过对岛国心理的深入挖掘，探讨这种心理是如何通过影响其他因素进而影响英国对外关系的。书中的另一个核心概念是"非指向性恐惧"（non-directional fear），这是作者自己提出的一个概念，意指所有国家，不分大小强弱，在心理上都存在着一种本能的恐惧，这种恐惧没有对象，没有来源，只是一种主观上的感受。提出这个概念的目的是更好地分析岛国心理的主要内容——不安全感，因为非指向性恐惧正是导致国家产生不安全感的直接心理基础，是所有国家都具有的心理现象。对于地理位置上的岛国，其不安全感更强，恐惧本能也就更甚，这不仅适用于英国，也适用于其他岛国。

从国际关系的角度来看本书题目"岛国心理与英国对外政策"，似乎存在着一个矛盾，因为国际关系最重要的特点是理性行为，主要是行为体之间相互作用的关系，以及各种国际体系运行、演变的规律和国家间的边界、经济、军事及冷静的政治利益等，通常谈的是国家利益、国家实力、国际格局等所谓的"客观存在"。而岛国心理则是主观概念，甚至有可能被理解成完全非理性的，将岛国心理与国际关系放在一起研究，既有创新性，也是一种大胆尝试。国际关系研究离不开对人性的考察，那些"客观存在"也是人们的主观认知，同样的国际现实存在，不同的人会有不同的认知，看似客观的东西并不像自然科学那样"客观"，更多的是来源于人们的主观判断。

本书选题基于两点基本考虑：一是国际关系毕竟是人类的交往关系，不管是以哪个层次或哪种形式出现，其实质还是人类的交往过程，如果舍弃了对人类的心理探究，人们就不能完全了解自己生活的这个世界；二是就概念上来讲，心理本身没有好坏之分，人们的心理就像胆固醇一样，既有好处也有坏处，关键在如何有效利用之。具体来说，论题与视角选择理由如下：

第一，当前英国对外关系的各种分析中缺少一个可以称之为前提变量的中间变量。关于英国对外政策和外交行为的研究性论文和著作很多，学者们从不同方面给出了自己的解释。但在这些研究中都缺少一个前提变量，就是导致外交行为发生的影响因素的背后原因是什么。已有的研究成果中对英国外交的研究一般都是从政治制度、经济利益、精英人格、历史传统、价值观念、综合因素等方面进行的，这些研究从一个或多个侧面给英国的对外关系提供了一些解释，如图 2 所示。

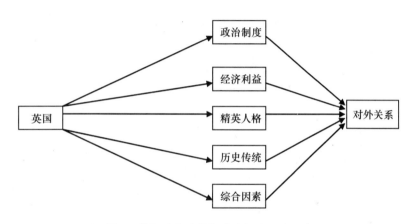

图 2　英国对外政策与外交行为影响因素

这些研究从一个或多个方面表达了不同观点，有其合理的一面，但仅有以上研究所提及的方面能否完全说明问题？这些影响因素是直接因素还是根本原因？如果这些影响因素背后还有原因的话，又是什么呢？本书引入心理学的一些基本理论，通过对英国的历史、地理、人文等各个方面的综合分析，认为这些影响因素背后存在着更深的原因，那就是英国在其历史演进过程中形成的岛国心理（见图 3）：正是这种岛国心理影响着英国对外政策的制定和外交行为的选择，并且通过政治制度、经济利益、精英人格、历史传统、价值观念等显性因素表现出来。

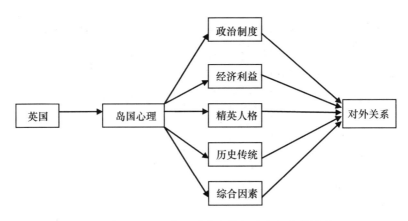

图 3　岛国心理对英国对外政策与外交行为的影响

　　创建群体动力理论的德国心理学家库尔特·勒温（Kurt Lewin，1890—1947）认为，人在发展过程中会形成内在需求，这种内在需求可看作内在心理力场，除内在需求外，外界环境也会对人的发展产生影响，外界环境的影响因素也可以被看作外在心理力场。人之所以会产生心理活动，离不开内在和外在心理立场的作用，现实中反映出的心理现象也正是人们内在心理力场和外在心理力场在生活空间里相互作用、相互影响的结果。为了探索影响内在心理力场和外在心理力场的作用机理，进而更好地了解人的心理和行为，他提出了心理力场的理论公式：$B = f(P(E))$，这里的"P"指的是人的内在个性特征，"E"指的是周围环境，"f"是函数，"B"则是最终的综合心理力场。通过这个公式的函数关系，比较清晰地演示出了内在心理力场和外在心理力场之间的关系及其对人的心理影响。这个理论可以有效解释英国现在的外交行为和对外政策。转换成国际关系研究常用的基本公式可以表述为：$y = f(P(x))$，其中 y 是英国对外政策与行为，P 是岛国心理，x 是各种因素（包括国内因素和国际因素），f 是函数。从这一函数关系不难看出，P 会影响 x 的变化，反过来，也会受 x 的影响，二者统一于 f 的变化中，共同影响 y 的结果。用这一函数关系研究英国对外政策的演变过程具有十分重要的意义，对解释英国历史上对欧洲大陆的"均势政策""光辉孤立"，以及当前在欧洲一体化过程中的行为、英美特殊关系的维持及"三环外交"的建立等也极具研究价值。本书的理论基础主要是精神分析理论,同时结合认知理论、格式塔理论、人本主义理论等。这里运用的群体动力理论主要是借用其理论公式,以增强对国际关系函数的认知。

第二,之所以选择心理学视角作为问题的切入点,是因为学界用心理学分析当前国际关系中尚存在的一些弱项和不足。首先,对心理学理论的引入和借用还比较单薄。国际关系作为一门相对年轻的学科,其研究过程中有很多对其他学科方法、原则等的借用,虽然一定程度上取得了很好的效果,推动了该学科的发展,但也存在着理论引入和借用过于单一的问题。比如对心理学的借用,目前学界常用的是认知心理学,而对精神分析心理学、格式塔心理学、行为主义心理学、人本主义心理学等的涉及很少,这对学科的交叉和丰富来说确实是件憾事。其次,心理学理论和专业术语的运用略显生疏。由于学界进行跨学科研究的学者大多是政治学、历史学或国际关系出身,很少甚至没有受到过心理学领域的系统训练,对心理学的一些理论和专业术语运用起来会感到很吃力,甚至对心理学基础知识内容出现不准确的理解和使用,这些对于做研究来说是致命的。最后,学科的发展需要心理学理论的补充和丰富。学科的交叉研究促进了学科的发展,也成为近些年的大趋势,在对跟人与人的关系有深刻对应的国与国的关系研究中,借用心理学的理论和方法也是一种必要的选择。引入更多更深的心理学理论和方法,对国际关系学科的建设和发展来说有重要的理论探索价值。

第三,精神分析方法的引入对解释当前英国对外关系,尤其是英国在欧洲一体化过程中的行为反应具有独特性。英国作为一个地理上的欧洲国家,既不能否认地理位置的事实,又不愿安心当个欧洲大国,在对外交往中常常表现出某种矛盾和迷茫状态。英国在对外关系中采用的"均势外交""光辉孤立""英美特殊关系""三环外交"等外交手段的深层原因是什么?对美国的依附战略和对欧洲一体化的左右徘徊及本能排斥的真正用意何在?如何从心理学角度分析英国的"三环外交"、英国融入欧洲一体化的前景以及英欧关系的未来走向?从英国民族心理上尝试对这些问题进行分析,无论是否能得到充分论证,尝试本身就充满了挑战和激情。

另外,从地缘国际和分析心理学理论上来讲,岛国心理具有普适性，了解了岛国心理的深层根源及其对外政策和外交行为表现，就可以从另一个角度给我们在和岛国打交道的过程中提供一些新的思路，在丰富国际关系学科研究的同时，为我们处理岛国关系提供一些心理学方面的理论支持，从这个意义上来讲，本书的探讨也具有很强的现实意义。

二　既有解释及不足

英国的外交历来是让人感兴趣的话题，比如其成功左右欧洲局势三百余年的均势外交，在帝国崩溃时由英帝国向英联邦的成功转型，当前对美国的依附和在欧洲一体化上的政策摇摆等，都引发了学者的极大关注。在地理位置上，英国是个欧洲国家，无论从历史还是现实，欧洲大陆都对英国有着重大影响，英国岛国心理的形成也是由欧洲大陆直接影响的，所以分析英国的外交，需要对英欧关系着墨更多。欧洲一体化是战后国际社会非常关注的重大事件，主权国家合作的广度和深度都是前所未有的。在所有成员国中，英国与欧盟的关系最为复杂和特殊，被认为是欧洲一体化进程中最著名的掣肘国家和最大的疑欧派。导致这种现象发生的因素很多，也有很多学者进行过分析，不论是英欧关系还是英美关系甚或英联邦与其他国家的关系，都出现过不少的研究成果，但把心理学引入英国外交进行研究的文献不多。相关研究主要出现在伟人传记里，也有零星见于文章分析中，但都没有进行深入的心理学分析，尤其是岛国心理，分析中出现的也只是概念性的提及，至于概念解读、成因分析及对英国外交的影响等未见较为系统的研究。

国外研究者站在各自立场上，从不同视角对英国的外交做了大量分析，概括起来主要体现在政治制度、经济利益、精英人格、历史传统、价值观念、综合因素等方面。

政治制度主要涉及选举制度、政党制度、决策机制等问题。戴维·雷诺兹（David Reyynolds）的著作《不堪重负的不列颠》（*Britannia Overruled：British Policy and World Power in the Twentieth Century*）一书，对英国的政治偏好和物质性实力进行了较为深入的探讨，也被认为是这

方面探索的经典之作。① 在国外关于英国政治制度与英国外交的研究
中，有从政党政治的对抗性入手的，对其不能影响英国的外交提出批
评；② 有从选举制度入手的，认为英国的"胜者全得"选举制度是政党
体系的离心力；③ 有就选举制度如何导致议会外和政党外党团和极端反
对运动的产生与英国的对外关系进行分析的；④ 还有从政党关系入手，
认为工党和保守党内的分歧源于对外关系的讨论不够充分；⑤ 也有学者
就政党纪律与英国的外交决策进行探讨，⑥ 比如其代表人物之一的安东
尼·福斯特（Anthony Forest）就认为，欧洲一体化的发展偏离了英国
设计的轨道，这种性质的改变，让政党领袖们在面对党内支持英国参与
欧洲一体化的议员时，很难做出更恰当的解释，尤其当一体化涉及国
防、边境管理、货币这些国家主权色彩更加浓厚的领域时更是这样。⑦
吉姆·布勒（Jim Buller）从经济角度分析认为造成保守党 20 世纪 80
年代末外交失败的主要原因是英国的实用主义态度，⑧ 罗伯特·格兰特
（Robert Grant）在英国对待欧盟的立场分析中认为英国之所以有怀疑心
理，是因为加入欧洲共同体后"看不到加入欧共体带来的任何利益"⑨。
罗贝尔·赛尔夫（Rober Self）在《1945 年以来英国的外交和防务政

---

① David Reyynolds, *Britannia Overruled: British Policy and World Power in the Twentieth Century*, (2nd edn.), Harlow: Longman, 2000.

② Stephen George, *An Awkward Partner: Britain in the European Community: The Politics of Semi-Detachment*, Oxford: Clarendon Press, 1998.

③ Mark Aspinwall, "Structuring Europe: Powersharing Institutions and British Preference on European Integration", *Political Studies*, Vol. 48, No. 3.

④ Simon Usherwood, *Opposition to the European Union in the UK: The dilemma of Dublic opinion and Party Management*, Manchester: Paper Delivered at the 5lst PSA Conference, April, 2001, pp. 10 – 12.

⑤ Geoffrey Howe, *Britain and the European Community: A Twenty Year Balance Sheet*, Cambridge, Tory Reform Group, Elitian, Occasional Paper, January.

⑥ David Baker, David Seawright ed. , *British for and against Europe: British Politics and the Question of European Integration*, Oxford: Clarendon Press, 1998.

⑦ Anthony Forest: Britain, "Still an Awkward Partner?", *Journal of European Studies*, Vol. 6, No. 2, July-December.

⑧ Jim Buller, *National Statecraft and European Integration*, *The Conservative Governmet and European Union*, 1979 – 1997, London: Wellington House, 2000.

⑨ Robert Grant, *The Impact of EEC Membership Upon UK Industrial Performance*, in R. Jenkins (ed.), Britain and the EEC, London: Macmillan, 1983, p. 93.

策：在变化世界中的挑战与两难》（*British Foreign and Defence Policy Since* 1945：*Challenges and Dilemmas in a Changing World*）一书中对英国第二次世界大战以来的外交与防务政策进行了评估，认为英国对外政策所出现的各种问题，最直接的原因就是第二次世界大战以来英国经济的平庸表现以及长期以来资源和雄心之间的战略性失衡。[①] 有学者从精英人格方面对英国的对外关系进行了一些分析，持这种观点的人强调主要行为人的态度、价值观等对英国外交所起的作用。英国著名史学家诺赛芝（Northedge F. S.）认为英国大众和精英的身份认同直接影响了英国的外交定位，[②] 雨果·杨（Hugo Young）在《福地——丘吉尔到布莱尔时期的英国和欧洲》（*This Blessed Plot-Britain and Europe from Churchill to Blair*）一书中认为，在撒切尔夫人任内，欧洲政策的转变实际上是撒切尔夫人个人粗暴的命令导致的，并不是经过辩论之后形成的集体观点发挥了作用。[③] 斯蒂芬·戴森（Stephen Benedict Dyson）在《布莱尔特性：领导力与外交政策》（*The Blair Identity：Leadership and Foreign Policy*）一书中认为，布莱尔在其执政期间一直遵循的核心政治信仰和风格是对世界非黑即白的认识，过于相信自己可以"塑造"事件，喜欢坚持总统式的行政风格。[④] 吉姆·布勒（Jim Buller）在其作品中也提到过，主要领导人的领导风格和个性在应对国际问题上的党内分歧时应该负有责任。[⑤] 安德鲁·甘布尔（Andrew Gamble）从英国的历史研究出发，认为欧洲大陆的经济模式与英国在长久的历史过程中所形成的自由贸易和非管制市场经济模式不同，这导致了英国在对外政策特别是对

---

① Rober Self, *British Foreign and Defence Policy since* 1945：*Challenges and Dilemmas in a Changing World*, Palgrave Macmillan, 2010.

② Northedge F. S., *Britain and the EEC：Past and Present*, in Roy Jenkins ed. , Britain and the EEC, London：Allen and Unwin, 1983, pp. 15 – 37.

③ Hugo Young, *This Blessed Plot-Britain and Europe from Churchill to Blair*, Macmillan, 1998, p. 342.

④ Stephen Benedict Dyson, *The Blair Identity：Leadership and Foreign Policy*, Manchester：Manchester University Press, 2009.

⑤ Jim Buller, *National Statecraft and European Integration*, *The Conservative Government and European Union*, 1979 – 1997, London：Wellington House, 2000.

欧政策上有其独特的地方。① 斯蒂芬·乔治（Stephen George）认为，英国历来持有同包括欧洲大陆在内的所有其他国家或地区保持交往的观点，在对待欧盟的问题上，即使在形式上加入了，这也并不意味着是其融入，英国有自己的利益诉求和传统交往习惯，② 英国在对待欧陆关系上，有扮演平衡者角色的传统，英国总是"把自己的力量加在这边或者那边，总是要加在一边以抵制某一时期一个最强大的国家或国家集团的政治霸权，这几乎成为一个历史真理"③。也有一些学者运用多个变量分析影响英国对外关系的因素。戴维·格兰德（David Gowland）和亚瑟·特纳（Arther Turner）强调国内和国际因素的交互作用，比如英国在世界上力量下降以及角色转换的重要性、政策制定者关注点的变化、国内政治的影响、利益集团和经济趋势的作用等。④ 美国学者安德鲁·默拉夫塞克（Andrew Moravcsik）在其研究欧洲一体化的重要作品《为欧洲人选择——社会目的和国家力量，从墨西拿到马斯特里赫特》（*The Choice for European：Social Purpose and State Power from Messina to Maastricht*）中，用地理政治上的利益、意识形态以及经济利益这三个变量解释英法德对欧洲一体化政策。⑤ 另一位美国学者格雷姆·P. 奥顿（G. P. Auton）认为，英国人在感情上是难以与欧洲大陆融合的，欧洲大陆对于他们除了有度假的功能外，更多的是危险，甚至认为欧洲大陆更容易成为军事冲突的发源地，而欧洲大陆的冲突有时会把英国也牵涉进来，甚至为之付出代价。⑥ 英国对欧洲大陆的距离感不单是地理上的，也是历史和文化上的。

---

① Andrew Gamble, *British for and against Europe：British Politics and the Question of European Integration*, Oxford：Clarendon Press, 1998, pp. 11 – 30.

② Stephen George, *An Awkward Partner*, Oxford University Press, 1990, p. 40.

③ Gooch G. P. , Temperley H. （eds. ）, *British Documents on the Origins of the War*, 1989 – 1914, Vol. Ⅲ, London, 1928, p. 403.

④ David Gowland, Arther Turner, *Reluctant Europeans：Britain and European Integration*, 1945 – 1998, London：Longman, 2000, p. 7.

⑤ Andrew Moravcsik, *The Choice for European：Social Purpose and State Power from Messina to Maastricht*, Comell University Press, 1998, pp. 274 – 285 （ERM）, pp. 319 – 326 （SEA）, pp. 417 – 428 （EMU）.

⑥ ［美］W. F. 汉里德、G. P. 奥顿：《西德、法国和英国的外交政策》，徐宗士等译，商务印书馆1989年版，第230页。

国外学者对英国的外交从不同方面给出了自己的看法，单就某个或某些因素来讲，分析是有道理的，只是都未从民族心理方面进行解读，有提及的也是点到为止，没有深入发掘。精英人格的探讨局限于个体方面，没能从民族性上给出较为合理的解释。历史研究也是着眼于历史史实，没有进行历史与心理的结合。心理史学在西方史学研究中有一定市场，但没有应用到国际关系研究中，当然也就没有应用到英国的外交研究上。精神分析发端于欧洲，其基本原理就是早期经历对个体的人格形成和心理养成有重大影响，进而影响人们后来的行为习惯和思维方式。虽然精神分析至今仍然颇受争议，但其基本理论在争议中已经渐趋成熟，许多概念也在不同学科中得以运用，有些心理学术语也经常出现在国际关系研究中，但尚无学者运用精神分析进行国际关系研究的尝试。把精神分析的基本原理应用于英国的外交分析中有其独特的地方，通过对英国民族性养成的分析，笔者发现英国的外交策略和外交行为都是受其岛国心理影响的，而岛国心理的形成正是英国早期国民心理体验的结果，这些是与精神分析核心理论相通的。通过对国外英国外交文献的梳理，发现这一基本构想尚无学者运用。

在国内，也有一些学者研究英国的历史和对外关系，亦有不少优秀作品问世。涉及英国外交的研究大体可以分为两个方面：一是历史史实，从英国历史上发生的真实事件出发，通过梳理英国的发展史来发现英国的外交特点；二是成因分析，主要体现在对英国外交中的现象进行原因分析，既会有史实采用，也会有哲学、社会学、心理学等方面的思考。①

在历史史实方面有不少著述，如陈乐民先生主编的《战后英国外交史》《西方外交思想史》，洪邮生教授的著作《英国对西欧一体化政策的起源和演变（1945—1960）》，张历历的《外交决策》以及赵怀普教授的《英国与欧洲一体化》等，都从历史的角度对不同时段英国的外交进行了较为系统的梳理，是研究英国对外关系的力作。在文章方面，较有代表性的是潘兴明的"英帝国向英联邦转型探析——基于二战丘吉尔政府非殖民化政策的历史考察"和褚怡敏的"战后初期英国

---

① 国内学者的相关研究在参考文献中列出，不再一一列举。

的欧洲一体化政策（1945—1951）"等。这些研究从史学的角度对英国的外交进行了客观探讨，内容充实，是难得的参考资料，但是不足的是，也跟西方学者一样没有结合心理史学的方法进行心理学的分析与解读。

从成因分析方面入手的著作也有很多，如梁晓君博士的《英国欧洲政策之国内成因研究——以撒切尔时期为例》，书中以撒切尔时期为切入点，从历史、制度、利益和观念四个方面对英国欧洲政策的国内成因进行了较为系统的研究。还有如夏继果的《伊丽莎白一世时期英国外交政策研究》、金安的《欧洲一体化的政治分析》等，都从不同角度对英国的外交决策与行为进行了分析。在文章方面，有王展鹏的"主权话语与制度变迁：欧洲一体化背景下的英国宪法司法化""政治文化趋同与英国工党的亲欧转变——八十年代中期以来的英国工党与欧洲一体化"，曹瑞臣、赵灵燕的"地缘战略透视：英国传统均势外交理念的成因与实践"，何晨青的"英国'光辉孤立'政策的文化渊源浅析"，郭艳妮、涂用凯的"布莱尔政府的欧洲政策分析"，杨芳、布庆荣的"超越'三环'的努力——麦克米伦政府对欧政策转折初探"，刘小林、李宇晴的"近期英国政府欧元政策评析"，刘亚轩的"论冷战时的英国与欧共体"，汪波、李晓涛的"论战后欧洲一体化中的英国外交"，聂熙原的"欧洲一体化进程中的英国外交政策研究"，赵怀普的"英国缘何对欧盟若即若离"等，都从不同角度对英国的外交进行了相关解读，可谓见仁见智。不过这些分析中涉及英国岛国心理的不多，有些文章虽然也提到了岛国心理，但只是就地理位置上的岛国进行了概念提及而已，没有学者进行岛国心理的深层分析，更没有人去探索岛国心理是如何影响英国的对外政策和外交行为选择的。

通过对中外文献的梳理，发现学界对英国外交的研究已有一定的积淀，总体上说可以从政治制度、经济利益、精英人格、历史传统、价值观念、综合因素等方面进行影响因素归类，这为我们了解英国的对外政策和外交行为选择提供了很好的思路。但也不难发现，既有研究至少存在两个问题：一个是英国对外关系研究欠缺多学科的交叉，比如心理与历史，心理与国际关系，心理与政治，甚至在西方有一定地位的心理史学也没能应用到国际关系研究中，这对学科的发展来说是一个遗憾；二是这些影响因素中是否存在一个中间变量，即是什么导致了英国对外政策和外交行为的不同反应。基于此，本书试图引进岛国心理作为中间变量，借鉴精神分析为主导方法，兼顾认知、格式塔、人本主义等心理学手段，对英国的对外政策和外交行为进行分析，以期该研究能成为学界在英国对外关系研究领域的有益补充。

三　研究方法

国际关系作为一门比较年轻的学科，其研究方法的发展是伴随着传统主义与行为主义、实证主义与后实证主义、理性主义与建构主义等范式之争而逐步成长起来的，这也体现了国际关系研究方法的发展历程。

现实主义理论是国际关系研究中最常用路径，强调国家利益的物质性，认为最终维护自己利益的只能是不断增强的实力。现实主义要求政策制定者要不断关注国际形势的变化，根据国际体系的结构变化来客观制定自己的外交政策。汉斯·摩根索（Hans J. Morgenthau）可谓是这一理论的重要代表，他认为一国所追求的利益要和自己拥有的实力相称才行。[①] 崇尚实力的现实主义国际关系理论有着较强的解释力和合理性，这在英国外交研究中经常被采用，在大多数情况下，英国也确实会根据自身实力的变化来及时调整对外政策。

用现实利益来解释外交现象反映了现实主义理论的整体适用性，但在某些领域的解释力也存在一定的不足。比如 20 世纪 60 年代的英国申请加入欧共体如果用物质利益进行解释还说得通的话，在 20 世纪 80、90 年代欧洲一体化加速时，英国应该更深入地卷入才对，特别是作为一体化加深重要表现的欧元，英国的选择却是放弃加入。这也许印证了詹姆斯·巴伯（James Barber）的观点，一国外交政策除了受其所拥有的资源决定外，还由其对自身在国际体系中的地位、雄心和预期行为的认知所决定。[②]

作为对现实主义忽视非物质因素作用方面存在不足的弥补，建构主

①　［美］汉斯·摩根索：《国家间政治：寻求权力与和平的斗争》，徐昕等译，中国人民公安大学出版社 1990 年版，第 4 页。

②　James Barber, "Britain's Place in the World", *British Journal of International Studies*, Vol. 6, No. 2, July 1980.

义对国际关系的分析突出了认识主体的能动作用。当然，建构主义也存在对国内政治变化的关注不够和客观唯心主义的倾向等问题。

20 世纪 90 年代以来，有些学者开始运用新古典现实主义理论来解释英国的外交政策。把官僚机构、政治精英以及国家领导人等作为干预变量，把外交行为与体系诱因相连，使国际政治和国内政治紧密结合，建立一种具有综合性的解释模式。这种综合性的解释模式既可以解释同一国家在不同历史时期的不同外交政策，也可以解释在相似外部环境中的同一体系内国家的不同外交政策。新古典现实主义认为"在一定时期里，各国的外交政策不一定会密切、持续地吻合实力发展的趋势"[1]。艾米利亚·哈德菲尔德 – 阿姆汗（Amelia Hadfield-Amkhan）的《英国对外政策、国家认同与新古典现实主义》（*British Foreign Policy*，*National Identity*，*and Neoclassical Realism*）一书可以看作是利用新古典现实主义研究英国的代表作之一，该书通过四个案例诠释国家认同如何推动政府对外政策选择。[2] 当然，新古典现实主义试图用多个变量研究一个国家外交的整体面貌，也存在着体系过于庞杂等问题。

以上所提及的方法，在本书中都有不同程度的运用。但文章的主要方法还是心理分析法，综合运用多种心理学方法，特别是精神分析方法分析英国外交行为的心理根源，通过对岛国心理的探究来更深层次发现英国外交行为的内在动因。为给理论分析提供佐证，案例法也是本书的一个主要方法。同时书中还使用了统计法、文献法、推理法等。

四　基本思路与章节安排

本书不否定现实主义的解释力，主要是从心理分析的视角，将理论、历史和现实进行有机结合。运用精神分析的基本理论，结合英国历史发展的进程，推导出英国存在岛国心理，再通过对英国外交行为的案例分析，来证明英国外交受到了岛国心理的影响。英国应该正视这种大众心理的存在，通过调整民众心态来逐步调整对外政策和外交行为。

---

① Gideon Rose，"Neoclassical IR and Theories of Foreign Policy"，*World Politics*，Vol. 51，No. 1，October 1998.

② Amelia Hadfield-Amkhan，*British Foreign Policy*，*National Identity*，*and Neoclassical Realism*，Lanhanm：Rowman & Littlefield，2010.

岛国心理的核心要义是不安全感，要消除这种不安全感主要有三条途径：一是岛国民族自身的强大，自强以自安；二是服从于别的大国，借以生存；三是消亡，融入某个单元或集体中。本书的主体框架也正是围绕这一思路来展开的。第一章阐述有关理论，对心理学的基本原理及与国际关系的切合点进行必要的交代和理论分析，着重探讨精神分析在国际关系应用中的独特性；第二章对岛国心理进行解读并分析英国岛国心理的形成；第三章对英国在强盛时的主要外交行为进行心理分析，分析英国自强以自安的心理；第四章则是对英国在衰落中对美国的依附战略进行心理分析，这也是岛国消除不安心理的第二条途径；第五章分析了英国面对欧洲一体化和自身的消亡现实中的心理及主要行为表现，探讨英国岛国心理第三条路径的状态及前景。消除英国不安全感的三条路径，第一条超出了英国的现有能力，第二条是一种无奈的选择，第三条更是英国不愿意选择的，所以在结论与思考中，作者给出一些进行岛国心理调适的建议，核心建议就是建设性妥协和逐步融入欧洲。

五 可能的创新与不足之处

本书的创新与特点主要体现在以下两点：

第一，选题角度较为新颖。对英国外交行为的研究成果很多，国内外出现了很多论文和著作，都从自己的角度提出了影响英国外交行为的各种因素，但就英国外交行为选择影响因素的变量研究中，加入心理学作为中间变量进行研究的，目前尚未见有人尝试。

英国作为一个岛国，其特殊的经历形成了独特的岛国心理，这种国民心态的独特性会对英国对外政策与外交行为产生影响。诸多对英国外交的分析，如政治制度、经济利益、精英人格、历史传统、价值观念等，都从某个或某些方面进行了卓有成效的研究，也得出了很多值得思考的结论。对这些显性问题的研究是有意义的，发掘这些因素背后的原因也是值得探索的，而导致英国对外政策和外交行为反应的深层原因正是英国的岛国心理，以此为切入点进行研究，有很多值得期待的地方。

第二，研究方法上有一定创新。人的心理有其自身发展规律，是可以被感知和认识的，人的心理机制也是客观存在的。人有什么样的心理认知，就会产生什么样的行为反应。心理学流派众多，分析方法和分析理论各异，已经为各学科所借用，当然心理学也借用了很多其他学科的方法、理论甚至词汇，正是学科的交叉，使心理学的研究呈现欣欣向荣的景象。国际关系研究离不开对人的研究，而对人的研究更离不开对其心理的研究。对心理学理论和手段的借用，是丰富和发展国际关系研究的一个重要途径，除了通常运用的认知、个性等分析方法外，精神分析也是一个重要手段。

本书借用心理学的方法研究国际关系，从学科建设上来讲是一种学科交叉的尝试，从研究方式上来讲是一种创新。而且本书主要采用的是精神分析的方法研究国际关系，这与以前的研究也有很大的不同。以前国际关系学界借用心理学的方法大多是认知心理学，很少有人尝试其他心理学方法。

由于能力和资料的限制，本书也存在着一些难点和不足：

第一，本书使用的基本理论是精神分析，精神分析理论从其产生那天就伴随着争论，在具体把握和实证方面难度较大，解释问题时往往显得没有诸如现实主义、建构主义理论那样有力。

第二，将心理分析理论与英国外交实际表现的案例进行有效结合，虽然是一个有价值的尝试，但同时也具有很大的挑战性。用理论有效解释现实本身就具有难度，而交叉学科的理论与现实相结合无疑使难度更大，避免写作过程中停留在对案例事实描述这个层面上，或是论文中出现理论与事实相脱节的常见现象，是本书要极力克服和避免的问题。

第一章　精神分析理论与国际关系研究

精神分析理论作为心理学分析方法的一种，在心理学界具有重要的地位和影响。国际关系研究中也有不少借鉴心理学方法的成果，特别是认知心理学方法的运用更为常见。对精神分析的借鉴却不多，而精神分析理论在心理学分析方法中的深刻性和独特性为心理学界所广泛接受。在国别研究中，精神分析方法更有其非常独特的地方。

第一节　心理学理论与方法在国际关系研究中的运用

从学界的研究历史看，国际关系研究从来也没有离开过对人的研究，修昔底德、马基雅维利以及摩根索等人都曾在其著作中阐述过个人对国际关系的影响，美国学者沃尔兹，英国学者赖特等人也有过较为深入的论述。但西方学者对心理学与国际关系的研究仅停留在个人的微观层次上，没有对国际关系研究如何运用心理学方法这一问题进行专门的探讨。国内学者虽然也有过不少尝试，如张清敏、尹继武等都进行了一些很有价值的推介和研讨，并有一些著作和论文问世，但是对于如此庞大的学科来说，仍显得薄弱。鉴于这种状况，对运用心理学理论和方法探究国际关系做一些梳理，应当说是必要与及时的。

一　心理学与国际关系中的心理问题

心理学是研究有机体和环境之间相互作用的一门学科，而现在的很多学术成果往往更加重视有机体的研究而忽略对环境的研究，重视有机体个体的研究，而不敢轻易扩展到集体研究之外的国家间关系研究。从研究实践来看，国际关系研究中向来离不开心理问题。在自然科学的研究中，没有人类的心理活动，其研究对象依然可以如同太阳的东升西落和繁星的朝匿夕现一般存在着。但与自然科学的研究不同，国际关系的研究离不开人的参与，而一旦有了人类活动的介入，自然科学的研究对象就必然流露出人类心理活动的痕迹，甚至自然科学的研究对象也会变成国家争端的对象。

我们如果描述在北纬 25°40′—26°和东经 123°—124°34′的中国东海，有一片面积不大的岛屿，这是地理科学研究的范畴，似乎离我们很远，属于自然科学专家的研究领域。而当我们意识到这片岛屿是钓鱼岛及其附属岛屿时，就有了我们的感情、认知乃至行动。人们关注钓鱼岛已经不再是关注其自然环境，时常出现在人们视野中探讨钓鱼岛问题的也不仅仅是自然科学家了，更多的是国际问题专家。所以，如果没有人类的思想和认知，自然界本身也就只是客观存在，没有特别的意义。

不管是在自然界还是人类社会中，心理现象都是最复杂也是最奇妙的现象。人用眼睛观察五彩缤纷的世界，用耳朵聆听优美的声音，用大脑存储美好的记忆，用语言交流思想和感情，用思维探索自然和社会的奥秘，通过活动满足自己的各种需要。人类在认识和改造世界的过程中，时刻伴随着心理活动。个人作为社会的实体和成员，离不开各种社会群体，在现实生活中，总是要与其他人形成各类不同的社会关系，诸如师生、朋友、亲戚、阶级、民族、国家关系等。这种社会关系的客观存在，会形成不同的社会心理和行为，上升到国家层面，便成了民族心理和国家行为，并最终影响国家关系。

在国际关系研究中，涉及人的时候，充满了其独特的切入点和研究特色。心理学的许多手段也经常被用来进行国际关系研究，其中作为犹太后裔的弗洛伊德所创造的精神分析，因其学说的透视能力及其深刻性，在进行事件、行为或现象分析中，占有其他手段难以替代的重要位置。比如弗氏所认为的人们早期经历会对其后期成长、思维特性及行为方式等产生重要影响，有时这种影响甚至具有决定意义。这一成果对研究国际关系就有很强的借鉴意义，虽然有些学说难以证实，但也难以证伪，更多的意义还是其研究视角的独特和思辨的启迪。从人性的角度来探索国际关系，既大胆又充满魅力。

二 国际关系中行为主体的行为心理机制

心理学上把行为的产生归结为一种内驱力的作用，这种内驱力来源于个体的需要。普通心理学通常把需要看作是有机体内部的一种不平衡状态，"这种不平衡状态既有生理方面的不平衡，也有心理方面的不平衡，主要表现为有机体对内外环境的一种稳定要求，是有机体活动的源泉"①。社会心理学也认为需要是一种不平衡状态或者一种缺乏状态。一般有三层含义：一是一种缺乏状态，不管是生理上还是心理上，是需要产生的原因；二是由缺乏状态引起的主体自动平衡倾向，自动平衡是缺乏状态到需要的中间转换环节，自动平衡过程也是对缺乏状态的解除过程；三是一种择取倾向，平衡是一个带有方向性的矢量，要实现平衡，还要有选择和获取的对象。一旦某种需要不能得到满足，个体内部就会产生焦虑，随着这种焦虑状态的持续和未满足需求的不断刺激，最终在个体内部产生一种推动力量，这种力量被心理学称为内驱力（drive）或驱力。需要的缺失会让人产生焦虑，焦虑的刺激和影响形成人的内驱力，个体在内驱力的作用下，导致某种行为发生，使需要得到某种程度的满足或不满足，从而形成一种循环。基本过程如图 1—1 所示。

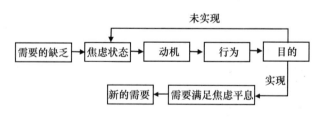

图 1—1 人类需要、动机与行为活动周期模式

在这个循环中，需要是激发动机的原动力，动机又成了推动行为动因，行为的结果是与目的相连的。当目的没有达到时，需要仍然停留在

---

① 彭聃龄主编：《普通心理学》，北京师范大学出版社 2012 年版，第 370 页。

原来的水平，焦虑状态依然存在，需要的缺乏也未解决，个体依然会寻求其他方法来释放焦虑，满足需要；当目的达到时，原需要得到满足，焦虑平息，个体产生满足感。当一个需要满足后，又引起新的需要，进而激发新的动机，推动新的行为。一个周期的完成也就意味着另一个周期的开始，如此循环往复，心理水平也在这样的循环中走向更高的境界。

在这个循环周期中，有三个核心环节，就是需要、动机和行为，在这三个环节中，需要是原发点，而需要的产生也有其机理。需要的产生有内部刺激和外部刺激，内部主要是一些本能及心理活动，如生理状态、认知因素、成长性等；外部主要是客观环境，这个客观环境包括有客观存在的社会环境，而不仅仅是自然环境。通过内部刺激和外部刺激的共同作用，导致需要的产生，形成循环周期的开始。需要产生的机理如图 1—2 所示。

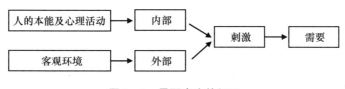

图 1—2　需要产生的机理

当需要产生后，在焦虑驱动作用下形成动机，但动机和行为的关系远比一般模式的描述复杂，只有需要指向特定目标或对象时，才能激发起相应的动机。有时候即便有了需要，也未必能激发出动机。如人在饥饿状态下，容易产生对食物的需要，但如果看到又脏又臭的食物，就不一定能激发出吃的动机。也有时候，需要未被明确意识到，这就变成了一种潜在的需要，心理学上称之为无意识动机。在适当的场合，这种潜在的需要仍然可以成为激发行为的动机。如一个人到书店买休闲书，正好看到有配套光盘，原本并无购买光盘的明确需要，由于潜在需要被激发，产生了购买光盘的欲望，于是潜在需要就成了激发行为的动机。从动机到行为，还有很多中间环节，比如合成性动机倾向，意图的形成以及行动的启动等具体路线，如图 1—3 所示。

图 1—3　动机、行为路线

心理学中可以很清晰地绘出个体需要、动机、行为模式图，当这种需要模式发展到族群层面时，就变成了国家间的行为心理根源。一个国家的地理位置、周围环境以及历史经历等会对民众心理留下客观刺激，这些刺激会在民族心理形成过程中留下深刻印迹，对以后民族思维和民众行为产生比较稳定的影响，使得国家交往显示出较强的民族特性。比如英国孤悬海外的岛国位置和早年多次遭到侵略打击的历史，会使英国人有种强烈的不安全感，为满足自己消除这种不安全感的需要，就要采取一些行动，从而使这种需要转化成行为的动机，经过一番努力，带来行动的结果，这种结果也可能会满意也可能不满意，满意了，就形成新的需要，一旦不满意，就会继续寻求满足需要的路径，如此就直接影响到英国的对外政策和行为选择。如图 1—4 所示。

图 1—4　国际关系中行为主体产生行为的基本模式

这一理论模式在英国的外交实践中也确实得到了验证，按照精神分析理论的观点，任何一个民族在形成过程中的遭遇都会影响以后对外行为模式的选择。英国早期受欧洲大陆国家欺凌的历史逐渐沉淀成民族记忆，并最终形成以恐惧为核心的岛国心理，所以对欧洲大陆有种本能的排斥，这也直接影响到以后的英欧关系。即便是在英国建立世界大帝国的辉煌时刻，仍不忘对欧洲的戒备，比如光辉孤立，看似置身于欧洲事外，实则无时不在关注欧洲大陆的变化，其之所以不愿让欧洲出现强大国家，内心深处还是害怕再次被侵略；到帝国衰落时，英国的恐惧心增强，但面对无力改变的现实，为了不被欺负，选择了依附美国获得发言权，维持自己的存在感；后来，随着欧洲一体化的深化，英国随时面临被欧洲吸收融化的危险，这再次激起了英国民众内心恐惧和深层次的不安，虽然欧洲一体化不是采取武装侵略的方式统一欧洲，但英国人担心再被欺辱的心理感受却是相同的。所以，当前的英国外交在克服恐惧心理的第一种方式，亦即强大以自立的设计已经失去基础后，另外两种克服恐惧的方式就摆在了面前，一种是依附美国，一种是融入欧洲。依附美国虽非所愿，但终归也是获得存在感，消除恐惧心理的一条路径。而对欧洲的痛苦记忆，虽使英国不愿承认自己是欧洲的一员，可现实利益下的英国又摆脱不了欧洲，所以对安全的需要以及现实利益的需要，使得英国在对欧关系上总是表现出犹疑不定，莫衷一是。

三　心理学的研究方法在国际关系中的运用

心理学方法很早就在国际关系研究中使用了，一般认为20世纪20年代美国芝加哥大学查尔斯·E. 梅里安（Charles E. Merriam）博士是现代应用心理学方法研究国际关系早期重要代表人物之一，但较为普遍的应用则是在20世纪五六十年代以后了。

早期把心理学运用于国际关系研究中通常有两个分支，一个是侧重历史人物个体心理分析，比较常见的是心理传记学；另一个是侧重族群整体精神风貌研究，比较常见的是心态史学（History of Mentalities）。①前一个分支主要发源于弗洛伊德的精神分析，并以该理论作为主导性的分析工具；后一个分支主要继承的是法国学派的研究传统，研究在历史发展进程中，那些社会群众所共有的意识和观念，这种意识和观念具有很强的继承性，世代相传，具有相对稳定性。心理学界的研究过程中，经常会用到文化一词，主要指特定群体共享的信念、价值观、传统和行为模式。这里的群体既可以是国家、种族等群体，也可以是宗教团体，甚或是帮派、兄弟会等。在人类社会化的过程中，文化便从上一代传给下一代，这种传递不仅可以通过父母和朋友，还可以从故事书和传说中得到。国际关系研究中，通常是把两个分支分开使用的。把两个分支联

---

①　从构词上讲"psycho"和"mental"词根分属不同词源，心理学上一般把"psycho"理解为心理，把"mental"理解为精神。

系在一起进行国际关系分析，前一个分支的透视视角加上后一个分支的逻辑理路，也许比学科属性研究本身更有意义。历史人物个体心理分析已经相对成熟了，甚至连心理传记学的优劣指标都给出来了，[①] 而族群心理研究就弱很多，把族群心理研究运用到国际关系中进行问题分析则更需要加强。

现代用心理学理论分析国际关系一般从个体心理、国家心理、国际心理三个层面进行。国际关系比较重视个人层次的心理分析，摩根索、肯尼斯·华尔兹（Kenneth Waltz）的《人、国家和战争》，巴里·布赞（Barry Buzan）的《人、国家与恐惧——后冷战时代的国际安全研究议程》等内都有所阐述。[②] 这些著述围绕国际关系中的战争、外交、冲突的中心议题，既对战争根源进行了各自的分析，也从心理视角强调了个体心理特征对战争、冲突的影响。在国际关系实际研究中，运用心理学理论的研究更多地集中于对国家领导人的个体心理研究上。这些研究往往遵从心理学的基本理论进行人格分析，认为人的心理机能是由人格、行为和环境交互作用的结果，所以国家领导人的个性、学识、信仰、习惯、动机等都会在外界环境的影响下，影响他的判断和对外行为选择。

国家层次上的心理分析也有尝试，民族心理学和社会心理学起了很大的作用，国家层面的心理分析呈现出很强的民族性。美国学者米克·沃尔坎（Vamik D. Volkan）认为，人类心理在对他国是敌是友的判断上有重要作用，而这种相互敌视和竞争就有可能导致冲突甚至战争。比如在冷战时期，苏联和美国为了能压倒对方，都努力在空间技术方面保持排他性。[③]

国际层面的心理分析主要体现在国际心理对国际政治和国家行为的影响上。在特定的历史时期，国际社会所形成的具有共性的心理特征往

① See William Todd Schultz, *Introducing Psychobiography*, *in Handbook of Psychobiography*, Oxford: Oxford University Press, 2005, pp. 7 - 10.

② Simonton, D. K., "Qualitative and Quantitative Analyses of Historical Data", *Annual*, *Review of Psychology*, Vol. 54, No. 1, 2003.

③ Vamik D. Volkan, Demetrios A. Julius, Joseph V. Montville eds, *The Psycholodynamics of International Relation-ships*, Volume 1, Massachusetts: Lexington Books, 1990.

往会对国家行为产生重要影响，其影响有时甚至是决定性的。

在国际关系决策研究中，出现一个专有名词"群体思维"。群体思维属于群体决策中的一种现象，也是该领域研究成果中一个极其普遍的概念。其一般是指群体受从众心理的影响，或迫于压力对不寻常的、少数人的或不受欢迎的观点不做客观评价，也就是当人们对于寻求一致的需要超过了合理评价备选方案需要时所表现出来的思维模式。比如，当某一个问题或事宜的提议放在群体面前，让群体中的个体发表个人意见时，可能会有长时间陷入集体沉默，大家都不发表个人见解，以至于在表决中往往一致通过。通常情况下，那些在群体中拥有较高权威，说话比较自信，而且善于发表意见的成员，他们的想法更容易被接受，尽管大多数人并不一定赞成其意见。这种现象之所以出现，主要源于群体成员内心的一种感受，这种感受就是群体规范的压力，这种压力导向的是共识，从而导致群体成员不愿评价不同于自己的见解。这种状态下的个体，其观、思、辨以及道德判断能力都会因之而下降。而这种情形下群体做出的决策往往是不合理的，甚至是失败的决策。也就是说，当一个组织过分注重整体性，对其决策及假设不能持一种理性批评的态度来进行客观评价，不良后果自然就会发生。

群体思维理论最早由美国学者欧文·莱斯特·詹尼斯（Irving Lester Janis）（Janis，也有译贾尼斯）于1972年提出，并于1977年和1982年对这一理论进行了扩展。他通过对一系列著名的错误群体决策的分析，把具有内聚性的群体中所产生的偏见称为群体思维。詹尼斯认为，一旦人们陷入具有内聚性的群体中，群体成员为达成一致意见，容易产生过分配合的动机，缺少了很多的客观性，往往会采取一种迅速而简单的思维方式，也就是群体思维（group-thinking，又称团体思维）。一旦群体思维产生，群体成员常常过高估计群体权力和道德权威，合理化解释错误的决定，以虚假的一致意见来压制不同意见，而不是客观地进行一些分析和判断。通常情况下，群体中的领导者会利用人们的团体心理需求，培养一些意识哨兵，以便阻止那些虽然客观却不受群体欢迎的信息，借以防止这些信息可能给群体决定带来的负面影响甚或否定群体决定。詹尼斯还给出了一个群体思维模式构成图，如图1—5所示。

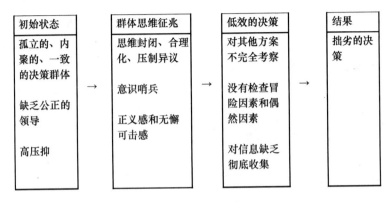

图1—5 群体思维模式（詹尼斯，1985）

　　随后，詹尼斯运用群体思维概念解释了一些出现在美国历史上失败的高层政治和军事决策事件，例如发生在20世纪60年代的越南战争，古巴猪湾事件及尼克松的水门事件等。他还给出了防止群体思维的方案。美国社会心理学家理查德·里帕（Richard A. Lippa）等人对詹尼斯的群体思维做了评价，虽然褒贬不一，但詹尼斯对群体思维在决策中的作用分析还是很有意义的。群体思维研究反映的是一个国家或族群对他国和民族的看法，这种看法会直接影响到一国的对外政策和外交行为选择，鉴于此，将群体思维运用于国际关系研究不失为一种方法。

　　在国际关系研究，特别是涉及民族心理研究中，还会用到集体记忆和集体失忆的概念，这里的记忆是认知活动的一个方面，指的是存储与回想既往经验的能力。[1] 与记忆对应的概念是失忆，这两个概念既是对立的又是辩证统一的。人们往往愿意记住那些让自己自豪、愉快的事件，而忘却那些让自己痛苦、不堪的事件，这在心理学上称之为选择性记忆和失忆。这种心理上升到民族层面，就变成了集体记忆和失忆。一个民族的形成常常既是一部传承文明、创造辉煌的集体记忆史，也是一部驱除灾难、忘却痛苦的集体失忆史。比如英国，在英吉利民族形成过程中，曾长期遭受来自欧洲大陆的侵袭和摧残，也曾经创造过日不落大帝国的辉煌，如同人类共有的心理一样，英国人更愿意留恋美好的往

　　① [美]约翰·费斯克：《关键概念：传播与文化研究词典》，李彬译，新华出版社2004年版，第162页。

昔，而忘记那些痛苦的烦扰。以适度的集体失忆来代替原有的集体记忆，对以往的痛苦记忆进行有选择性地忘却既是一种正常的人类心理表现，也是英国走向强盛的必要心理准备，当然也会影响到其日后的国际交往。

第二节　精神分析理论及其核心观点

精神分析以其独特的视角树立了在心理学界的崇高地位，虽然对精神分析理论的争论至今仍在进行，其理论的系统性和完整性却在争论中不断得到完善和巩固。精神分析学派众多，观点各异，但其核心观点未受质疑，这就是人类早期的经历会影响其以后在成长和发展进程中的思维和行为。

一　弗洛伊德与精神分析理论的产生

西格蒙德·弗洛伊德（Sigmund Freud，1856—1939）1856 年 5 月 6 日诞生于奥地利摩拉维亚的弗莱堡市（现为捷克的普日博尔），是他父亲与第二任妻子的长子，弗洛伊德从小得到了双亲的宠爱，这对他自信心的培养起到了非常重要的作用。他的父亲雅各布是一位心地善良、助人为乐的羊毛商人，但资本微薄，从弗洛伊德出生到长大，他们家的经济水平一直处于中等偏下。在他四岁那年，弗洛伊德跟随父亲举家迁往维也纳，其后大部分时间在那里度过。

自幼聪明的弗洛伊德，在中学时代就显示出了非凡的智力，学习成绩一直很优秀。1873 年，弗洛伊德以优异成绩考入维也纳大学医学院，当时他才只有 17 岁。在大学里，弗洛伊德学习很刻苦，成绩也一直很突出。1881 年，弗洛伊德医学博士毕业，当时的求职意向是进入大学工作，目的是能更深入地进行神经医学研究，只是因为犹太人的背景，这个愿望没有实现。1882 年 7 月，弗洛伊德进入维也纳全科医院工作，三年后的春天，他终于谋到了一个维也纳大学医学院神经病理学讲师的位置。1886 年，弗洛伊德开设了私人诊所。私人诊所的开设对弗洛伊德创立精神分析有重要影响，也正是临床工作实践，使他的研究兴趣逐渐发生了改变，由临床神经病学转到临床精神病理学。

1884 年，弗洛伊德开始与 J. 布洛伊尔（Joseph Breuer）合作，他对精神分析的兴趣也是在这期间开始产生的。在研究歇斯底里症的过程中，弗洛伊德首次使用了"精神分析学"这个概念，这个在医学史和心理学史上的伟大创造是当时的弗洛伊德所没有想到的。1895 年，弗洛伊德出版了《歇斯底里研究》一书，该书是弗洛伊德的精神分析学说的奠基之作。

1900 年，弗洛伊德出版了《梦的解析》一书，首次较为系统地对潜意识进行了论述，认为在人们可把握的意识背后，可能还存在一个更为巨大的精神空间，这就是潜意识，同时认为真正主宰我们精神生活的正是潜意识。因该书的出版，1900 年也被视为精神分析学诞生的年份。弗洛伊德随后于 1904 年出版的《日常生活的心理奥秘》和 1905 年出版的《性学三论》与《梦的解析》一起，形成了较为完整的精神分析理论基础。除此之外，提出了本我、自我、超我这三种结构理论的《自我与本我》一书在 1923 年出版，还有阐述个体的自由要求与社会要求的永无休止的冲突的《文明及其缺憾》于 1930 年出版。

理论往往因其具有巨大价值才引起人们的共鸣或争议，弗洛伊德的理论同样如此，从其理论形成开始，批评从来没有停止过。精神分析理论在经历了最初的冷落甚至激烈的反对以后，支持者也逐渐增多，弗洛伊德也因之成为了 20 世纪 20 年代世界上最著名的科学家之一。学术上的重大贡献也让弗洛伊德收获了更多的荣誉，在 70 岁生日当天被授予"维也纳荣誉市民"称号，并于 1930 年因科学成就而获得歌德奖。和学术上的成功相比，弗洛伊德的生活非常不易。德国纳粹于 1938 年侵入奥地利，当时已经 82 岁高龄的弗洛伊德被迫举家迁往伦敦，更为不幸的是病痛的困扰，弗洛伊德先后接受了 20 多次手术，1939 年在和癌症抗争多年后，弗洛伊德逝世于伦敦。

犹太出身的弗洛伊德其实并不信仰传统的犹太教，也不信奉其他宗教。就犹太教本身而言，不仅仅是对上帝的信仰，更代表着一种民族性格和生活方式，因此，要了解弗洛伊德的性格，就应把他放在犹太民族的背景下加以剖析。社会心理学认为，个体作为群体的一分子，既要接受社会制度的安排，也会具有一些天生的诸如国籍、种族等不易改变的特征，人在自身发展过程中，"也必然伴随着相应的身份获得的心理过程，也就是存在一个社会认同过程（social identification）"①。虽然古老但又充满活力的犹太民族精神中对于精神生活的终极追求，以及那种乐观、不屈不挠的斗争精神，还有与生俱来的优越感，甚至某种带有苦行主义色彩的实干作风，在弗洛伊德身上都体现得非常鲜明。

弗洛伊德创立了精神分析，精神分析也给他带来了很多争议和荣耀，就结果来说，弗洛伊德留下这样一份庞杂的理论和独特的心理治疗技术是对人类思维的一大贡献。早期较为完整的精神分析既可以看作是一种治疗神经症的理论和方法，又可以看作是研究潜意识的心理学体系。"到 20 世纪 20 年代，这个理论逐渐扩展到社会科学的各个领域，发展成为无所不包的人生哲学。"②

精神分析在心理学史上和人类思想史上影响巨大。弗洛伊德曾被爱因斯坦称为"我们这一代人的导师"，著名的心理学史专家埃德温·波林（Edwin G. Boring）曾毫不客气地指出，"假如谁在今后三个世纪内写出一部心理学史，但文中却不提弗洛伊德的名字，那这部书就算不上是一部心理学通史了"③。

弗洛伊德于 1910 年发表的专著《列奥纳多·达·芬奇：一个童年的记忆》，既是他在历史研究领域的尝试，也是他在精神分析领域的成名作，同时也开创了心理传记学的先河。他的这一举措和研究成果，在史学界引起了很大反响，特别是在美国得到了长足的发展。这也很值得国际关系学界借鉴和深思，史学界不拒绝心理学帮助的胸怀，④ 丰富了史学研究的手段和内容，同样的道理，在国际关系研究中，如果能得到心理学的帮助，学界也会坦诚接受的。

二　精神分析理论的发展与演变

正如其他理论的发生与发展一样，精神分析理论从初创到渐趋成熟

---

①　章志光主编：《社会心理学》，人民教育出版社 2008 年版，第 483 页。

②　车文博主编：《西方心理学史》，浙江教育出版社 2001 年版，第 452 页。

③　［美］埃德温·波林（Edwin G. Boring）：《实验心理学》，高觉敷译，商务印书馆 1981 年版，第 814 页。

④　［英］杰弗里·巴勒克拉夫：《当代史学主要趋势》，杨豫译，上海译文出版社 1987 年版，第 113 页。

也经历了一个较为漫长的成长过程。

（一）弗洛伊德的精神分析理论

弗洛伊德的精神分析理论内容体系既丰富又庞杂，该理论的研究经历过一个不断深入和扩展的过程，有不少学者对精神分析理论进行过归纳。沈德灿主编的《精神分析心理学》将弗洛伊德的精神分析理论归纳为五个大的方面，即第一个方面是人格结构理论，主要涉及本我、自我、超我以及意识、前意识和潜意识等的研究；第二个方面是精神动力理论，主要涉及力比多、生本能、死本能等的研究；第三个方面是人格发展理论，主要涉及俄狄浦斯情结、心性发展阶段等的研究；第四个方面是探索潜意识的方法理论，主要涉及对梦的解释、自由联想等研究；第五个方面是人格的适应与心理治疗，主要探索心理治疗的创立与发展、人的欲望与文化的冲突等的研究。① 实际上，该书所总结的主要是心理学与心理治疗方面，还不能概括精神分析理论。除沈德灿外，也有其他不同的归纳和总结，但总的来说，出入不是很大。弗洛伊德的精神分析理论大致由以下几种理论组成：

1. 精神层次理论

精神层次理论对人类的精神活动进行了分层，就像根据深浅不同对地壳进行分层一样，根据对意识的认识程度，把意识分为意识、前意识和潜意识三个层次。人的精神活动，诸如冲动、欲望、情感、思维、决定等存在于不同的意识层次里。人的心理活动里面，有一些是能够被觉察和认识的，心理学上称为意识。除能被感知的意识外，人类还有一些被压抑的欲望和本能冲动，虽然不易被觉察却存在于潜在境界里，由于社会化的结果和人们理智的控制，那些不被社会接受的欲望和冲动就会被过滤，不能进入到意识层面，个体也就难以觉察到。精神分析把这种处于潜伏状态，不易被觉察的欲望、观念等称为潜意识。在意识与潜意识中间也存在一个层次，被精神层次理论称为前意识。前意识层面经常隐藏着一些不被个体觉察但却让人不快乐的精神活动，如痛苦的感觉、知觉、意念、回忆等。前意识通常情况下不会被人感知，但当个体的控制能力出现松懈时，那些不快乐的情绪便会暂时出现在意识层面，比如

---

① 沈德灿主编：《精神分析心理学》，福建人民出版社 2006 年版。

人在处于醉酒、梦境或催眠状态时，往往能觉察到前意识的存在。

2. 人格结构理论

本我、自我和超我既是弗洛伊德进行人格研究的三个中心概念，也是人格结构理论的三个组成部分。本我在这里是指原始的自己，主要内涵包括人类生存最原始的欲望、冲动、生命力等；同时也是心理能量的源泉，按快乐原则行事，对社会道德等外在的行为规范不屑一顾，回避痛苦、得到快乐；寻求个体的舒适和幸福是唯一要求，生存和繁殖则是追求的最终目标。人格结构中的本我一般处于无意识状态，个体是很难觉察的。与之不同，人格结构中的自我可以被自己觉察，并在认知的基础上执行自我感觉、记忆、思考或判断。自我遵循现实原则，为本我服务，既要寻求使得本我冲动得到满足，又要保护整个机体不受伤害。在弗洛伊德的人格结构中，超我代表的是理想部分。个体在成长发展过程中，受社会及文化环境的影响深刻，通过内化形式逐渐形成自己的价值观念和道德规范，这就是人格结构中的超我，其最大特点是追求完美，主要作用是监督、管束乃至批判自己的行为。超我就非现实性和无意识角度而言，其与本我是一样的。超我在满足本我的过程中，会要求自我遵循道德规范，以社会能够接受的方式让本我得到某种程度的满足。

3. 性本能理论

在弗洛伊德看来，推动个体行为的内在动力是人的本能，他把其称之为"力比多"（libido），认为力比多是人们精神活动能量的主要来源。他认为生本能和死亡本能是人类最基本的本能，这里的生本能主要包括生存本能和性欲本能，保证种族繁衍和维持个体生存是生本能的主要作用；死亡本能也叫攻击本能，是激发一个人回到有生命之前的无机体状态中去的本能。弗洛伊德在对性心理进行研究的过程中，按照人类成长发展时间顺序，将人的性心理发展分为五个阶段，并且认为人格的形成在前三个阶段便已基本完成。因此，人们早期的经历以及生活环境对其人格的形成至关重要，成人的很多心理冲突乃至变态行为，都可以追溯到早年的压抑情结或创伤经历。

在对性本能理论进行论述的时候，弗洛伊德创造性地提出了俄狄普斯情结（Oedipus Complex）和厄勒克特拉情结（Electra Complex），① 为精神分析研究提供了一个可操作的工具。在性本能探索的后期，弗洛伊德提出了桑纳托斯（Thanatos）理论，② 认为生命的最终归宿是死亡，死亡也是生命的最后稳定状态。人们的破坏、攻击、战争等一切毁灭行为都与死亡本能有关，死亡本能指向机体内部时，人们可能会产生自责甚至自杀等行为，死亡本能如果转向了机体外部，就可能引起对他人的攻击甚至杀戮等。

4. 释梦理论

对梦境进行合理化解释是弗洛伊德精神分析理论的一项重要内容，他认为人类的所有心理活动都有较为严格的因果关系。比如做梦，是人类满足某种需求或欲望的方式，而不是人们想象的那样自由联想。梦的形成与潜意识关系密切，人在睡眠时，除了身体上的放松外，精神领域也会放松。表现在意识方面，潜意识会因超我放松检查而悄悄绕过抵抗，一些清醒状态下无法满足的欲望便以伪装的方式进入到意识领域，进而形成人们的梦境。可见，梦的形成是人们清醒状态下被压抑到潜意识中的欲望因超我放松检查监督而得到满足的一种方式，只是这种满足方式表达得比较委婉。通过对梦境形成的原因分析，弗洛伊德认为，可以把梦作为研究潜意识的手段，通过解析梦来发现人的内部心理活动，探究埋藏在人们内心深处的欲望和冲突，这些欲望和冲突在平时是被压抑住而不被人们觉察的，通过对梦的解释来治疗神经症和进行临床心理分析。这一理论可以运用在国际关系研究中，对个案研究，特别是对特殊人物的人格研究有着重要的意义。

5. 心理防御机制理论

心理防御机制是指自我的一种防卫功能。生活中人们经常会遇到本

---

① 弗洛伊德认为，人类在儿童时期，不管男孩还是女孩，都会有种乱伦的欲望。就是男孩在很小的时候，会对母亲有一种性的欲望，而女孩的欲望则指向父亲。他将这种性本能分别称为俄狄普斯情结（Oedipus Complex）和厄勒克特拉情结（Electra Complex）（Oedipus 是希腊神话故事中的一个王子，成人后，因误会而杀了自己的父亲并娶了自己的母亲；Electra 也是希腊神话故事中的一个人物，她指使自己的兄弟杀死了母亲），也就是我们常指的恋母情结和恋父情结。

② 桑纳托斯是希腊神话故事中掌管死亡的神，拥有银色的头发及眼睛，无论在多遥远的地方，他都可以把任何人的生命夺去。

我与现实、现实与超我、本我与超我之间的冲突，这种冲突会使人产生痛苦和焦虑的不良情绪。当这种情况出现后，自我为了个体的健康，会通过某种方式在不知不觉中进行适当的调整，既让超我的管束能够被接受，又让本我的欲望可控，同时还能得到一定程度的满足，从而缓解冲突，减轻焦虑和痛苦，这也就是精神分析所称的自我心理防御机制。心理防御机制是人类自我保护的一种本能，即便不是在病态情况下，遇到不良情绪时，正常状态也同样会不自觉地运用这种机制。心理防御机制的运用具有两面性，运用得好，可以减轻内心的痛苦，克服心理障碍；运用得不好，或者过多运用，可能会产生焦虑、抑郁等病态心理。心理防御机制理论也可用于国际关系的个案研究，甚或群体心理研究中，特别是一些概念的提出，既是一种分析工具，也是一种思维方式。

（二）个体心理学与分析心理学

弗洛伊德精神分析理论的争论不仅在学派之间非常尖锐，在精神分析学派内部也很激烈。比较有代表性的是当他还在世时，阿尔弗雷德·阿德勒（Alfred Adler，奥地利心理学家，1870—1937）和荣格（Carl Gustav Jung，瑞士心理学家，1875—1961），这两位他曾经最得意的学生却自立门户，分别创立了个体心理学①和分析心理学②。尽管弗洛伊德对他这两位弟子的理论并不看好，但他们创造的理论学说不仅在心理学史和精神分析史领域上具有相当的地位，在其他学科研究和临床应用上也都有很高的价值，这两个学派今天依然保持着较强的影响力。荣格率先提出并运用的"内倾型"和"外倾型"概念及心理分类已广为人知；阿德勒有关教育的观点在今天依然非常深刻和实用，其理论核心是关于自卑感的论述，在学校中设立心理咨询机构是由他首先提倡和操办的，这对于青少年健康、积极人格的培养以及预防犯罪的发生等都有重

---

① 鉴于弗洛伊德看到的总是陷于与社会或个人相互冲突之中的个体，阿德勒看到的却是寻找友好、和谐的个体；弗洛伊德忽视了有关人生意义的问题和未来的理想对人生的作用，而阿德勒却以这些问题作为他理论的核心部分；弗洛伊德把人的心理看成是由一些常常相互冲突的不同结构部分构成的，而阿德勒却把心理看作是帮助达到个人未来目标的有机整体。因此，阿德勒为他的理论选择了"个体心理学"这一术语，意指各个人虽然是独特的，但是他们都是以内心的和谐和力求与所有同伴相合作为其特征的。

② 分析心理学是荣格所带头发展出的一支心理学，又称荣格心理学或原型心理学，其核心理论是集体潜意识。集体潜意识的内容，主要以原形的形式存在。

要意义，他的很多理论也为后来研究者借鉴和应用。

1. 个体心理学

阿德勒（Alfred Adler，1870—1937），奥地利著名精神病学家、心理学家，个体心理学创始人、人本主义心理学先驱、被誉为"自我心理学之父"；曾为精神分析学派创始人弗洛伊德的得意门生，同时也是精神分析学派内部反对弗洛伊德理论体系的第一人，其思想促使精神分析学派由"本我"研究转向"自我"研究，对整个精神分析学派的发展起到了非常重要的推动作用。

阿德勒出生于奥地利维也纳郊区一个富商家庭，幼时身体虚弱，使其早年立志成为一名医生。1888年考入维也纳医学院，1895年获得医学博士学位。后转向精神病学领域，并追随弗洛伊德研究神经症问题。1902年，他受弗洛伊德邀请加入了维也纳精神分析协会，成为其最早的同事之一。20世纪初替弗洛伊德担任维也纳精神分析协会的主席，并负责该会会刊的编务。1911年，他公开地批评弗洛伊德学说的错误，强调社会因素对个体的影响而导致弗洛伊德的不满，最终愤而辞职，另立自己的思想体系。他随后建立自由精神分析研究会（1912年更名为个体心理学会）并创办《国际个体心理学杂志》。阿德勒一生著作颇丰，其作品兼顾学术性与可读性，能够用通俗的语言解释深刻的人生道理，具有很高的指导价值。代表作包括《自卑与超越》《自卑与生活》《个体心理学的理论与实践》《人性的研究》等。

在阿德勒的理论当中，核心内容包括创造性自我、自卑感、社会意识、社会兴趣等。其主要来源为弗洛伊德的精神分析理论，但是二者在基本观点方面却存在非常大的差异。阿德勒彻底否定了"性本能是人类行为的根本动力"的理念，他把人的社会性视为行为的动力，并用"器官缺陷与补偿""克服自卑感与追求优越""侵犯驱力与男性反抗""社会兴趣"等概念来表述人类行为的动力特征。

阿德勒认为，人格是在超越自卑和追求优越过程中形成、发展的。因为人自出生就是弱小、无力的，不得不依赖成人，由此个体都有天生的自卑感。但是，也正是这种自卑感促使人们去努力地超越自我，追求成功，这成为人格发展的原动力。与此同时，人类还有追求优越与完美的倾向，并且这是人人都有的、相同的终极人生目标，个体会在人生过程中通过种种努力试图完成这个目标。

实际上作为一名医生，阿德勒早期的理论具有非常明显的生理倾向，在他的代表性文章《器官的自卑感及其生理补偿》一文中，描述了当人体的某一器官存在缺陷时，其他器官的功能便会更加强大这一生理现象，这种情况在现实生活中经常可见，比如盲人的听觉和触觉常常更加灵敏。阿德勒从这种现象切入，探讨了其成因，他提出器官缺陷并非只有负面的作用——缺陷一方面为个体的生存发展带来不便，另一方面有可能成为推动个体发展的动力。正是由于器官存在缺陷，个体才会集中力量发展功能不足的器官，抑或是发展其他的机能来弥补有缺陷的机能，这种现象被称为个体补偿。

后来，阿德勒将器官的自卑感及生理补偿的理论引入到心理学领域，他尝试分析没有明显器官缺陷的人，其人格的动力何在。在不断的探寻中阿德勒找到了一个具有普遍性的心理因素，这就是自卑感（infe-riority，个体面对困难时产生的一种无法达成目标的无力感与无助感）。自卑感具有普遍性，任何人生来并不是完美无缺的，只要有缺陷（包括身体缺陷）就会产生自卑，而自卑可能摧毁一个人，使人自暴自弃或发生精神疾病；也可能使人发愤图强，振作精神迎头直上。这其中的差别就在于补偿，也就是说，当个体能够恰当地做出补偿时，自卑感就可能成为人格动力；但个体补偿不当时自卑感将带来自卑情结，终将导致神经症。

阿德勒认为，为了克服自卑感，攻击和力量成为主要的手段，儿童使用先天的"侵犯驱力"来寻求补偿，使自己的人格得到发展。如果儿童顺应或很少反抗，这种自卑感就使人变得女子气，成为生活的弱者。反之，儿童若奋起反抗，这种自卑感便促使人男性化。"任何形式的不受禁令约束的攻击，敏捷，能力，全力以及勇敢，自由，侵犯和残暴的特质都是男性所具有的品质。"——可以看到，阿德勒把权力和力量与男性等同，把虚弱和自卑与女性等同起来。

随后，阿德勒对自身的各项理论进行整合，并提出了追求优越的理念，他指出，追求卓越能够在很大程度上对自卑感做出补偿，同时还可以对个体的行为产生支配效果。同时，他还认为，对于个体而言，趋向权力是一种天生的能力，在这种驱动力的影响下，人们的人格会汇聚为总目标，从而激励人们成为完美的人。所以，胜过别人、超越别人都是在追求卓越过程中的具体人格表现方式。

但是，阿德勒认为追求优越的结果却有两重性。如果个体选择的是良好的追求卓越方式，那么其身心将会得到巨大的锻炼，而如果个体选择的是不良的追求卓越方式，那么在其追求卓越的过程中，会忽视他人的需求，进而导致"自尊情结"，使个体的自尊心迅速膨胀而变得狂妄自大。

阿德勒的个体心理学影响深远，该理论体系对精神分析的社会文化学派、自我心理学派、人本主义学派的形成产生了重要影响；在该理论当中，潜意识、性欲等对于人格形成的影响开始下降，而"意识"的影响则大大增强，具有进步和积极的意义，对人格的发展持主动、积极、乐观的态度；它强调对个体主观世界的分析，同时又强调个体与自然、与他人、与社会的联结，这使其理论具有明显的社会价值取向，心理学家墨菲评论道，"阿德勒的心理学在心理学历史中是第一个沿着我们今天应该称之为社会科学的方向发展的心理学体系"①。

2. 分析心理学

卡尔·古斯塔夫·荣格（Carl Gustav Jung，1875—1961），瑞士著名心理学家、精神病学家、国际精神分析学会第一任主席、分析心理学的创始人。1875年出生于图尔高州，受家庭影响，自幼接触到大量的宗教思想，性格内向、孤僻，喜欢哲学和神秘事物。他于1895年进入巴塞尔大学学习，1900年获得医学博士学位，随后进入苏黎世大学专攻精神病学，1905年成为苏黎世大学讲师。弗洛伊德的《梦的解析》一书出版后，他开始接触精神分析的相关理论并在工作中运用其观点，后与弗洛伊德开始联系并成为挚友，两人联合其他精神分析学家创立国际精神分析学会。在弗洛伊德的扶持下，荣格于1911年担任国际精神分析学会第一任主席，但两人的学术观点随后出现了严重分歧。比较典型的事件是，荣格在其《无意识心理学》一书中明确提出了反对性欲论的观点，这导致了二者矛盾的加深。1914年，荣格辞去

① 余海超：《浅析阿德勒的个体心理学理论的基本内涵》，《吉林广播电视大学学报》2009年第6期。

国际精神分析学会主席一职，这标志着二人彻底分道扬镳。在随后的几十年间，荣格产生了严重的个人精神问题，在此期间，他的研究重点开始转移到分析心理学，同时在考古学、人类学、神话学等领域都有所建树，他对诸多困扰人类的神秘问题进行研究，并于1923年出版了著名的《心理类型》一书。后来他又开始了长达十几年的多文化游历与考察，步履遍及全球许多国家与区域。① 因此，荣格博大精深的思想理论根植于西方文化土壤，又拥有深厚的东方底蕴，同时还带有宗教的神秘色彩。

在多年的研究工作中，荣格提出了集体潜意识理论、原型学说、心理类型说等诸多理论，这些理论实际上已经远远超越了心理学的范围，而是涉及宗教、哲学、社会学、文化学和文学等非常广阔的社会领域，可以说，他极大地扩展了心理学的研究领域，并提出了一些新颖而灵活的研究方法。虽然其理论被认为有比较明显的遗传决定倾向和宗教色彩，但是也毫无疑问地促进了整个精神分析学派的发展。

荣格思想理论的来源仍是古典精神分析学派的基本观点，但是他对个体无意识理论、泛性论提出了质疑，并在此基础上创造性地发展了集体潜意识学说。荣格认为，人格作为一个整体，包括人类意识到的及没有意识到的所有思想、感情与行为，其作用是调节和控制个体，使其适应周围的自然和社会环境。他强调人格的统一性与整体性，认为心理分析的终极目的不是精神的分析而是心灵的整合。人格由意识、个体潜意识与集体潜意识这些不同而又彼此相互作用的系统和层次组成。意识是指心理活动中唯一能够被个人直接察觉的部分，其主要作用就是促进个性化过程，通过个性化的过程产生一种新要素——自我（ego）。个体潜意识包含了个体遗忘的记忆、过往的经验、个人的知觉等，这部分内容相当于弗洛伊德理论中所提出的前意识加潜意识，其主要内容是情结（complex）——一种具情绪色彩的关联意念的聚集，情结有许多种，凡是一个人沉溺于某种东西不能自拔时，其背后就有情结的存在，情结使他的心灵被某种东西强烈地占据而难以思考其他事情，但是本人却难以意识到，常见的如恋母情结、自卑情结等。集体潜意识是遗传的、集体

———————

① 崔诚亮：《荣格的原型思想研究》，硕士学位论文，湘潭大学，2006年。

共有的潜意识，反映了人类在以往经验中形成的共同经验，对事件做出特定反应的倾向性，它是人格中最深刻、最有力的组成部分。荣格这样描述道："所谓集体潜意识，是指在漫长的历史演化过程中世代积累的人类祖先的经验，是人类必须对某些事件做出特定反应的先天遗传倾向。它在每一世纪只增加极少的变异，是个体始终意识不到的心理内容。"① 其通常位于个体灵魂深处，并且在人们日常生活中以不同的方式展现出来。因此，集体潜意识是伴随人类出生而出现的，是人类经验的重要结晶。

在《集体潜意识的概念》一书中，荣格提出：在人类的精神当中，集体潜意识是非常重要的成分，其不同于个体无意识，因而不能通过个人的生活经验以及后天行为习得。产生个人无意识的因素主要是那些个体曾经关注过，但由于各种原因从意识当中被排挤出去的事务；而集体潜意识从一开始就没有在意识当中出现，所以个体也是难以真正获得的，这种意识主要来源于遗传。② 也就是说，个人无意识来源于各类情节，而集体潜意识主要来源于原型。

通过荣格的描述，我们可以看到，他所提出的集体潜意识揭示出在个体的心理结构有更深、更广的层面——来自人类祖先的经验，通过遗传的方式保留至今，虽然我们没有经历过先人的生活，但是我们却能够按照先人的经验对某些事情做出特定的反应——比如，日常生活中最常见的案例：人类对于蛇的普遍恐惧感。现代心理学家已经用科学实验的方法验证了这一现象，在王福兴等人《幼儿对威胁性刺激蛇的注意觉察：来自眼动证据》一文中指出，"前人研究发现，相对于中性刺激，没有经验的婴幼儿会对威胁性刺激蛇产生更快的觉察反应，在此基础上研究者们改进了刺激材料呈现范式和线画的刺激材料，以4—6岁幼儿和成人为被试采，利用眼动仪记录被试的视觉搜索过程，结论显示，即使是对蛇具有较少经验的幼儿，也表现出了对蛇的快速注意偏向；蛇的色彩和纹理会促进蛇的快速觉察；蛇的低水平

---

① 叶浩生：《西方心理学的历史与体系》，人民出版社1998年版，第324页。
② 《荣格文集》，冯川、苏克译，改革出版社1997年版，第39—40页。

知觉特征（蜿蜒外形）确实对蛇的注意觉察具有重要作用"①。这种现象如何解释，从没有见过蛇的幼儿为何会对蛇有着明显的觉察反应？对此，进化心理学给出了接受度相对较好的解释：我们对于蛇的认知来源于我们的祖先。在原始社会中，蛇对于人类来说，是一个非常明显的威胁源，它们拥有庞大的身躯或者致命的毒素，这些因素决定了在和蛇的对抗中，人类处于较弱势的一方，因此，我们会对这种生物产生巨大的恐惧感，这种恐惧感在我们祖先的头脑中深深印刻，并且一代代传递下来，以至于到了今天，虽然科技发展极大地改善了我们的生存环境，蛇已经不是我们安全的重要威胁了，但是我们仍旧对其存有恐惧感，甚至是没有任何经验的幼儿，也表现出对这种生物明显的快速觉察。除此之外，生活中的一些现象比如怕黑、恐高等也可以从进化心理学的角度给出一定的解释。实际上，精神分析理论本身就是进化心理学的重要理论来源，其中荣格的集体潜意识理论更是与进化心理学的思想精神惊人的一致——作为现代人，我们仍具有原始人的某些行为反应。这些理论应用于现实，可以解释很多社会中的现象。因此，集体潜意识的具体内容虽然很难被人们观察到，但是却在不知不觉中影响着人们的行为和内心。"它是从人的祖先的往事遗传下来的潜在记忆痕迹的仓库，是人的演化发展的精神剩余物。"②

（三）新精神分析学派

弗洛伊德之后，逐渐形成了以沙利文、弗洛姆、埃里克森等为代表人物的新精神分析学派，该学派主张用社会学理论来探索精神现象，这与生物学的分析观点有很大不同，这一学派也因之被称为精神分析的社会文化学派。

哈里·斯塔克·沙利文（H. S. Sullivan，1892—1949），美国心理学家，是人际关系理论的创始人。他很重视人际关系对人格和心理的影响，主张在对人格发展和心理异常等进行解释时，要有人际关系的理念，要放在群体中探索。这样的主张很明显与弗洛伊德只重视个人研究

---

① 王福兴、李文静等：《幼儿对威胁性刺激蛇的注意觉察：来自眼动证据》，《心理学报》2015 年第 6 期。

② 崔诚亮：《荣格的原型思想研究》，硕士学位论文，湘潭大学，2006 年。

的思路有很大不同，沙利文认为人的发展离不开"关系"，所以他在临床心理治疗过程中，非常重视引导病人建立对自己的正确认识，主张"从建立良好的人际关系中树立起自信心"。① 这一观点也得到我国心理治疗专家的认可，"健康的心理和人格表现为良好的人际关系，或者，反过来说，良好的人际关系是健康的心理和人格最基本、最重要的表现。与其类似，所有精神障碍都表现出人际关系的障碍，甚至可以说，人际关系的困难和麻烦愈多愈严重，精神障碍程度也就越深"②。

艾里克·弗洛姆（Erich Fromm，1900—1980），德国心理学家，他的知识面宽广，理论领域涉及社会学、哲学、史学、人类学、宗教等很多学科。弗洛姆对"爱"的研究很深入，在精神分析中独树一帜。他认为"爱的本质是主动的给予，不是被动的接受"③。当一个人愿意为另一个人付出时，他给予的是"他的欢乐、旨趣、理解、知识、幽默、悲哀，……通过提高他自己的生命感来提高另一个人的生命感"④。爱包含的因素很多，"爱是对我们所爱的生命的成长过程的主动关注。缺乏这种主动关注，就不是爱"⑤。爱是一种态度、一种性格取向，不和具体的人相联系。如果一个人只爱另外一个人，而对其他人缺少爱心，那么这种爱就不能称作爱，只能算是一种共生性的依恋，或者是一种扩充的自我。

爱利克·埃里克森（Erik H Erikson，1902—1994），美国心理学家，创立了自我心理学体系，"自我同一性"概念是埃里克森首次提出并加以运用的。按照人的生命周期，埃里克森将人格发展划分为八个不同阶段，认为人在不同阶段会出现不同的心理困境和发展危机，如果能摆脱这些困境，人就会向着健康的方向成长。八个阶段详见表1—1:⑥

---

① ［美］哈里·斯塔克·沙利文：《精神病学的人际理论——20世纪心理学通览》，韦子木译，浙江教育出版社1999年版。
② 许又新：《心理治疗基础》，贵州教育出版社1999年版，第8页。
③ ［德］艾里克·弗洛姆：《爱的艺术》，朱蓉贞、林和生等译，改革出版社1997年版，第353页。
④ 同上。
⑤ 同上书，第340页。
⑥ ［奥］埃里克森：《同一性：青少年与危机》，孙名之译，浙江教育出版社1998年版。

表 1—1　　　　　　　　　　　　埃里克森人格发展八阶段

成长时期	年龄阶段（岁）	心理困境与发展危机
婴儿期	0—1.5	信任 VS 不信任
儿童早期	1.5—3	独立 VS 羞怯
学前期	3—6	主动 VS 愧疚
学龄期	6—12	勤苦 VS 自卑
青年期	12—18	自我统合 VS 角色混乱
成人早期	18—25	亲密感 VS 孤独感
成人中期	25—50	繁殖 VS 停滞
成人后期	50—	完美 VS 沮丧

（四）自我心理学

自我心理学是在研究自我本能得到满足还是遭遇挫折的矛盾过程中逐渐发展成熟起来的一个学派，该学派虽然仍使用很多弗洛伊德精神分析的概念，但淡化了性本能和性冲突在人们精神和行为中的重要性，更加强调文化、社会以及人际关系等对人格形成的影响，代表人物主要有安娜·弗洛伊德、埃里克森、哈特曼等。

安娜·弗洛伊德（Anna Freud，1895—1982），奥地利心理学家，是弗洛伊德的女儿，她继承了弗洛伊德把自我作为精神分析核心的思想，并对其进行了系统化分析，把散见于弗洛伊德著作中的心理防御机制进行了认真发掘和归纳，总结为压抑、投射、升华、固着、认同等10 种行为。在对弗洛伊德理论进行归纳的基础上，她又进一步提出了利他主义、禁欲主义、否认作用、以攻击者自居、自我约束作用五种新的防御机制。经过安娜·弗洛伊德的梳理和努力，使心理防御机制的理论更加明确和清晰。①

海因兹·哈特曼（Heinz Hartmann，1894—1970），美国心理学家，被称为"自我心理学之父"。他一生都致力于自我心理学的创建和发展，认为"古典精神分析忽视了没有冲突的心理学领域，只把冲突作

① Anna Freud, *The Ego and the Mechanisms of Defense*, US：International Universities Inc. Fourteenth Paperback Printing, 2000.

为研究任务是片面和不完整的，人对环境的每一适应过程并不一定都是冲突的，自我的根本机能是适应"①。

（五）客体关系理论

客体关系理论是在研究俄狄普斯情结的发展过程中逐渐形成和发展起来的一种理论，该理论学派认为，俄狄普斯情结所反映的最根本的问题是儿童成长过程中的角色扮演问题，也就是儿童如何从依赖母亲过渡到个体独立，以及如何在群体中扮演角色。主要代表人物有克莱因、费尔贝恩、威尼科特等。

梅兰妮·克莱因（Melanie Klein，1882—1960），奥地利心理学家，是最早把精神分析原则应用于治疗儿童心理疾病的代表人物之一。内驱力概念虽然经常用于临床治疗，但克莱因所谓的内驱力和弗洛伊德的原意是不同的，她更关注的是关系。克莱因认为，生命存在于一个客体关系背景中，所以生命的冲动离不开客体关系背景，并因客体关系背景而不断进行调整；儿童的焦虑、爱恨、防御等心理行为，实际上是发生于人际的主体与客体的适应和冲突关系；同时，她还把该思想应用到对儿童的心理治疗，通过游戏来了解儿童的感觉、想象、焦虑等情感，从而找到儿童心理问题的根源，进行针对性的解释，这种解释是对那些压抑的原始情感和冲动能量的释放，进而达到治疗的目的。②

英国儿童心理学家和精神分析心理学家罗纳德·费尔贝恩（William Ronald Dodds Fairbairn，1889—1964）和唐纳德·伍兹·威尼科特（Donald Woods Winnicott，1896—1971）也是客体关系理论的重要创建者，都强调母亲或者照料者与婴儿的互动非常重要，他们的照料和干预与婴儿的需要之间要能够密切配合才行，否则就会对婴儿的心理和行为造成不利影响，威尼科特还为之专门提出了"足够好的母亲（good-enough mother）"概念。

（六）依恋理论

精神分析理论在发展过程中，除出现了上述理论外，还有英国心理学家约翰·波尔比（John Bowlby，1907—1990）建立的依恋理论等。

① 叶浩生：《心理学理论精粹》，福建教育出版社 2002 年版，第 67 页。
② Melanie Klein，*The Psycho-Analysis of Children*，Hogarth Press Ltd.，1997.

依恋理论主要探讨的是人们在儿童时期的人际关系状况对其人格发展的影响。认为婴儿在 6—7 个月大时就已经能形成对母亲不同性质的依恋，一般分为安全型、回避型、焦虑—抵抗型等。一旦某种依恋模式形成，就会影响到其长大后与他人的交往关系。比如安全型依恋的孩子具有自信，愿意与人合作，热情，能力较强等特点；不安全依恋型孩子多数有退缩、敌意、攻击等特点。

从弗洛伊德创立精神分析理论开始，经过阿德勒、荣格的"背叛"（实际上是一种修正和发展），到沙利文、霍妮、弗洛姆、埃里克森等新弗洛伊德主义，再发展出自我心理学、客体关系学派等，已远非弗洛伊德当年的样子。这说明任何一种理论都是时代的产物，也必然随着时代的发展而变化。

三 精神分析理论的核心观点与评价

精神分析理论在不断的争论中获得发展，人们的早期经历会影响其以后的思维和行为作为精神分析的核心观点也被普遍接受，并应用于临床心理治疗和其他科学领域，取得积极评价。

（一）精神分析理论的核心观点

精神分析理论从弗洛伊德的冰山理论、人格结构理论到因"泛性论"而备受诟病的性动力理论，无不充满着智慧的灵光，经过继承者的多维度修订，精神分析理论已经日臻完善。不管精神分析理论的争论多么激烈，发端于弗洛伊德的核心观点或者说是理论分析基础观点是被广泛接受的，那就是人们早期经历会影响其未来行为选择。这主要表现在精神分析理论强调个体发展过程中，早年安全感的满足、依恋关系的建立、基本需要的满足、适当的训练和压力等能促使个体人格各个部分进行有机整合，形成健康的人格，进而影响到以后的思维方式和行为习惯。

文化具有传承性，最初存在于人们头脑中的观念、态度、信仰等，会通过交流进行平行传递并向后世传递，人的心理也一样。精神分析理论认为在人生命开始的前几年，对个体人格的形成有决定性的影响。一些看似平常而简单的行为，比如对儿童的哺乳、排泄等训练，都能深深地影响着儿童在以后的性格和人格。在一个特定的社会中，虽然会有个别差异，但是就整体而言，这些都是相当固定并且标准化的。所以，儿童生长在某种特定社会环境条件下，童年期的经历和经验往往是相同或相似的，对问题的反应方式也比较容易相近，而在人格特质的形成上也会有许多共同点。正如 R. 林顿所说："任何一个社会的基本人格类型，是大部分的社会成员共同拥有的人格形貌，那是因为他们享有共同的童年期经验。"①

就研究出发点而言，本书关注的重点不是精神分析在临床应用过程中形成的诸如意识理论、人格结构理论、动力理论等，而主要是对精神分析理论核心观点的借用，也就是早期经历会对人们未来行为产生重要影响，有时甚至是决定性的影响。任何一个民族都是由单个的个体组成的，每个个体的心理感受形成合力便成了民族心理。不同的民族有着不同的成长经历，也就会形成不同的民族心理，导致以后在对外行为中采取不同的方式。

（二）精神分析理论的评价

1. 弗洛伊德的精神分析首创了谈话治疗神经症以及其他心理疾病的方式

在弗洛伊德之前，人们对神经症和其他心理疾病的治疗主要采取化学药物、草药等药物手段，以及水疗、电疗等物理手段，还有催眠术等所谓的神秘疗法。经典精神分析疗法的核心要义就是对潜意识的发掘，用对潜意识内冲突的分析来解释症状，通过对患者潜意识中矛盾和冲突的分析，使潜意识浮现到意识层面，继而对病症进行处理。这种技术现在已很少有人使用了，一是需要的时间很长，二是往往需要一些诸如躺椅之类的特殊的设施布置，这些都不太适合现代的节奏，但其治疗方法对今天的精神分析仍有重要影响。随着社会和人的观念的发展与进步，当今的精神分析已经与弗洛伊德的理论和实际操作有很大的不同，除了关注驱力和冲突外，现今研究者更重视人际关系，依恋和分离的使用也更为广泛。这一变化也有着明显的社会环境和社会发展的痕迹，主要表现在两个方面：

---

① 转引夏建中《文化人类学理论学派》，中国人民大学出版社 1997 年版，第 173—174 页。

一个是弗洛伊德的生长环境。犹太人身份和在两次世界大战中的经历，特别是反犹思潮及犹太大屠杀的场面，都在弗洛伊德的心理上产生了很大的阴影，从他的生活经历中，看到的更多是人的生物性本能和人性中的阴暗面。第二次世界大战后的心理学家则乐观得多，比如对弗洛伊德所认为的仇恨植根于人与人之间的一切友爱关系之中的观点，亚伯拉罕·哈罗德·马斯洛（Abraham Harold Maslow，美国心理学家，1908—1970）就有不同的看法。他认为"弗洛伊德对人的描述显然是不恰当的，他剔除了人的理想、可以实现的希望以及他身上所具有的上帝般的品质……他为我们提供了心理病态的那一半，而我们现在则必须把健康的另一半补上去"①。马斯洛认为绝大多数人具有关心他人以及爱他人和被他人爱的能力，具有一定的好奇心和创造力，基于此，他一直致力于人的潜力、自我实现的需要等方面的相关研究。

第二个是人观念的变化。当事人中心疗法更体现出对人的尊重以及人人平等的观念。弗洛伊德是以医生的身份展开治疗的，这造成了医者与患者之间关系的不平等，这与社会发展和人们对尊重的获得和对平等的需要是不相符的。与此相对应，便出现了更符合时代要求的当事人中心疗法，主要代表人物除了马斯洛外，还有美国的卡尔·罗杰斯（Carl Ranson Rogers，1902—1987）等人。当事人中心疗法在治疗过程中，医生扮演的是具有专业知识的伙伴或朋友，而不像以前那样以专家或权威自居，这样更能使病人对医生产生信任，从而建立一种具有平等地位的医患关系。医者在治疗过程中能够完全体验到患者情感以及自我概念的不协调，将通过对此加以调节改变，从而能使病人病情有所改善。

2. 精神分析理论和方法已经超越心理学领域

（1）精神分析的理论在广阔的思想领域里产生影响

从精神分析理论诞生以来，其在各领域都留下了痕迹，比如和人们生活密切相关的电影创作和制作就产生了一批心理电影，至今方兴未艾。昂秋青、舒伟洁所著的《恍惚的世界——200 部电影中的精神疾病

①　[美] 亚伯拉罕·哈罗德·马斯洛：《动机与人格》，许金声等译，中国人民大学出版社 2007 年版，第 58 页。

案例分析》一书，对电影史上数百部与心理学相关的影片做了较为系统的回顾，书中除了较为详尽地介绍了抑郁症、神分裂症、性变态、老年痴呆等心理学领域中常见精神障碍病症表现外，还运用理论，结合病症，对影片中的情节以及人物进行了较为专业的点评。[1] 虽然有很多人只是把弗洛伊德看作一个文人，并没有当作科学家看待，但是美国《新闻周刊》曾在2005年对在世界上有重要影响的伟人进行列举，这些伟人名单中不但有弗洛伊德的名字，还把他与马克思一起列为哲学家。不管什么样的评价，都足以证明弗洛伊德精神分析理论应用的广泛影响力。在心理学之外，精神分析理论被弗洛伊德运用到多学科的研究中，比如文学、妇女问题研究以及美学等，对历史人物和事件的解释也有其独特的见解，还因之建立了心理史学这一学科，这在当今国际关系研究中有着深刻的借鉴意义。

（2）精神分析的很多理念已经变成了人们的日常语汇

精神分析的很多理念，比如情结（诸如恋父情结、恋母情结等）、驱力、升华、抑制、补偿、投射、退行等，都已经被人们所熟悉和广泛使用。潜意识理念是精神分析的核心，这一思想已经被部分证实和接受，在今天的心理咨询与心理治疗中，也广泛应用这一理论。

第三节　精神分析理论在国际关系中的应用

通过对精神分析理论的梳理与分析，不难发现精神分析理论的发展和完善不仅贡献于心理学领域，在其他学科领域的应用也很广泛，特别是在与人与人之间有很强对应关系的国际关系领域，运用精神分析的方法和原则研究和分析国家间关系具有很强的实用性。

一　精神分析理论在国际关系研究中的适用性和独特性

国际关系研究可以借用精神分析理论，这除了有学科研究和学术拓展的需要外，也存在着一些必然的联系。

---

① 昂秋青、舒伟洁：《恍惚的世界——200部电影中的精神疾病案例分析》，复旦大学出版社1998年版。

（一）精神分析学说与国际关系研究有着良好的合作基础

从弗洛伊德对历史人物的个体研究开始，在国际关系研究中从来没有间断过心理学方法的使用，虽然精神分析研究在显性研究上的成果不多，但在隐性研究领域却经常有其存在过的影子，比如一些思想和词汇的运用等。具体表现在：

1. 出发点的相似性

精神分析学说在研究人格发展时重视追溯人的生活发展史，追溯童年经历和家庭状况，这种重视事物发展性和连续性的方法与国际关系研究中重视历史的方法相吻合。同时，精神分析学说关于超我的理论揭示出，家庭是传递文化传统的重要组织，这给了国际关系研究学者以启示，不仅有利于他们加强对自己所研究的对象的历史传承意义的认识，而且促使他们更加重视自然环境、社会环境的研究。

2. 相关理论的相通性

精神分析学说关于人的社会化的理论有利于帮助国际关系学者加强对人和社会的认识，特别是人际、国际关系的认识。弗洛伊德认为，"人的社会化的完成，是通过心理内部的驱动力与企图控制它的超我之间的斗争来实现的。这种观点既承认人的社会化，又注意到人的社会化过程中的斗争，因此能够解释个人与社会之间的矛盾冲突和个人内心中经常存在的自我矛盾"①。这样的理论能够帮助人们比较正确地认识人和社会，认识人在社会关系、国家关系中的作用和地位。当然，要完全正确地理解人与社会、国家间更加具体的和谐或者矛盾斗争的关系，还要涉及经济关系、阶级关系、军事关系等，而那不是单纯心理学所能解决的问题。

3. 对偶然事件看法的可借鉴性

精神分析学说从其无意识理论研究中得出，人是具有高度一致性的统一体。人的一些行为看似纯属偶然，如说错话、记忆错误、不必要的重复（言语或文字）、遗忘某人或某事等，虽然行为者本人并没有意识到，但其无意识的行为动机同那些有意识的行为一样，都出自一个统一的心理系统。精神分析家对国际关系中的偶然事件有着自己独特的认

---

① Peter Gay, *Freud For Historians*, Replica Books, 2000, pp. 172 - 174.

识，他们反对将自己不能解释的历史事件称为"偶然事件"，认为所有历史事件都是可以解释的，绝对的偶然事件并不存在。尽管精神分析家对许多历史事件的解释还不能令人满意，但他们对偶然事件的看法是值得深思的，也是对国际关系学界的一个挑战和激励，促使他们努力去解释那些他们原来未曾很好解释过的历史事件。同时，精神分析学说的无意识理论还可以帮助国际关系学者从已知的历史资料中发现新的信息，① 对国家间的关系进行更为理性的分析和更多角度的探索。

4. 研究方法的近似性

精神分析家在医疗实践中，同国际关系学者在研究工作中一样，都要先收集证据资料，然后才能对研究对象做出解释和判断，这种解释在分析原因时往往不是单一的，更多时候是包含多重的原因。这一方法上的共同点也是精神分析学说与国际关系学二者之间可以合作的一个条件。

5. 研究对象来源的一致性

精神分析学说主要源于对神经症的分析，擅长分析病态心理和其他非理性的、常人无法理解的现象。这也许是国际关系学界不敢大胆引入精神分析方法的一个重要原因，因为用分析病态心理的方式分析国际关系总让人觉得不合时宜。但精神分析方法在一些领域的应用却又能给我们一些启迪，比如希特勒为什么那样疯狂地屠杀犹太人？这类看似个体的现象，其背后又有什么样的动机源？对于民族、国家间关系会带来什么样的影响？一连串的疑问驱使我们对精神分析方法产生更加浓厚的兴趣，当然，这也可能是精神分析家涉足国际关系研究领域的原因。

6. 勘验和借用理论有助于学科的交叉和发展

弗洛伊德认为文明和社会现象是个体心理冲突的副现象，"人类历史中的重大事件，即人性、文明的发展和原始经验的积淀（宗教便是最明显的例子）三者之间的相互作用，只不过是精神分析学在个体身上所研究的自我、本我和超我三者动力冲突的一种反映，是同一过程在

---

① Peter Loewenberg, *Decoding the Past: The Psychohistorical Approach*, New York, Alfred A. Knopf, 1983, p. 15.

更广阔舞台上的再现"①。这种认识当然是不正确的，但这种对人类群体所做的直接解释的失败，并不意味着精神分析不能解释群体心理，相反它能给我们在国际关系研究中提供一个很好的视角。比如，对于具有共同遭遇而精神状态大体相同的人群，就可以应用精神分析来分析他们的行为；通过以精神分析理论解剖典型个人的办法，也有助于我们对一个时代的了解等。

（二）精神分析相较于正统心理学，在国际关系研究中亲和力更强

1. 出发点的相似性

1879 年，德国著名心理学家威廉·冯特（Wilhelm Wundt, 1832—1920）在莱比锡大学建立了世界上第一座心理实验室，这个实验室的建立也被认为是心理学从哲学中独立出来的标志。"在冯特的心理实验室里，主要研究内容为正常成人的意识，以后其他的心理学派研究总体上也是按照冯特的思维模式进行的。"② 正统心理学起始于正常人的心理研究，其基本概念和研究方法来源于实验室。精神分析学产生于临床治疗，始于对变态者的心理研究。从研究来源和研究目的来说，精神分析首先关注的是人性，是从研究问题开始的，这一出发点和国际关系研究有很大的相似性。

2. 研究内容接近

国际关系研究，终究是对人的研究，任何时候都离不开对人的心理的探讨与理解。人与人之间，国与国之间，任何行为都受到某种思想或动机的影响，要弄清事件的前因后果，必然涉及人的心理。有人说"历史事实也就是心理事实"③，这句话也适用于国际关系研究。从研究内容的深度上看，正统的心理学研究所关注更多的是人心理表层所呈现的意识、心理过程和外在行为等，与之不同的是精神分析更多关注的是人的心理动力、潜在意识以及内在人格等。从研究的内容上看，精神分

---

① ［奥］西格蒙德·弗洛伊德：《弗洛伊德自传》，顾闻译，上海人民出版社 1987 年版，第 106 页。

② ［美］托马斯·黎黑：《心理史学》上册，李维译，浙江教育出版社 1998 年版，第 307 页。

③ Michael Kammen, *The Past Before Us*: *Contemporary Historical Writings in the United States*, Cornell University Press, 1980, p. 410.

析学在自己研究的过程中，客观上更接近于国际关系研究。

3. 研究手段的共通性

正统心理学和精神分析在进行研究的过程中，对研究手段的运用有很大不同。"正统心理学以实证主义为中心，以实验法为主，在实验情境中采取不同的变量加以研究。精神分析学则以研究问题为中心，理论围绕问题而建构，以个案分析法为主，以完整的人体为研究对象，广泛收集一切有用的材料。"① 显然，精神分析的研究更接近国际关系作为人文学科的研究旨趣。

（三）精神分析与非精神分析在国际关系研究中的应用之比较

非精神分析与精神分析各自有独立的主张，也自然存在着互相排斥的倾向。非精神分析学者会认为精神分析所坚持的某些极端的理论教条，如对早期经历的过分强调，会使心理学遭到国际关系研究者的抵制和批评。精神分析学者可能对非精神分析派的批评更甚，这在心理史学发展中就曾出现过。比如美国著名精神分析心理史学家彼得·洛温伯格（Peter loewenberg）虽然同意对心理史学做多学科的综合研究，但对于非精神分析派的理论和观点却坚决排斥。他认为"只有精神分析（或由精神分析影响的）理论才适合心理史学的需要"②。与之相反，美国另一个著名心理史学评论家理查德·舍恩沃尔德（Richard L. Schoen-wald）在1973年预言："将来研究者们所主要依靠的很可能是学院心理学（即指非精神分析心理学）。"③ 虽然学派纷争不断，都认为自己的理论更有道理，客观地看，这些理论各有长处与不足，在国际关系研究中也各有不同的作用。

1. 二者的可验证性和易理解性不同

非精神分析心理学说所应用的理论可以验证这一点，在一般研究者面前，说服力似乎更强，更利于其存在和发展。与之相较，精神分析理

① 葛鲁嘉：《心理文化要论——中西心理学传统跨文化解析》，辽宁师大出版社1995年版，第103—104页。

② Peter Loewenberg, *Decoding the Past: The Psychohistorical Approach*, New York: Alfred A. Knopf, 1983, p. 19.

③ Richard L. Schoenwald, "Using Psychology in History", *Historical Methods Newsletter*, Ⅷ, 1973, p. 17.

论体系中有些理论原理并不能做直接验证，即使有的可以通过一些验证，通常也只是间接性的或推论性的，就信服度来讲，容易受到质疑。特别是精神分析学关于无意识心理机制的研究，对于缺乏专业训练的研究者来说，总是显得深奥难懂，甚至是玄妙。这些因素不仅会导致精神分析理论本身遭到怀疑和批评，假如把这种理论应用于国际关系研究中，自然也会遭到比非精神分析更多的批评和质疑。

2. 对研究资料的采集难度不同

非精神分析往往解释现存的关系、事件和人物，不用从民族、国家的形成过程中寻求支持，这与一般国际关系研究是吻合的，所需材料相对易于得到。精神分析作为一种研究手段，在对个人、群体或是国家的探索中，都非常重视早期或者历史经历，虽然作为一种手段没有什么不好，但容易面临资料短缺的问题。

3. 对资料分析结果的认可度存在差异

不管是精神分析还是非精神分析，在国际关系研究中，都可以开辟一些新的资料源，如从文艺作品、民间传说和神话故事中，通过心理学的手段，可以分析出对国际关系研究有用的资料。通过心理学的这两种不同研究方法，都具有从传统的国际关系研究资料中发掘新信息的能力。不过因为验证性的问题，非精神分析对资料的使用、分析较精神分析更易于被人接受。

4. 分析问题的过程中，对时间要求不同

非精神分析在分析国际关系时，往往只是对孤立的人物态度、特征和现象等的解释，对时间的连贯性要求不高。与此相反，精神分析非常重视研究对象的产生与发展以及在时间上的前后连续性，重视从历史观的角度分析国际关系，这也与国际关系研究的思维方式相吻合，这也正是精神分析存在的意义所在。

5. 对人性的把握深度不同

非精神分析的研究手段与某些实验科学的方式有很多相似之处，看似更具说服力，但它的研究对象却是作为万物之灵长的人类，不管有多么好的数据，解释力都会在一定程度上显得机械和肤浅。就研究方式和实验结果来看，精神分析理论目前还难以直接通过科学实验验证，但就研究内容和分析结果来看，许多观点和道理是可以被意会和理解的。同时就深刻性上来讲，精神分析也比非精神分析更为深刻。比如精神分析学说关于人格的理论，能够为我们观察了解人的本质提供一个途径。精神分析既可以运用这种理论，又可以从具体情况出发，对个人或者国家进行案例研究与分析，这不但比非精神分析具有更锐利的深刻性，也具有更大的灵活性。

6. 对特殊个人或群体的研究效果不同

变态心理和变态行为在国际关系发展史上时有出现，有时会产生严重的影响，在国际关系研究中，这个问题也是一个重要内容。从心理学研究手段来讲，精神分析在这方面远胜过非精神分析心理学。

从上不难看出，无论精神分析还是非精神分析，在运用心理学方法进行国际关系研究时，各有所长，也各有不足。在实际研究中，可以根据研究对象和研究内容的不同，把这两种分析方法都加以运用，发挥各自的作用，相互弥补不足，必将受益颇多。

二　精神分析在国际关系研究中的应用评价

精神分析在国际关系研究中的作用是非常明显的，但其存在的问题也必须受到正视，处理不当，不但会影响精神分析在国际关系研究中的作用，甚至会影响整个心理学方法在国际关系研究中的地位和命运。

其一，由于精神分析学说是在精神心理疾病的诊疗中创立和发展起来的，因此，精神病理的相关理论在该学说中占有很大的比例。很容易出现过于偏重历史人物的精神心理疾患分析，更甚者可能会成为历史人物的心理病症的病案记录。这种分析手段在国际关系研究中如果不加以注意，很容易导致学界对整个精神分析方法的怀疑，这在心理史学发展史上曾有过清晰体现。一位研究凡·高的作者，在进行人物分析时就曾明确表示，应用精神分析学说应集中表现"人格的不利方面"①。在此思想指导下，在凡·高的传记中过于强调其神经症，而忽视了他的艺术才华，这必然导致对人物分析的不完整。

其二，容易出现对精神分析学说的名词概念使用过于随意的问题。

---

① James Willian Anderson，"The Methodology of Biography"，*Journal of Interdisciplinary History*，Ⅲ，1981.

由于在国际关系分析中，精神分析尚不成熟，会存在武断套用精神分析词汇而不对其适用性进行说明的问题，结果使得由此做出的解释不但令人费解，更让人觉得缺乏说服力。

其三，精神分析重视过去的历史，也容易犯以适用于现代人的心理学来理解以前时代的人的错误。由于社会背景、文化以及生活条件等的变化，不同时代的人，他们的情感、愿望乃至整个心态往往具有很大的差异性，如果在分析的过程中过于僵化，就会产生南辕北辙的后果。如爱利克·埃里克森（Erik H. Erikson）用基于现代美国青年心理现实的青春期自我同一危机的理论，来分析马丁·路德的做法便遭到了很多批评。同理，如果该理论应用到国际关系研究中，过于重视历史因素，而忽视或者不能根据国际形势的变化来观察和分析国际问题，也会造成同样的问题。

其四，精神分析学说在国际关系领域的应用本身，也会产生较大争议。批评者往往认为，精神分析源于现实生活中的神经症患者，心理医生可以利用手中资源和可控条件从患者那里收集到任何有用的材料，但当精神分析移用于历史人物或事件时，其分析对象却是不可控的，即使研究当前的人物，也很难把他请到研究现场，更别说让他像患者那样提供材料，在这种情况下，是很难做出成功分析的。有学者认为"弗洛伊德所提出的许多重要理论往往是来源于单个事例所产生的灵感，缺少大量材料的收集和筛查，容易带有偏见性"[1]。关于"弗洛伊德所谓临床治疗的成功本身不是目的，主要是为精神分析学理论寻找正确性证据的说法"[2]，很容易让人产生只是一种托词而已的想法。以精神分析为主体手段对国际关系进行研究，遭到质疑也就更为常见。精神分析学说虽然已经取得了很多辉煌的成果，但对其方法论上的怀疑却是很难消除的。[3] 需要指出的是，这种质疑并不仅是在精神分析学说在国际关系领域应用的反对者中存在，甚至在精神分析学

---

① 辛治华：《评精神分析学的观点》，《心理学通讯》1992 年第 2 期。

② ［美］托马斯·黎黑：《心理史学》上册，李维译，浙江教育出版社 1998 年版，第389 页。

③ ［英］巴勒克拉夫：《当代史学主要趋势》，杨豫译，上海译文出版社 1987 年版，第104 页。

界内部也是有不同声音的。①

对于精神分析学说移用于分析国际关系中特殊人物时所面临的局限诚然不可回避，但同时也应看到这种移用的长处。比如，材料来源除了对象本身，还可以从与对象有关的其他事件或相关记载、描述中收集，一般心理医生是不会这样做的。对于对象本身，可以结合整个历程，进行全方位的分析和描述，一般心理医生是不可能看到患者生命终结的，只能对其病态的心理和行为进行分析和观察，这就可能导致认识和结论出现偏差。② 精神分析之所以能够被移用于其他学科，最根本的原因是它具有一般心理学理论的普适性，而不仅仅只是神经症病理的学说。

精神分析理论从其创立开始就一直伴随着争论，把其运用到国际关系研究中，疑虑一时很难消散，但其开创性及在学科交叉发展过程中的作用还是非常明显的。不仅可以增强国际关系研究的生动性，也可以使我们从深层次揭示人类社会中互相冲突的动力和目的以及在不同程度上无意识的表现，这种思考和分析行动，能为认识人类的行为活动和国家间关系提供一个新的视角。正如心理学在史学研究中的成功一样，只要我们在国际关系研究中对心理学加以谨慎地应用，借助心理学来扩大国际关系理解的范围也是非常有意义的。心理学方法在国际关系中应用的适应需要一个过程，我们应更多关注其创新的思想之光，追求方法论上的多元化。对国际关系的分析，在引入行为主义和认知心理学等非精神分析学理论的同时，需要积极发掘精神分析的理论精髓，让精神分析在国际关系研究中发挥更加积极的作用。

三　精神分析对国际关系研究的创新意义

在学科交叉越来越广泛的今天，用精神分析基本手法研究国际关系，其方向是可取的，这主要从两个方面来理解：一是国际关系研究从不排斥从人类心理的角度去认识国际关系的历史或者国家领导人，国际关系研究中很重视经济因素、政治因素和军事因素，这些都是学界关注

① Miles F. Shore, *Biography in the 1980s: A Psychoanalytic Perspective*, Interdisciplinary History Magazine, I, 1981, p. 94.

② James Willian Anderson, "The Methodology of Biography", *Journal of Interdisciplinary History*, Ⅲ, 1981, pp. 470 –471.

的重点，但人的心理、情感等因素在国际关系研究中也从未停止，因此，国际关系研究从某种程度来讲同样也不能忽视人类的心理活动；二是从研究方式上讲，用心理学方法研究国际关系学为国际关系研究开辟了新的路径，扩大了国际关系研究的范围，把传统国际关系研究所忽视的内容，比如国家历史经历、民族性格、民族情感、民族潜意识等引入国际关系研究领域，从一个侧面来看，可以算是一场革命性的变革。具体表现在：

（一）在方法论上探索一些突破点

当前，用心理学方法研究国际关系仍处于摸索阶段，学术成果大多是国际关系或者国际政治专业的学者用心理学概念解释国际问题，学术界也没有对研究方法和学术规范进行过讨论。有些相关学术文章中，虽然也有"心理""心态""心路历程"等字样，对心理学的概念界定却还是比较模糊，甚或是想当然的描述而非严格意义上的心理学含义，有的还是错误的解释，而且在方法、观点、资料等的研究与运用上，与传统的国际关系研究相同或相近，和心理学的研究方法有诸多不契合之处。简单用心理学的概念与国际关系问题相结合的研究能够更好地促进学科交叉与融合，但从本质上讲，并没有寻求方法论上的突破，大多使用的仍然是国际关系的研究方法，并没有对心理学的研究方法加以有效利用，这就需要国际关系学界加强对心理学方法论问题的讨论，以促进国际关系研究的深入和健康的发展。

（二）从文化与史实相结合的角度探讨国际关系中的群体心理及影响

精神分析理论是对患有精神病症的病人治疗中总结出来的，研究对象主要是病人，而非常人，所以在进行学科借用时要有所扬弃。国际关系所要追寻的是从已发生的事件中发现曾被忽视的历史真实，但针对国际关系研究本身中，很多历史史料是无法再现的，只能根据现存的已刊或未刊的档案、文件、回忆录以及书籍和文章等材料进行分析。精神分析理论虽然没有科学基础资料的证明，但是通过人的抽象加工也能使得不完善的资料有可能被重新挖掘。精神分析理论与国际关系两者交叉进行结合研究的时候，社会、文化等因素作为特定时代背景的内容也需要被考虑进去，这样才具有揭示历史的真实和未来的可能。用精神分析理论来研究国际关系，重要的是解决好群体心理问题，不能仅把群体中人与人之间的关系归结为个性心理之间的相互作用，归结为独立于人的物质世界之外的某种心理机制。在关注英雄人物的同时，更要关注与之对应的广大人民群众的心理。所谓"民族性格""阶级意识""时代风尚"等，无非是相同民族、阶级、时代的人，基于一些共同的生产生活实践而产生的社会群体心理而已。同一时代的不同民族，同一民族的不同阶级，同一阶级的不同群体，因为生产生活实践的不同也会有不同的心理状态，这种心态又会影响人们的行为，当上升为国家意志的时候，便会影响国家间的关系。

（三）从共性与个性的辩证中探索国际关系中的个体心理及影响

人是兼具共性与个性双重特点的，当选取个体人物进行研究时，对象通常是那些在社会上有较大影响力的人物，这些人物往往个性比较鲜明，当然也会受所属的阶级、时代和政治集团的影响。作为自然人，每个个体之间都具有很大的差异性，比如兴趣、爱好、忍耐力、才能以及气质等，各有不同。每个人身上总会表现出形形色色的心理特征，行为也各异。人的个性有其稳定性，也具有可变性的特点，这些都是需要注意的。同时，人的个性养成也不能忽视社会实践的决定作用和社会环境的塑造作用，尤其是精英人物，他们的个人精神动机对社会发展的作用并不是通过一己之力实现的，反而与许多单个意志的相互冲突有密切的关系。各个受不同意志支配的个人，在现实生活或行动中，汇集为一个总的社会实践活动，最终形成一个总的社会能力和趋向。对于历史人物心理是如何形成和演变的分析，不仅要研究他独特的个人经历，更需要首先考察他所在的社会环境和群体。比如对希特勒的分析，根据希特勒的表现，人们常常更倾向于把希特勒描写成一个变态的恶魔，很少分析背后的因素。其实，希特勒顽固、乖戾的个性与其青少年时期的曲折经历有很大关系，至于希特勒的民族社会主义、反犹心理等，也有着深刻的社会根源。希特勒是纳粹的化身，而纳粹则产生于德国当时的社会现实。所以进行个体心理分析时，要充分注意人物所处的历史时代、社会环境以及文化背景及个人经历等对个体心理特征的影响。

（四）重视对相关资料的搜集和使用

使用心理学方法研究国际关系的最大特点是其研究方法的独特性，

但同时也不能忽视材料搜集、使用的学科特点。作为一门交叉学科来说，从形成、发展到成熟并不是一蹴而就的，从大的方面来讲，两个方面的检验必须达成：一是要有效解释或解决国际关系中的议题；二是必须符合心理学的要求，能真正做到这一点是很难的。心理学的分析方法，特别是精神分析方法应用到国际关系研究过程中，在进行对外战略、历史事件或人物分析时，务必会重视个人、民族和国家早期生活状况、环境和历史经历对其个人心理以及国家对外政策形成的影响，但与传统国际关系研究不同，由于这方面的史料往往十分缺乏，在分析中，容易根据记载的只语片言进行主观臆测和推论，容易让人产生一种理论基础不牢、史料不充分甚至缺乏科学性的印象。对于交叉学科的研究来说，搜集到直接使用的材料或者研究成果并非易事，但正因为如此，挖掘两个学科相关的资料进行有效的结合与衔接是非常有必要的。在研究过程中，可以通过搜集能够相对真实反映行为者心理活动的资料，比如传记、回忆录、诗文等，甚至时代中的传说、宗教等相关资料，然后对其加以认真梳理、筛选，从中仔细挖掘对该两者交叉有价值的资料，再经过分析、鉴别并加以取舍来对决策、事件、人物等进行科学有效的心理分析。

（五）交叉融会不同学科研究中有价值的成果

心理学的应用已经非常广泛，许多学科如文学、史学、政治学等都有意无意地借用了心理学的一些原理和方法。甚至古人也有使用，尽管还没有比较完整的理论。如《左传》中的一则故事，僖公二十八年，发生了晋楚城濮之战，对晋文公重耳的心理描写就很突出，"惧焉""疑焉""定矣"等几个词语的使用，生动地再现了其战前的心理状态。司马迁的巨著《史记》中，也有很多关于不同阶层人物的心理活动的记载。从现代科学心理学的角度出发，在国际关系研究中，注意抛弃其中非科学的心理因素决定论和外在环境决定论，同时处理好心理同环境的关系，并学会借用心理学"认同""情结"之类的概念和国际关系研究中搜集、处理和分析心理现象的许多技术性方法，这对用心理学方法研究国际关系促进学科交叉的成熟和发展具有重要意义。

小 结

现代研究存在一定误区，有些学者在认知框架中坚持将唯科学主义作为精神支柱，把可见实在性作为探求真理的唯一途径，把实验、数据、田野调查等作为科学研究的唯一法宝，认为通过更加贴近自然科学的研究路径远优于传统苦思冥想的"哲学传统"，把精神生命的研究放到边缘化的位置甚至完全忽略。这种研究要么把丰满复杂的人当成物质消费的高级动物，要么视人为和其他动物一样的蛋白质堆积物。在这样观念的支配下，知识就变成了就业的砝码，人类应有的高于其他动物的反思、品味、欣赏等都似乎变成了可笑而愚昧的事情，至少在当今快速发展的社会中人们是无暇顾及或者是不合时宜的，于是在茫茫人海中到处都是顾不上精神生命的物质人。当今社会真正出现了马克斯·韦伯（Max Weber）所谓的"专家没有灵魂，纵欲者没有心肝：这个废物幻想着它自己已经达到了前所未有的文明程度"局面。① 任何研究都需要方式和手段的创新，国际关系研究除了实证研究外，理论分析、哲学思考等亦是必不可少的手段。

精神分析作为一种具有方法论意义的研究手段和思维方式，为我们认识和理解国际关系中的人物、事件、关系等提供了新的视角和思路。作为有比较完整理论体系和分析手段的精神分析，在国际关系分析研究中有着其独特性，而把精神分析引入国际关系研究中，并且配合其他心理手段作为辅助，是把心理学方法运用到国际关系研究中的一个重要方向。用心理学的方法，特别是精神分析方法研究国际关系，在实际运用中难免表现出缺点和不足，这是其健康发展过程中必然会遇到的问题，如果能及早发现并且很好地解决这些问题，就能给心理学和国际关系的学科交叉发展提供良好契机。

---

① [德] 马克斯·韦伯：《新教伦理与资本主义精神》，于晓、陈维纲译，生活·读书·新知三联书店1987年版，第143页。

第二章　英国岛国心理的形成

地缘政治学的先驱们认为，伟大的政治家决不应缺少对地理的热情，"当一个人谈到健康的政治本能时，通常意味着他对政治权力地理基础有一个正确的估计"①。从 19 世纪开始，学者们便着手用地理的方法来理解和解释政治领域和国际关系领域的一些问题，对国际关系的地理基础和条件进行专门分析，地缘政治学的产生也正是基于认可地理因素对国际关系有着持久而深远的影响。

不同的地缘环境造就不同的大众心理，所谓大众心理（mass psychological）最通俗的解释就是以大众身份出现的无组织群体的心理状态和心理特点，是和有组织的群体心理对应的一种心理，也和有组织群体共同构成完整群体心理。大众心理最大的特点就是松散性和人数众多，主要表现形式为流行、流言、舆论等。英国作为一个岛国，其独特的地理位置和历史经验造就了独特的岛国心理，这种岛国心理更多体现的也正是大众心理。

第一节　精神分析理论与岛国心理

精神分析关注人的成长经历，探索的是人的成长经历对其以后思维和行为的影响及应对手段；岛国心理注重对大众心理形成过程的探讨，研究的是岛国心理对岛国民众的认知及岛国对外政策和外交行为的心理原因及应对策略。二者有着较为相似的研究手段，存在理论的相通和实

---

① Sloan G. R. , *The Geopolitics of Anglo-Irish Relations in the Twenties Century*, London: Washington, D. C. : Leicester University Press, 1997, p. 55.

际研究的可借鉴性。

一 岛国心理解析

（一）岛国心理概念

岛国（country consisting of one or more islands），是岛屿国家的简称，属地理范畴，常与大陆或内陆国家对应，目前没有一个严谨定义，一般指一个国家或政治实体的领土完全坐落于一个或多个岛屿之上。岛国心理（Island nation psychology）则是指生长在岛屿国家上的民族，在先天神经系统基础上，经过共同环境的熏陶，加上文化传承、历史传统、教育作用等的影响，逐步形成并发展起来的各种心理现象的总和，是所有岛国共同具有的一种心态。

这里的岛国是与大陆国家相对的，岛国心理也是按照地理位置设定的一个概念。它是经过自然环境和社会环境的长期交互作用，随着社会的发展与历史文化的积淀逐步形成的，并通过政治、经济、文化、交往等方式予以表现。岛国心理这一概念涉及政治学、国际关系、民族学以及心理学等多个学科，其核心内容是不安全感，这种不安全感的来源是多方面的，主要有不管是大陆国家还是岛屿国家都普遍存在的非指向性恐惧、孤悬海外的被抛弃感、担心被大陆国家欺负的忧虑感以及生存危机感等。

（二）岛国心理的产生机制

如前所述，国际关系中行为主体的行为发生有客观的心理机制，岛国心理的产生也有其内在机制。需要在岛国心理机制形成中起着重要的中介作用，其产生和平息是岛国心理机制的重要表现。心理学对需要的研究已经很深入，理论著述也颇为丰富，不同学者提出自己不同看法，其中影响最大的可能要数美国社会心理学家亚伯拉罕·马斯洛的需要层次理论。该理论认为，人类的需要从低到高依次可分为生理的需要、安全的需要、归属与爱的需要、尊重的需要和自我实现的需要。马斯洛认为这五种需要是天生的，与生俱来，是人类最基本的需要，构成了一个等级或水平不同的层级，指引和激励个体的行为。从层级的关系来看，需要的层次越低，潜力越大，力量也就越强。

对于个体而言，需要是由对某种事物的要求所引起的，这种要求可能来自内部，也可能来自外部。同理，岛国心理作为一个族群心理，也会产生要求，这种要求也可能会来自内部或外部。内部要求是在狭小的国度中对生存与发展空间不足的深深焦虑，外部要求则是四面环海在遭受侵略和打击时无处躲藏的现实。这种内外要求的不满足，加上岛国固有的不安全感，使岛国产生安全需要，并因这种需要，产生一系列心理和行为反应，如图 2—1 所示。

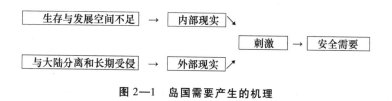

图 2—1　岛国需要产生的机理

安全需要处于需要层次的较低层，需要的力量很强。心理学上一般把安全需要分为三个层次，即生物性安全、社会性安全和情感性安全。对于岛国民族来讲，在整个历史发展进程中逐步积淀出来的安全需要，更多的是情感性的。

岛国民族地缘上的与大陆隔绝，会在早期民族心理形成过程中产生深刻的影响。就像婴儿脱离母体产生的恐惧一样，早期岛国居民因远离大陆而心生不安。婴儿脱离母体最早的表现是哭啼，岛国民族最早的心理反应则是因安全感的缺失而产生的恐惧和焦虑。这种焦虑会让岛国民族产生自强的动机，这种动机会引起相应的对内调整、对外扩张等行为，行为结果如若能达到强大的目的，那种不安全感所产生的焦虑会得到平息，安全需要得到满足，但同时会产生新的需要，形成一种循环。如图 2—2 所示。

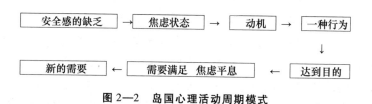

图 2—2　岛国心理活动周期模式

倘若强大的目的没有达到，则会加深不安全感的程度，焦虑也会加深，就会想法采取其他手段或方式来继续满足，比如依附一个更强的国家或国家集团以实现自保，抑或与大陆融为一体以消除紧张等。如图2—3所示。

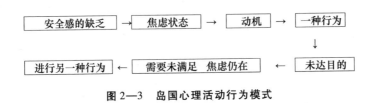

图2—3　岛国心理活动行为模式

不安全感的核心体验是恐惧，这种恐惧的形成与岛国地理位置和成长历程有关，只是一种存在和感受，并不是因为某个或某些具体外因导致。在弗洛伊德的人格结构"心理冰山"中（见图2—4），恐惧处于无意识（或叫潜意识）水平层面，所以常常是没有指向性的。当恐惧经过记忆变成一种自觉行动时，就变成了人的知觉，达到意识水平，对于岛国来说，就成了一种理念，影响着其对外政策和外交行为的选择。

在个体意识和潜意识的研究方面，荣格在弗洛伊德思想的基础上进行了丰富和发展，但原创性的东西并不多，荣格更大的贡献在于他提出的集体无意识理论。集体无意识就像一个储存库，里面存储的并不是后天得到的经验，而是其祖先在祖辈漫长的演化过程中通过世世代代积累下来的经验，不仅人类是这样，动物界亦是如此。这些经验以原始意象（primordial images）的形式保存下来，这种保存具有一种先天遗传倾向，使人类或动物界采取与自己祖先相同的方式来认识世界并采取相应的行动。荣格的集体无意识理论打破了弗洛伊德的严格环境决定论，揭示了生物进化和遗传与人类心理结构的关系，认为人的心理是通过进化遗传而预先确定了的，这种心理决定了人对后天经验采取什么样的方式进行反应。集体无意识不仅让个体与自己的童年往昔相联系，也与自己的种族祖先联系起来，确立了进化遗传在人格发展中的地位和作用。这一理论的建立，对于解释岛国民族心理的继承性和延续性，以及因心理定式和思维习惯而引发的对外行为选择等有着重要的意义。

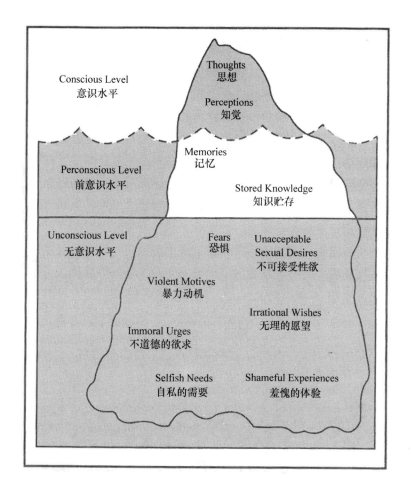

图2—4 弗洛伊德人格结构心理冰山

(三) 岛国心理与国家间关系

加拿大当代著名心理学家约翰·贝利（John W. Berry，1976）经过多年的理论探索和实验研究，提出了生态文化与行为的理论模型，认为生态、文化和行为是相互联系、相互制约和相互作用的。"一定的生态环境导致一定的文化形态，一定的生态环境和文化能够塑造特定的人，产生一定的思维和行为方式，当然人的行为既可以是适应生态和文化的，也可能是改变生态和文化的。"① 所以人在与自然和社会的斗争中，不是消极适应的，岛国民族的心理有自己内在的机制，也必然有自己消除焦虑的行为，这些行为在处理国家间关系的时候必然会表现出来。也可以用图形来表示，如图 2—5 所示。

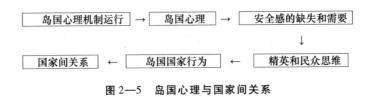

图 2—5　岛国心理与国家间关系

通过岛国心理运行机制的工作，岛国心理逐渐在岛国民族内心稳固下来，这种岛国心理的核心表达就是安全感的缺失和对不安全的恐惧，以及对民族存在的焦虑和恐惧。民族思维必然会影响到精英思维，经过精英们的实际作为和推动，民族心理就变成了国家行为，岛国心理的这种特殊性在处理国家间关系时也就容易表现出具有岛国特点的特殊性，推动着岛国在国家间关系的发展。

二　精神分析理论与民族性传承

人类文化研究认为 "人类的价值观、审美观、情感模式、人际关系模式以及行为方式等，皆有遗传性，这些东西一代代薪火相传"②。岛国心理的一个重要特性就是其继承性，长期经验的积累形成相对稳定的民族心理，这种心理通过文化的形式进行世代传承，形成较为稳定的民族性格，影响着岛国民族对外政策和外交行为的选择。美国文化人类学学者拉尔夫·林顿（Ralph Lindun，1893—1953）和阿伯兰·卡丁纳（Abram Kandiner，1891—1981）③ 认为，童年时期的经验对人格有着持

① John W. Berry, *Cross-Cultural Psychology: Research and Applications*, Ambridge University Press, 1992.

② 尚会鹏：《心理文化学要义——大规模文明社会比较研究的理论与方法》，北京大学出版社 2013 年版，序言第 3 页。

③ 阿伯兰·卡丁纳是美国康奈尔大学医学博士，曾于 1919 年赴维也纳接受弗洛伊德的指导。

久的作用，具有相同或相似经验的个体，在人格的形成中也趋于相同。同样，"一个社会所有成员由于受共同早期经验的影响，能形成一种共同的人格类型，他们称之为'基本人格类型'。这种基本人格类型不完全决定个体人格，但能为个体人格提供共同的发展趋势和相同的投射系统，也就是人们的基本价值观和态度"[①]。所以，个体人格的发展会服从基本人格类型的整体趋势，在这种整体趋势的影响下，个体对世界的理解和情感反应也趋于一致，进而影响到国家政策的制定和对外行为。

岛国心理在英国外交史上，影响了几乎所有重大决策。岛国心理最大特点就是因不安全感的存在而对外界的恐惧与防范，对外国人的怀疑成为了英吉利民族与外部打交道的一个明显特征，时至今日仍起着重要作用，突出表现在与欧洲大陆数千年的历史纠葛中。英国对欧长期以来的均势政策，不想过深介入欧洲事务，正反映了对法德主导的欧洲大陆的防范却又不甘心被完全抛弃的复杂心态。在欧洲一体化进程中，英国的摇摆不定也对英国的岛国心理做了很好的解读。当失去强大国力的支撑后，均势政策也就再难奏效，当今英国利用所谓英美特殊关系所采取的对美依附战略虽然深受诟病，但其表现出的企图以所谓大国身份掩盖的自卑之心也可见一斑。至于始于第二次世界大战后的三环外交，被丘吉尔以后的历届政府所采用，虽然有所翻新，但核心未变，三环外交的心理原因却是英国为避免被欧洲大陆同化，强行拉入英美特殊关系、英联邦等借以让自己得以存在而自保的一种手段而已。

岛国心理对英国民众的影响已经根深蒂固，岛国心理对英国外交的影响是客观存在的，但并不为一般民众所自知，精英人物虽有认识，作为民众的一员，也免不了受大众心理影响。大众心理的调整绝非一朝一夕就能完成，没有良好的认知，单靠民众的自觉是难以改变的。正确对待民众认知和情感，理性推动民众心理调整是英国精英们的责任。英国精英们可以通过不同途径，宣传解读民族心理与英国外交战略方针，逐步引导民众正确看待岛国心理的好处与不足，推动和调整民众心理，向着健康方向发展，给英国外交提供更为理性的心理背景。

---

① Linton, R. , *He Study of Man*, New York Appleton, 1936, p. 464.

三　精神分析与岛国心理的理论相通性

精神分析的基础理论是人们早期经历会对以后的行为产生重要影响。英国作为岛国的特殊地理位置和早期屡受欺凌的历史，让英国的民众对欧洲大陆既向往又害怕，既想控制大陆，又担心被大陆吞没，为保持自己的存在，就不得不采取符合自己利益的行为方式，进而形成岛国所独有的特殊心理现象，也就是本书所说的岛国心理。

英国的岛国心理不是突然产生的，是在英国历史发展进程中逐渐形成的，英国历史发展进程中，人类的历史比不列颠岛的历史更为久远。中非的南方古猿在很早的时候就会制造简单的砍削器了，直立人则能用岩石制作手斧，从而创造了灿烂的手斧文化。随着手斧文化的向北传播，约在40万年前传到摩洛哥，30万年前到法国，那时候不列颠岛还和欧洲大陆相连，人类在第二纪冰期中一个比较温暖的时代，追逐着食物不知不觉来到不列颠。在肯特郡发现的手斧说明至少30万年前在不列颠就有人类活动了，只不过这些最早进入不列颠的人类祖先还处在直立人向智人过渡阶段。1935年在肯特郡旺斯孔布村发现的人类头骨化石证明，生活在20万年前的旺斯孔布已经接近现代智人了。

第四纪冰川以后，随着大陆冰川的融化和海平面的上升，与欧洲大陆相连的较低陆地变成了海峡，使得英国与欧洲大陆分隔开来，形成现在孤悬海外的群岛国家。其领土主要包括大不列颠和爱尔兰岛的北部加上周围大大小小的5000多个小岛，面积244820平方公里，有11000多公里的海岸线，诸多优良海港。

地理位置的突然变化，让岛上的早期居民有种婴儿脱离母体的紧张感，虽然后来自北海和地中海的文明和当地文明几经融合形成了诸如霍舍姆文化、大杯文化、陶土食器文化、陶瓮丧葬文化、克尔特文化等闪耀光辉的文明，但脱离欧洲大陆的那种被抛弃感深深扎根当地人的心中，这种不安全感经过多年政治、社会、经济、历史等的融合与演进，最终形成岛国所特有的心理文化现象。

早期英国的历史就是一部入侵与反抗的历史，从罗马入侵开始，原居民安静的生活被打破，后历经盎格鲁—撒克逊人、维京人及诺曼征服等，前一批入侵者进入不列颠岛后把这座岛当作了自己的家园，然后再抵御后一批入侵者，保卫自己的家园，如此反复，直到大家互相同化形成稳定的文化。与大陆的分离和屡遭大陆国家入侵的历史经验，使岛国的民族充满了恐惧和不安，随着民族认同的产生和国家的逐渐形成，不安全感也深深植入民众内心深处。

伊丽莎白一世时期，既是英国确立岛国民族特性的时期，也是英国人的岛国心理成型时期，更是英国走向辉煌的时期。英国岛国心理的最终形成，也为其以后对外交往打上了深深的岛国民族的心理烙印。

从英国岛国心理产生的背景看，其与精神分析理论的分析基础是契合的，用精神分析理论来分析英国的岛国心理在理论上是可行的，这也为本书的研究和写作提供了依据。

第二节　英国岛国心理的成因及形成过程

人的认知和人格的形成不是一蹴而就的，有个渐进发展的过程，岛国心理的形成也有一个过程。社会存在决定社会意识，在人类历史发展长河中，不同民族有着不同经历，不同经历造就了不同的民族心理，这种心理一旦形成，便具有相对稳定性。一个民族得以存在就是因为其灵魂的存在，这种灵魂往往以独特的民族性格和强烈的自尊心表现出来。民族心理是民族之魂的核心，既强而有力又是无形的，存在于民族的潜意识中。英国岛国心理的实质也正是英吉利民族的共同心理认知，其形成也有一个较为漫长的过程。

一　被欺凌的历史与民众心理沉淀

英国历史学家琳达·柯莉（Linda Colley）认为，"英国的民族性和民族心理生成是伴随战争而逐步形成的。特别是与法国的战争，使英格兰、苏格兰和威尔士的不列颠人为了对付法国这个共同的敌人，逐渐把他们定义为一个集体"[1]。陈乐民先生也认为，"英欧关系史基本上就是

---

[1]　Linda Colley, *Britons: Forging the Nation*, 1707 – 1837, New Haven: Yale University Press, 1992, p. 5.

一部战争史,充斥着征服与被征服、侵略与被侵略"①。英国的这种特殊经历,对民众心理养成具有决定性的影响。

(一)罗马征服及其心理影响

恺撒统治罗马后,为了巩固地位、充实奴隶、安置老兵等政治需要,也为了适应奴隶制经济的要求,在四处扩张的时候,眼睛也盯上了美丽富饶的不列颠。恺撒征战不列颠的理由是为了惩处那些为高卢起义者提供避难场所的不列颠人,当然他更在意的还是那些海岛上的金银珠宝和食物,希望新建一个行省来增加收入以满足自己开疆拓土的需要。

公元前 55 年,恺撒首征不列颠因后援问题而返回,第二年的征服也因高卢起义只待了两个月,这也导致罗马人征服不列颠后推了一个世纪。公元 43 年,罗马新皇帝克劳狄乌斯(Claudius,公元前 10 年—公元 54 年)为提高声望、稳固统治,派兵入侵不列颠,历经 18 年最终征服了不列颠。罗马人的统治经过了几百年,直到公元 409 年,因罗马撤军而留下的少数军人和官吏被赶出不列颠,才彻底结束了罗马人在不列颠的统治。

罗马人的征服满足了自己领土扩张的需求,对不列颠人来说也带来社会文化、风俗及心理等的巨大变化。

首先是对土著的拉丁化。罗马征服不列颠的过程中,为了运兵需要,在重要城镇和驻军中心修建了不少大道,并沿大道建设了诸多驿站,这些道路可以全年支持四轮马车通行,历史上被称为罗马大道。修建这些道路的初衷虽然是军事需要,但后来道路成了商业和信息传递的媒介和不列颠拉丁化的载体,也成了罗马人统治不列颠的工具。罗马人为巩固对不列颠的统治,阻止南北不列根特斯人的结盟,于公元 122—128 年,用了 7 年时间修建了一条横贯不列颠岛的泥石混合城墙,就是历史上著名的哈德良长城。通过哈德良长城,不列颠南部居民分享了罗马 300 年的安宁,在这些年里,罗马人用当地人以城镇为中心进行地方自治,并通过促进土著社会上层拉丁化的方式维持在不列颠的统治,使城镇变成罗马帝国文化向乡村辐射的枢纽,也是使不列颠拉丁化的第二个载体。在罗马时代,虽然有宽阔的大道和星罗棋布的城镇,但大多数

---

① 陈乐民主编:《战后英国外交史》,世界知识出版社 1994 年版,第 19 页。

不列颠人还是对乡村有更深的感情，因为在那里有他们熟悉的生活。在罗马时代的乡村居民有一种叫作"维拉"的庄园生活方式，早期不列颠的维拉指的是农村的一座房子，后来包含了主人的土地以及在土地上的经营方式。到罗马时代，维拉有了更大的变化，变成了以庄宅为主体的私有财产管理中心，既管理那些租地的小农，也役使奴隶耕种土地，庄宅主人又尽力模仿城镇居民的生活方式，这就形成了有别于土著克尔特人农庄的独特的维拉庄园，这种维拉庄园成了不列颠拉丁化的第三个载体。

其次是原居民生活方式和社会习俗的改变。罗马征服前，不列颠原居民是以尚武和英雄崇拜为主要文化特征，宗教信仰也只是处在敬畏山川湖泊的原始宗教阶段。随着罗马征服的进行，罗马人带来了他们的宗教和生活方式，罗马帝国和不列颠文明交汇融合，罗马人通过三个载体对不列颠进行拉丁化，当时罗马统治下的不列颠土著文化虽有所改变，却并未消失，只是以某种形式隐匿下来。不列颠罗马化主要集中在城镇和维拉，罗马帝国没有涉足的地方，仍然保留着克尔特文化，罗马征服并未完全破坏克尔特文明的基础。虽然罗马人的到来使土著人在制度、法律、语言及生活方式等诸多方面都出现了一些变化，但生活在乡村中更为广大的土著人并未接触太多的拉丁文化，罗马人撤离后，城镇和维拉便很快衰落下去，但不管怎样，文化的融合还是对不列颠原居民的心理意识在深层次产生重要影响，在潜移默化中形成某种文化积淀。

再次是带来最早的心理创伤和脱离大陆的恐惧回归。不列颠岛与欧洲大陆的分离对早期不列颠居民的心理产生强烈的冲击，在人类思维和认识水平还很低的时候，他们会认为被大陆抛弃，从而产生自卑和恐惧心理。阉割情结是弗洛伊德精神分析理论中的一个重要概念，主要意旨是指男孩有怕人阉割的恐惧，而女孩则因为没有男性的生殖器而产生羡慕和自卑，认为自己在世上是次要的，服从的。阉割情节会使人产生自卑和恐惧，这种自卑和恐惧会伴随人的一生。当人脱离母体而独立的时候，面对未知的世界，往往在内心深处产生强烈的恐惧感，随着个人的成长，在碰壁的过程中就会产生自卑感，一些外界的刺激常常诱发这些情感。不列颠岛与大陆的分离让早期不列颠人产生犹如婴儿脱离母体的恐惧和不安，这种意识在罗马征服的过程中又被激发出来。罗马征服不是和平迁移，而是伴随着野蛮和屠杀。公元 61 年，罗马人就曾在征服盎格利西岛的过程中，野蛮屠杀督伊德教的祭司和女教徒。与征服和屠杀相伴随的还有罗马人带来的沉重兵役和赋税，也带来了名目繁多的压榨和盘剥，这些在激起土著居民反抗的同时，也让土著居民内心产生深深的自卑和恐惧。

（二）盎格鲁—撒克逊人和维京人的入侵及其心理影响

英国人的祖先除了土著的克尔特人外，还有罗马移民的后裔及盎格鲁—撒克逊人，盎格鲁—撒克逊人是古代日耳曼人的一支，现在的英格兰就是盎格鲁—撒克逊人入侵不列颠的产物，英格兰的最早意思就是盎格鲁人的土地，一般认为，5 世纪以前的英国叫不列颠，5 世纪以后，随着盎格鲁—撒克逊人占领的深入才称为英格兰。

盎格鲁—撒克逊人入侵不列颠的历史至少持续一个半世纪之久，他们的入侵方式主要有三种，最早是以海盗的形式，然后利用雇佣兵的机会实施占领，最后是成批的拓殖者源源不断涌入不列颠。早在罗马统治时期的 287 年，盎格鲁—撒克逊海盗首次在不列颠沿海地区进行骚扰和抢劫，但真正深入到不列颠腹地则是近一个半世纪后的 429 年了。盎格鲁—撒克逊人永久性征服不列颠的不是他们的海盗，而是被雇来保护不列颠的雇佣兵。5 世纪中叶，英格兰南部的沃提根国王为抵抗苏格兰人和皮克特人的侵略，雇用了萨克逊人和一些罗马人保护自己的领土，结果这些保护者却变成了占领者。与罗马帝国的占领不同，那些雇佣兵不仅在英格兰驻扎，还相继招致更多同类一同拓殖这块土地。

盎格鲁—撒克逊人的占领不似罗马那样疾风骤雨式的控制，更没有罗马人那样相对成熟的文明和管理制度、语言、法律、生活方式等，盎格鲁—撒克逊人在不列颠的推进和控制是建立在军事贵族社会中的英雄主义文化价值观的基础之上，他们的推进和占领更多的是为了现实生活的需要而进行的土地和物质掠夺。他们在掠夺的过程中，疯狂屠杀土著居民，这远甚于罗马人的屠杀，因为罗马人的控制主要是城镇和维拉，对乡村土著有着比较成熟的管理方式，这也使得不列颠享受了 300 年的相对安静与平和。盎格鲁—撒克逊人更多的是英雄崇拜和地物掠夺，他们虽然有比较高的军事和社会管理能力，但缺乏更高层次的文明，也没有统一的思想，导致整个不列颠处于动荡不安的状态，也就是英国历史上的"七国时代"①。

　　盎格鲁—撒克逊人的占领更像是野蛮的抢劫和控制，缺少足够的文化传承，使得不列颠社会元气大伤，虽然有基督教的传播，人心有向善和思安的需求，但现实中小国之间的相互征伐也导致民不聊生，罗马大道年久失修，城镇衰落混乱，维拉经济不复存在，整个不列颠陷入一片混乱。这在民众心理上也是一个巨大的创伤，被欺凌而无反抗能力的无助感使得远离大陆的不列颠岛再次体会了那种被抛弃后的自卑、无奈与恐惧，日积月累，这种习得性无助感便深深扎根于民众的内心深处。

　　维京人主要包括丹麦人和挪威人，虽然他们早期的扩张也是以海盗的形式进行的，但他们的扩张又不同于盎格鲁—撒克逊人，他们是在全欧进行扩张，英格兰和爱尔兰只是其扩张中的一部分而已。像所有海盗一样，他们最早也是进行财富抢掠，当英格兰的财富被耗尽之后，维京海盗便把目光锁定在这片肥沃的土地上，开始由游走逐渐向定居转移，同时带来了他们的语言、法律和习俗。这样，英国的人种中，除了克尔特人和盎格鲁—撒克逊人之外，又加入了维京人的血统。

　　维京人的入侵也给不列颠带来了比较大的变化，他们虽未像盎格鲁—撒克逊人那样大肆杀戮土著人，但他们带来的也是战争和掠夺。虽然没有带来像罗马那样的灿烂文明，却也促进了不列颠的封建农奴化甚至推动了英格兰的统一进程。维京人像盎格鲁—撒克逊人一样给英国民众心理上留下了永久的记忆，对英国岛国心理的形成有着重要的影响。

　　(三) 诺曼底征服及其心理影响

　　诺曼底早期是由丹麦人建立的一个公国，位于法国塞纳河下游，在诺曼底公爵威廉征服不列颠前还是一个比较落后的地方，然而历史从来就不乏落后民族征服先进民族的事例。1066 年，骁勇顽强的威廉带领

　　① 盎格鲁—撒克逊人入驻不列颠在罗马人撤离后，居住在易北河口附近和丹麦南部的盎格鲁—撒克逊人以及来自莱茵河下游的朱特人等日耳曼部落，从 5 世纪中叶起陆续侵入不列颠。入侵过程延续约一个半世纪。入侵者洗劫城镇和乡村，不列颠人被杀戮或沦为奴隶，有的被驱赶到西部、西北部山区，大部分人同入侵者融合，形成后来的英格兰人，或称英吉利人。到 7 世纪初，入侵者先后建立起 7 个强国：东部和东北部盎格鲁人的麦西亚、诺森伯利亚和东盎格利亚，南部撒克逊人的威塞克斯、埃塞克斯和苏塞克斯，东南部朱特人的肯特。这个时期史称"七国时代"。

诺曼底军队渡过海峡战胜了当时的英王哈罗德，并向不列颠腹地进发，强迫贤人议会为他加冕，史称威廉一世。威廉一世加冕后继续北进，打败了顽强抵抗的诺森伯里亚和麦西亚，于 1070 年完成军事征服。

诺曼底征服对英国人的心理影响很大。首先是威廉一世在北进的过程中，曾实行焦土政策，这在当地民众心目中留下了恐惧和悲愤的阴影。在整个诺曼底征服的一个半世纪里，除了亨利二世在位的 30 多年相对平和外，一直充斥着反抗与镇压、独立与统一的斗争。

其次，威廉一世在军事征服的过程中实行的是分封制，把征服的土地和人民分封给他的部下，这一政策加速了英国封建制度进程。和欧洲大陆的分封不同的是，欧洲大陆上的分封是封臣只效忠直接封主，英格兰的诺曼底分封要求首先效忠国王，不管是否是国王的直接封臣，都必须首先是国王的附庸，附庸之附庸也都是国王的附庸，这样就使得王权得到加强，就像婴儿需要母亲的保护一样，这在一定程度上满足了岛国民众对强权庇护的需求。

再次，威廉一世加冕后成了英国的国王，他同时还是诺曼底公爵，领有诺曼底的土地，他的很多诺曼底新贵也都保留着在欧洲大陆的领地。以前诺曼底和英格兰是两个独立的单位，现在因为诺曼底征服而变成一个王朝，成了一个跨海峡的单一的政治单位，不管是商业还是宗教乃至文化等方面，英格兰和欧洲大陆都保有很好的联系，这在被海洋隔离的岛国人民心中又泛起回归大陆的涟漪，找到了回归母体的某种感觉，也为岛国人民的大陆情结埋下深深的伏笔，对日后英国觊觎欧洲大陆奠定了心理基础。

与欧陆国家不同，诺曼人从 1066 年开始对撒克逊人进行征服，到 1337 年英法爆发百年战争，只有 200 多年的历史。诺曼人并没想在英国扎根，心中不忘的还是法国故土和法王的宝座。百年战争的失败使他们丢掉了幻想，放弃了法语，接受了英国人说英语的现实，加速了与撒克逊人的融合，这为英吉利民族意识的形成奠定了基础，也为最终形成岛国心理提供了认识上的最初积淀。

二 难以割舍的大陆情结

欧洲的中世纪通常是指西罗马帝国灭亡到 15 世纪结束的一千年，

从某种意义上来讲，英国中世纪从 1066 年诺曼底征服到 1485 年都铎王朝建立更为恰当。在这 400 多年时间里，英国对外政策充斥着浓郁的大陆情结。这个情结除了先天对大陆的羡慕追求外，还有此前一千多年屡遭来自大陆的入侵和诺曼底公爵威廉征服英格兰所带来的心理影响。

（一）对大陆的依恋与早期欧陆主导权的争夺

诺曼底征服后的首任英王威廉一世本身就是诺曼底公爵，领有诺曼底的土地，他的继任者及很多下属也都在欧洲大陆拥有自己的领土。到他的孙女玛蒂尔达之子亨利二世 1154 年入主英格兰时，除了从母亲那里继承诺曼底公国外，还从父亲那继承了安茹、布列塔尼和曼恩，又从妻子那继承了加斯科尼、波瓦图和阿奎丹，使得他在法兰西的领土占了整个法兰西的半壁江山。亨利二世的内心深处一直认为自己是个法兰西伯爵，他虽为英格兰的国王，在位 34 年却有 21 年是在欧洲大陆度过的，他所统治的庞大帝国甚至也按其出生地而称安茹王朝。

亨利二世的儿子狮心王理查德也像他的父亲一样，一直把自己当作欧洲大陆的一员，与欧洲大陆各个君主征战不断，并在教皇号召下，参加了十字军东征，取得多次胜利。理查德一生功业几乎都在欧洲大陆，虽然他也受到英国臣民的爱戴，但其在位 10 年只到过英国两次，居住时间也很短。

从威廉一世征服英国到理查德统治的 130 多年间，英格兰与欧洲大陆密不可分的关系深深影响着英国人的思维，他们自然而然地认为自己属于一个横跨英吉利海峡的大帝国的一分子，此时的英国人远未形成岛国意识，这也与他们内心深处害怕脱离大陆有关。

（二）英法百年战争与岛国民族意识的觉醒

由于安茹王朝的内讧和法兰西的外部推动及直接攻击，从 1199 年到 1204 年 5 年间，安茹王朝先后失去了诺曼底、安茹、曼恩、都兰、普瓦图等地，其在欧洲大陆的领地仅剩阿奎丹，安茹王朝的继任者约翰也被称为失地王。

为夺回失去的土地，英法从 1337 年到 1453 年开始了旷日持久的战争，被历史上称为英法"百年战争"。这场战争不管对于英国还是法国来说都具有十分重要而深远的影响。表面上看，英法百年战争是法国王位继承而引起的争夺战争，实则有着明显的商业和经济因素。从一定意义上来讲，这也是英国与欧洲大陆分离而开始民族融合和形成民族国家的过程中，很难避免的暴力行为。

通常认为英法百年战争的本质是民族之间的领土和主权之争，从法国方面来讲，英王在法国领土内拥有领地是难以容忍的；从英国方面来讲，反对法国插足英格兰和苏格兰关系，保住英国在欧洲大陆的领地是其维护民族政治、经济利益和主权统一的核心任务。有一个更深层的原因也需要我们关注，就是英国民众对再次与大陆分离的恐惧，这个从他们祖先那里继承下来的不安全感时刻让他们处于恐惧之中，这也在战争中激发了他们的斗志，百年战争早期的胜利与此有很大的关系。

英法百年战争促进了英国的统一、社会变化、宪政发展和民族意识的成长。战争带来的庞大开支迫使英王经常召开议会，这必然导致议会结构的变化和议会地位的上升，到 14、15 世纪，英国议会权力框架和制度组成已基本成型，这为以后英国创造议会制度的世界范式奠定了坚实基础。宗教的地域化和世俗化在百年战争期间也得到加强，14 世纪的大半时间里，教皇基本上都是法国人，他们对法王王权有着较强的依赖性，这就使得长期反教皇的民族主义情绪随战争的进展也高涨起来。百年战争对英法两国来说都是悲剧，但从另一个方面来说也许是个幸事，因为百年战争的结束迫使英国回到了不列颠岛，他们不得不面对现实考虑自己未来的发展，使民族国家的建立成为了一种必需，形成岛国心理成为一种必然，一旦形成有着深刻岛国心理基础的民族国家，他们的行事也必然受这种心理影响。

当然，随着英国民族意识的觉醒，法国的民族意识也在觉醒。在这种大势下，出现了法国历史上著名的圣女贞德单骑闯关解救奥尔良的壮举。在贞德精神鼓舞下，1436 年，法军收复巴黎；1450 年，占领诺曼底；1453 年，英军被迫撤离加斯科尼。这样，英法百年战争就以英军撤出大陆而结束，法国也由此走向统一。尽管英国人发自内心的不愿或不甘，虽然还有加莱在英国手中，英国退出欧洲大陆已成不争的事实。

百年战争不是英国国王与法国国王之间的战争，而是两个民族之间的战争。战争以法国惨胜和英国惨败而结束，却促进了英国民族的成长，从此，不管是诺曼底人、安茹人还是阿基坦人都成了英国人。早期的英国，从诺曼底登陆开始，法语就在宫廷和商业活动中流行。百年战争开始以后，民间流传着如果法国占领英国，英语就会被禁止，这激起了说英语的热潮，也正是在这种热潮中，英国人逐渐形成了统一的语言，也使英国走向了统一，逐渐形成英吉利民族。

（三）加莱港的丧失与再次远离大陆的恐惧

加莱是英法百年战争后英国在法国占领地唯一保留下来的地域，虽然面积不大，但加莱的得失却极具象征意义。英国在中世纪的外交战略是在欧陆抢占领地，其在法国的领地曾长期比法王的领地大，英法百年战争本质上就是争夺领地的战争。英国在战争失败后对硕果仅存的加莱的态度，也反映了英国对欧洲大陆的政策调整。

伊丽莎白一世即位伊始，主要面临两大问题，一个是实现民族国家的统一和独立自主，一个是解决与法国的领土纷争，主要体现就是加莱问题。这两个问题都涉及西班牙，因为在伊丽莎白一世即位前的玛丽一世执行的是跟随西班牙的对法战争，结果导致加莱的丧失。伊丽莎白一世即位时英法战争并未结束，如果英国继续和法国争夺大陆领地，就必须继续和西班牙合作，收复加莱，但以英国一己之力难以做到。如果伊丽莎白一世选择实现民族国家的统一和独立自主，就要放弃和法国的争夺，如此便会得罪西班牙。伊丽莎白一世的选择是放弃战争，实现民族国家的独立和内政外交的独立自主，为此甚至拒绝西班牙国王菲力二世的求婚。其于 1559 年 4 月和法国签订了《卡托—康布雷西斯合约》，条约规定加莱名义上仍是英国的领土，法国可以占领 8 年，到期后归还英国。

在一个国际准则尚不健全的国际社会中，签订这个条约对英国来说更多的意义只是保全了自己的面子，因为在那时的国际环境下违约是司空见惯的，谁也不能保证法国 8 年后归还，而后来发生的事实也证明了这一点。1567 年英国提出按条约收回加莱时，法王以英国占领勒阿弗尔先破坏条约规定为由，拒绝归还，此后的加莱问题便不了了之。

当然，伊丽莎白一世也并非不想继续争夺欧陆领导权，在法国1562 年爆发宗教战争时，也曾积极派兵干预并想趁机收复加莱，结果却是英军被迫投降。这个事件在伊丽莎白一世内心产生了很大的触动，也促使她彻底放弃觊觎欧洲大陆领土，并转而专心经营英国本土，集中精力实现不列颠的独立，促进不列颠民族的形成，稳定国内局势，为英国后来的强大创造良好的国内环境和前提条件。

英国和欧洲大陆的冲突，尤其是和法国的冲突对两国人民都留下了深刻的记忆，特别是英国，对过去历史的感情除了有所谓教育和媒体的影响外，① 岛国心理所固有的恐惧和不安全感必然影响到其行为方式和外交策略的制定。加莱港的最终丧失，再一次让英国人体会到了远离大陆的恐惧，不得不在焦虑中调整自己的思维。

三　伊丽莎白一世的统治与英国岛国心理的形成

大陆争夺彻底失败以后，英国人转而专心经营内部事务，并把眼光投向了更为广阔的海洋之上。随着民族意识的觉醒，民族心理也逐渐成型，不断朝向岛国心理方向发展。这在女王伊丽莎白一世统治时期的内外政策和对外交往中得到了很好的体现。

伊丽莎白一世统治时期是英国社会发展的重要阶段，在政治、经济、文化、宗教等方面都逐渐形成了自己的特色，尤其在外交方面做了彻底调整。这主要表现在放弃以前一味追求大陆领土的外交传统，直面岛国现实，实现自身的独立与稳定，形成统一的英吉利民族和国家意识，大力发展海军，伺机进行海外扩张。在谋求自身制海权的同时，努力维持欧洲的势力均衡，防止欧洲出现一个或多个超强国家，以保证英国的利益。

从 11 世纪的诺曼底征服开始，英国国王就在欧洲大陆拥有大片领土，亨利二世在法国的领地甚至 6 倍于法王王室。百年战争的发生，也正是英国争夺欧洲领地外交战略指导思想的直接后果。伊丽莎白继位后发生的加莱无力收回、尼德兰无力控制等问题，对她的触动甚大，也促使她采取更为现实的外交策略。从此以后，伊丽莎白放弃对欧洲大陆的领土争夺，集中精力经营不列颠岛。通过一系列政治、军事、外交等努力，英格兰与苏格兰建立了稳固的联盟，使不列颠岛不仅在地理上是个

---

① Johnson, D. , Francois Crouzet, Francois Bedarida, *Britain and France Ten Centuries*, Wm Dawson & Son Ltd. , 1980.

完整的岛屿，在政治上也成为了一个完整的统一体。稳定和苏格兰的联盟后，伊丽莎白又强力镇压了爱尔兰的叛乱，封住了外敌入侵英格兰的后门，同时在英吉利海峡建立防御屏障，使英国在地理位置上处于一个相对独立的单元，为英国的独立与稳定奠定了基础，从此英国便可以放手在这片土地上进行一番设计和作为了。

建造皇家海军，大力发展海上力量是伊丽莎白执政时期的一项国策，通过一系列政策制定和引导，使英国的海运、渔业、海防等能力都得到大幅度提升。提升海军力量是维护国家安全的重要举措，仅有海军还是不够的，英国虽然不再谋求大陆领土，但从自身安全计，还是给大陆以密切关注，在必要时还是会进行干预，维持欧洲均势逐渐成为伊丽莎白政府外交政策的核心。在尼德兰革命爆发后，英国的积极参与，并通过外交手段达到了自己的目的，成为均势政策外交成功的典型案例。伊丽莎白政府的外交政策是务实的，面对英国尚且弱小的现实，维护了英国的独立与安全，当然，也为英国以后的发展奠定了基础，赢得了时间和空间。

受母亲安妮·博琳血统的影响，伊丽莎白与玛丽女王不同，她作为一个纯正的英格兰人，也视英格兰为她的一切。因此，从一定意义上讲，伊丽莎白一世比英国其他任何统治者都更好地代表英格兰。伊丽莎白在处理国际事务时经常以自己的婚姻作为武器，[1] 甚至为此而终身未嫁。当法国强大时，利用西班牙腓力二世的求婚联合西班牙制衡法国；当西班牙强大时，又利用与法国安茹公爵的婚姻谈判，联合法国制衡西班牙，并最终决定性地摧毁了西班牙的无敌舰队。伊丽莎白一世的婚姻外交与中世纪追求个人和王朝利益的狭隘目的相比，已经呈现出了近代外交的国家利益特征，也在一定程度上开创了英国均势外交的先河。

在伊丽莎白统治时期，随着民族意识的增强，岛国心理逐渐成型并在其统治后期完成，这种心理对英国以后的内政外交影响深远。

---

① Villianms, E. N., *The Penguin Dictionary of English and European History*, 1485 – 1789, Great Britain: Richard Clay Ltd. , 1980, p. 126.

第三节　岛国心理影响英国的对外政策行为

作为英国大众心理最集中表现的岛国心理有一个比较明显的现象就是充满自豪的民族情绪，这种情绪是伴随着近代英国民族意识形成、民族整体认同感产生开始的，特别是殖民帝国辉煌的历史，让英国人充满自信地以为他们是欧洲政治最为伟大的主导者。日不落帝国的建立和战后欧洲的惨状，都让英国人感受到对欧洲的绝对优势，似乎再无遭受入侵的可能，产生自得自满的虚幻安全感。这种安全感满足了英国民众心理深层次对安全的需要，这也正是大众不愿放弃这种感受的根本原因。这种虚幻安全感的满足实际上就是岛国心理的现实表达，当然也势必影响到英国对外政策和行为选择。

一　分离的恐惧与恐惧的逆反

恐惧（Fear）是情绪的一种，通常是指人或动物在面对现实或想象中的危险或自己厌恶的事物时，所产生的惊慌或紧急的状态。从心理学的角度来讲，恐惧是一种有机体企图摆脱或者逃避某种情景而又无能为力时的情绪体验。恐惧是只有人与生物才有的一种特有现象，是因为不可预料、不可确定的因素而导致的因无所适从而产生的一种较为强烈的心理或生理反应。

逆反一词源于英文 negativism，意为有反对倾向，持否定态度，以及违拗、抗拒、消极主义等。逆反作为一个客观存在的心理现象，对其概念的理解和界定一直众说纷纭，目前尚无统一的定义，总体倾向是一种态度反应。逆反的主要构成要素为认知、情感和行为意向。在这三种要素中，认知是基础，具有准备和导向作用；情感是对认知的情绪体验，具有决定性作用；行为意向是在情感的作用和影响下产生的，是逆反行为的前奏。逆反不同于逆向，逆反常与态度相连，而逆向一般和思维相关；逆反也不同于对抗，逆反更多体现的是心理上的感受和认知，而不仅仅是行为上的对抗。

从 1453 年至 1558 年长达 105 年的时间里，英国人一直不惜耗费巨资固守在欧洲大陆的最后一小块领土加莱港。玛丽女王在英国执政期间，具有大陆桥头堡意义的加莱最终丧失，迫使英国不得不痛苦而又无奈地告别大陆。加莱的丢失从地理意义上说，英国完全成为了一个岛国，从民族心理上讲，影响更大。因为对大陆的觊觎却又被迫退却的无力与无奈，英国民众产生了较为强烈的逆反心理，也加深了对大陆国家的厌恶感，这也为以后英国处理和大陆国家的关系奠定了民族心理基础。正是这种心理促使英国人增强了对大陆列强的防范，努力保持与大陆的距离，产生较为强烈的生存危机。这种生存危机普遍存在于英吉利民族精神之中，经过漫长的历史进程，形成一种深刻的内心体验，既影响着英国当时的外交，也对后世外交产生深刻影响。

英吉利海峡的阻隔与天险，对不管是亲欧的人还是拒欧的人而言，都是一个天然屏障，有助于产生岛国的团结和独立。随着对欧洲大陆争夺的彻底失败，英语文化与欧洲文化分道扬镳，形成英国独特的岛国民族和国家观念，此后的英国在心态和行为上，往往有别于欧洲其他国家。这些看似独特的地方，体现的却是远离大陆的恐惧和对这种恐惧的逆反，这种逆反也常常反映在英国人的思维和国家对外行为上。

二　岛国心理与民众对国家前途的担忧

岛国所产生的生存危机对英国民众的心理影响尤甚，既有积极的影响，也有消极的影响。积极方面能促使英国人奋发图强，锐意进取，变压力为动力，实现自强。消极方面，生存危机也可能让英国误入歧途，比如对外殖民扩张和对欧过度的怀疑等。

对英国的前途，有不少学者进行过论述。蒂莫西·加顿·阿什（Timothy Garton Ash）在《自由世界：美国、欧洲和西方世界的未来》一书中就曾提到，英国的未来可能会有四种选择：第一种是重新获得独立，拥有自己的话语权；第二种是选择美国，借助美国获得发言权；第三种是选择欧洲，以欧洲为基础发挥自己的作用；第四种是与美国、欧洲等都保持良好的关系。他认为对于英国的利益而言，英国绝不能在欧美之间做二选一的选择，① 罗宾·尼布利特（Robin Niblett）却认为

————————
① ［英］蒂莫西·加顿·阿什：《自由世界：美国、欧洲和西方世界的未来》，张宁译，东方出版社 2009 年版，第 24—28 页。

"英国将不得不在欧美之间进行选择"。① 安德鲁·甘布尔（Andrew Gamble）也认为在美欧之间进行选择是英国未来的一大难题。② 英国政治家威廉·华莱士（William Wallace）早在 20 世纪 80 年代初就提出了英国的未来选择问题，他认为"不管是外交和防务还是经济与金融，英国的难题在于把自己的重心是放在欧洲还是美国"。③ 中国学者李少军认为，英国为了自身利益，将会在相当长的时间内继续保持两面的特征，既要顺应欧洲一统的趋势，又摆脱不了岛国传统和帝国遗风的影响。④ 王振华认为，英国既要维护在欧洲的领导地位，又希望借助英美特殊关系加强在世界上的影响，这是一种两难的选择。⑤

中外学者对英国未来选择的大量关注，也恰恰体现了英国民众的忧虑。岛国心理最核心的内容就是发自深层次的不安全感，笔者认为，要消除这种不安全感的主要途径有三，这三条在英国历史和现实中都有体现。一是岛国民族自身的强大，自强以自安。英国对内改革，使自己走在资本主义的前列，对外扩张，建立日不落的殖民大帝国，都是英国自强不息，消除不安全感的最初尝试。二是依附于别的大国，借以生存。两次世界大战的打击，使英帝国迅速瓦解，英国逐渐沦落为二流国家，这种变化再次引发英国民众的恐惧和不安，在内心深处不愿承认这个现实，并希望能够继续影响世界。而面对衰落的客观存在，他们采取了依附战略，跟从美国，并希望通过影响美国来影响世界。这既是英国不甘沦落的现实策略，也反映了岛国心理在英国民众心理中的恐惧和由此带来的失落。三是消亡，融入到某个单元或集体。欧洲大陆的多年战争，使他们清醒地认识到，武力统一越来越不现实。战争使欧洲冷静下来，也开始反思它们的出路，痛定思痛后，它们选择了以法德和解为开端的

① Robin Niblett, "Choosing between America and Europe: A New Context for British Foreign Policy", *International Affairs*, Vol. 83, No. 4, July 2007.

② Andrew Gamble, *Between Europe and America: The Future of British Politics*, Basingstoke and New Youk: Palgrave Macmillan, 2003.

③ Peter Byrd ed., *British Foreign Policy Under Thatcher*, Oxford and New York: Philip Allan/St Martin's Press, 1988, p. 33.

④ 李少军主编：《国际战略报告：理论体系、现实挑战与中国的选择》，中国社会科学出版社 2005 年版，第 295 页。

⑤ 王振华：《英国外交的几个问题》，《浙江学刊》2003 年第 3 期。

欧洲联合，当今的一体化也正走向深入。从岛国心理的归宿上讲，英国融入欧洲也是消除不安全感的一条路径，但历史的创伤和曾经的强盛，都使英国不愿轻易融入欧洲，出现游移不定和心理阻抗。

三 岛国心理的矛盾表现与行为路径

文化作为一个国家生存和发展的灵魂，具有地理性和传承性特征，岛国心理作为一种文化现象，往往表现为一些矛盾心理和行为。不管心理和行为呈现何种复杂状态，压力释放和心态调整必然会通过一些路径表达出来。

自卑与自大。鉴于地理位置上的边缘性，和大陆文明比较，岛国具有边缘性和后进性的特征，这就造就岛国天生的自卑心理。自卑心理会产生生存意识，这种生存意识比较明显的表现是生存危机和忧患意识，生存意识会促使岛国民族产生强烈的进取心和超越意识。正如英国早期屡受欺凌的记忆造成了英国人内心深处的创伤，表现在心理活动上就是自卑。为了摆脱这种自卑心理，他们进行了一系列革新，一度建立了世界性大帝国。一旦取得成功，那种自卑又表现为一种自大甚至是狂妄。1837 年英国议会下院的一份报告中认为，"英帝国的目标就是要让不列颠为世界各地人民提供参与西方文明、基督信仰、科学知识和商业贸易的机会"[①]。甚至认为"除了文学、艺术领域法国能与英国相媲美甚至有所超出外，在造就一个伟大民族方面、在海外殖民方面、在商业贸易方面，乃至文明的更高手段上，英格兰不但优于世界所有国家，还超越了历史上所有国家"[②]。这些看似骄傲的表象下，掩盖的是英国民众深层次的自卑心理。

残忍与谦和。从英国历史的发展道路看，一直充斥着残忍与谦和、暴力与变革。这里的谦和与变革在英国内政方面表现比较突出。近代英国与法国、德国、俄国在往现代发展的征途中，法国往往是一种疾风暴雨似的革命方式，德国和俄国是中央集权方面发挥着重要的

---

① Andrew Porter, *The Oxford History of the British Empire*, Vol. Ⅲ. Oxford, 1999, p. 102.

② Seaman, L. C. B., *Victorian Eangland: Aspects of English and Imperial History*, Methuen, 1982, The Title.

作用，英国则要温和得多，采用的是一种变革或改良的渐进方式。但在对外方面，英国的历史始终和暴力相伴随。从罗马人、盎格鲁—撒克逊人、维京人到诺曼人，都是带着武器进入不列颠的，英国早期多元文明的碰撞充满着征战的血腥，及至中世纪战争甚至近现代的殖民扩张，无不和暴力相伴。近代英国将多民族的文化融合在一起，渗透到社会的各个方面，在英国近代历史的进程中，始终伴随着对内改良变革和对外侵略扩张既悖立又互补的矛盾统一性。既有 1688 年的光荣革命及 1832 年和 1867 年的改革，也有世界上曾经最强大、最疯狂的殖民扩张和血腥暴力，从鸦片战争开始，对中国的烧、杀、抢、掠便是很好的例证。

反复性和一贯性。自卑的心理容易导致缺乏决策力，恐惧的心理又容易形成犹豫的性格，强烈的不安全感使英吉利民族在对待很多事情上喜欢瞻前顾后，"不管发生什么，都是等待、观察和保留选择"①。英国人历来有种很强的危机和忧患意识，即使在英帝国最为强盛的时期，也能清醒地认识到如果失去了帝国，英国的大国地位也就丧失了，在物质上会陷于贫困，在军事上会被削弱，英国人民在世界上留下印记的能力也会随之丧失。② 在国际关系研究中，普遍认为英国的外交是理性的，是现实外交，从心理学上讲，这也是一种决断力不够的表现。英国人对其他民族、对所有国家的怀疑是一贯的，也是历史养成的，但在一些现实面前，往往是利益优先，所以常会出现反复。在对待欧陆关系上，通常采用的方法是静观其变，不愿过多参与其中，有时候为了维护英国利益却也不惜一战。在对待欧盟问题上，时而贴近，时而走远，其疑欧心理却是一成不变的。

保守与开放。作为一个四面环水，面积狭小的岛国，英国历史上自然环境相对封闭，对外交往不够便利，民众也存有一种天然的孤独感和害怕遭到攻击的危机感。单调的自然和外交环境，使得英国人一代又一代重复祖先的生活方式，民族性格中多少带有一定的保守特征。这种保

---

① George Friedman, "Britain's Strategy", *Stratfor*, May 7, 2012.

② Marshall, P. J., *Cambridge Illustrated History of the British Empire*, Cambridge, 1996, p. 29.

守性具有多面性，既可以是不思进取、安于现状和自满自大，也可以是墨守成规、因循守旧和不思变化，还可以是珍惜和固守本民族的传统文化。对于英国来讲，更多的是对民族固有文化传统的珍视，不希望剧烈的社会变动，历史经验使他们明白，变化太激烈，比如战争等，最终损害的是国家和民族利益。历史上的英国，看似保守缓慢，却能够走在人类社会和科技发展的前列，通常不以剧烈的形式完成社会变动，所经历的几次大规模的社会变革也都是以相对平和的方式完成的。但其放眼海洋的胸襟又看似和保守有些矛盾，也正是这种开放的视野成就了大英帝国的传奇。

学界对英国的这种矛盾心理和行为也有关注，英国当代学者蒂莫西·加顿·阿什在其著作《自由世界：美国、欧洲和西方世界的未来》中对英国的犹豫和不知如何选择进行了论述，他还借用古罗马的神话故事对英国的矛盾心理进行了比较形象的描述。古罗马神话中有个掌管时间的天门神叫杰纳斯（Janus），早上打开天门以便太阳普照大地，晚上关闭天门使黑暗降临人间。杰纳斯头部前后各有一副面孔，同时看着两个不同的方向，所以也被称为双面神。蒂莫西·加顿·阿什认为，杰纳斯有两张脸，英国则有四张脸，不但有前脸后脸，还有左脸右脸，"前脸和后脸可称为岛屿和世界，左脸和右脸是欧洲和美国，所以英国老犯头疼病，这就不足为奇了"[①]。对于英国的多重矛盾心态和表现，洪邮生教授在解读英欧关系时，从群体心理学角度认为"它反映了多数政治家内心深处的矛盾"[②]。这种矛盾表现的深层原因就是英国的岛国心理，其强大时的光辉孤立和均势政策，衰落时的对美依附和对欧怀疑都是不自信的一种表现，也是其期盼自身强大的内在需要所致。不管是强大、依附还是融入欧洲，都是英国对自己外交方式的选择，也是安全需要难以满足的现实，当前的英国外交虽然难以选择，历史的发展却逼其最终进行选择。

---

① ［英］蒂莫西·加顿·阿什：《自由世界：美国、欧洲和西方世界的未来》，张宁译，东方出版社 2009 年版，第 15 页。

② 洪邮生：《坚守还是让渡——二战后英国人主权观述论》，《世界历史》2012 年第 1 期。

小　结

不同的地缘环境造就不同的心理取向，生活在岛屿上的国家，心理活动有其自身的特点和规律，形成独特的岛国心理现象。岛国心理既客观存在，也有其发生机制，核心要素是恐惧心理和不安全感，行为表现往往是矛盾的。岛国心理不安全感的消除一般有三条路径，即为强大、依附和消亡。

英国的岛国心理是伴随着大陆国家的入侵和与大陆国家争夺领地失败的过程中逐渐沉淀形成的，到伊丽莎白一世统治时期，英国的岛国心理基本定形。岛国心理形成后，对英国的内政外交都产生了重要影响，促成了近代英国的崛起和当代英国外交政策的形成。

历史上的英国经历过无数次的大规模入侵，侵略者占领不列颠群岛后，把这里作为自己的地盘来对抗新的入侵者，直到被新入侵者征服或者将入侵者同化。1066年的诺曼底征服，在同化罗马人、凯尔特人、盎格鲁—撒克逊人的同时，也让英格兰人、苏格兰人、爱尔兰人和威尔士人逐渐演变成为英国人。英法百年战争的结束，标志着英国彻底退出了欧洲大陆的争夺，这场战争也让英国人深刻地意识到他们和法国人之间的民族差异，[①] 使英国逐渐形成了思维定式，就是在外交和国家防务上重点防止欧洲大陆出现霸权国家。不管是英西战争、英荷战争，还是联合德、奥反对法国并最终打败拿破仑，其或联合法、俄反对德国，并在一战和第二次世界大战中打败德国，都体现了英国的防范心理，这也正是岛国心理那种不安全感在对外行为中的体现。而大英帝国的创建和第二次世界大战的荣耀也让英国人产生的集体记忆影响英国的民族心理，最终影响到英国的对外政策和外交行为。

---

① 萧曦清：《英国人入门》，博雅书屋2012年版，第34—35页。

第三章　岛国心理影响下的英国均势外交

中世纪以前，英国所处的岛国位置不利于英国的发展。地理大发现以前，国家间的贸易主要来自内陆。地理大发现以后，处于西北欧位置的国家资本主义得到迅速发展，而英国恰在西北欧国家与世界联系的中转站上，当时的交通主要是海运，英国又有很多优良港湾，在资本主义发展初期，英国的地理位置和环境优势便显露出来。随着大陆扩张的失败，英国把目光投向了海洋，着手构建以自己为中心的海洋体系，经过多年经营，英国逐渐确立了国际航运和贸易中心地位，英国的位置也由古地中海经济时期的边陲转为世界的中心地带。英国于16世纪开始着手构建以自己为中心的世界新秩序，以海洋为基点筹划自己的未来，经过不断的努力逐渐形成以海洋主宰陆地的海洋秩序，从而改变了英国作为欧洲碎片这样的不利地理位置现状。

黑格尔曾经指出："大海邀请人类从事征服、从事掠夺，也鼓励人类追求利润。"[1] 新的海洋秩序为人口及各种物质的流通运输提供了交通保证，一个地区的资源既可以是自己蕴藏和生产的，也可以通过贸易获得。英国可以通过海外扩张来获得相关资源，[2] 也会经过贸易获得资源，比如通过北海贸易从中东欧和俄国获得英国必需的粮食资源。

随着一系列内政外交的改革和发展，英国国力日渐昌盛，但其岛国心理形成的思维定式使得英国不愿过多陷入欧洲各国的具体事务之中，却又以旁观者的姿态密切关注着欧洲大陆的发展态势。对大陆的恐惧，

---

① ［德］黑格尔：《历史哲学》，生活·读书·新知三联书店1956年版，第123页。
② Wrigley W. A., *Continuity*, *Chance and Change*, Cambridge, 1988, p. 115.

使得他们不愿看到任何一个欧陆国家得以控制整个欧洲大陆。保持欧洲大陆国家的势力均衡，从某种意义上来说更符合英国本身的利益诉求，也能满足国内民众对于安全感的需求。英国能建立一个世界性的日不落大帝国，却又对欧洲大陆充满疑惧，这看似矛盾的现象背后，实质是岛国心理的最直观表现，也是英国岛国心理思维定式的表现，体现出即便是在非常强大的情况下，英国民众安全感的需求也并未得到真正的满足，只有欧陆国家处于一种均衡状态下，才能保证英国的安全，不被侵略和占领。这种不安全感所产生的恐惧心理加上历史上成功的均势实践，形成了英国外交的思维定式。当然，有一点必须清楚，英国能够保持欧洲大陆各国之间的发展均势是建立在其自身具有较为强大的发展资历和能力的基础上的。

第一节　均势心理的产生与发展

国际关系研究中，均势（Balance of power）通常指的是相互有关联的国家间，不存在某个国家或国家集团在关联国中取得绝对优势地位，各国力量对比处于某种均衡状态。英国是欧洲近代以来均势政策的主要发端国，也是竭力推行与维护这一政策的核心国。对于英国均势政策的由来，国内外学者莫衷一是。如果从现代国际关系分析中的国家利益角度出发来看，伊丽莎白一世可以看作是真正的开创者。

一　百年战争后的欧洲与英国

早期的欧洲大陆，纷繁复杂，邦国林立，战争不断，呈现出一种弱肉强食的无序状态。15 世纪下半叶和 16 世纪初期，是西方历史的重要转折期。百年战争使法国元气大伤，失去了往昔的辉煌。国内因贵族战士的封邑导致政权四分五裂，东北和东南是强大的勃艮第大公国。[①] 法王通过一系列的内政外交，稳定了内部，然后与瑞士、神圣罗马帝国等

---

① 查理曼大帝死后，帝国分成了三个部分，勃艮第是其中一个部分，处于神圣罗马帝国和法国之间，包括了法国东南面一部分土地，与意大利和瑞士接壤。14 世纪中期，吞并了现今的荷兰、比利时和卢森堡。土地肥沃，人口众多，战略地位重要。

结盟，击败并瓜分了勃艮第，在瓜分勃艮第的过程中，和神圣罗马帝国皇帝所属的哈布斯堡家族结怨，后来最终引发法国和神圣罗马帝国的战争。这一时期的法国，随着 15 世纪末从意大利北上的文艺复兴运动的发生，民族和国家意识逐渐开始明晰起来。因为奥斯曼帝国阻断了欧洲通往亚洲的陆路，客观上刺激了海路的发展。最早往西探路的国家是葡萄牙，经过多次探险和殖民扩张，到 16 世纪中期，葡萄牙建立了一个从里斯本到日本长崎横跨全球的大帝国。而比葡萄牙稍晚的西班牙，也在很多地方捷足先登，随着地理大发现的进行，帝国版图面积逐日剧增。16、17 世纪之时，西班牙拥有欧洲最强的海军和陆军，成为了一个日不落帝国。神圣罗马帝国虽然称为帝国，却是由 1800 多个邦国组成，缺少稳定的组织和制度，结构上较为松散。13 世纪中期开始，帝国就鲜有英明的皇帝，国王的实权有限，国家制度松散，国内公侯们你争我抢，经常发生地区性战争，成为欧洲的"火药桶"。到了 16 世纪，封建制度和各种形式的教会组织互相交错，致使国内矛盾激化，最终成为神圣罗马帝国分裂甚至欧洲分裂的导火索。意大利的情况更为复杂，既有大小不同的城邦，也有与世俗纠缠不清的罗马教廷，还有英、法、德、奥、西等国的直接或间接支配。意大利半岛在罗马帝国崩溃后一直处于四分五裂的状态，北部的城邦大都是独立的小国，他们之间争斗不断，使得意大利很难有效团结一切力量抵抗外国入侵。意大利南部主要从事农业，曾经因与教廷矛盾造成法国与西班牙交战多年。在意大利中部还有一个特殊的教皇国，这本是法兰克王朝在 8 世纪的时候送给教会的土地，主要作用是给罗马教廷提供粮食和税收。在这块土地上曾经存在着很多城邦，民风凶悍，文化复杂，城邦之间相互攻伐，城邦内部也有拥护教廷和拥护神圣罗马帝国的派系之间的纷争，这一系列不稳定性因素的存在使得该城邦内的老百姓生活苦不堪言，平民暴动时有发生。而教皇的腐败和对于宗教改革的需求，也使得政教混乱局面成为一种常态。在整个欧洲大陆上，各国都在摩拳擦掌，战争一触即发。

英法百年战争后，英国全面从欧洲大陆退却，大陆霸权情节发生变化，注意力也逐渐从欧洲大陆转移到国内、由陆权转向海权。战争结束后退役的军士，无事可做便到处流浪，被地方贵族和城市商绅看中，作为雇佣兵成为他们的私人武装。地方武装形成后容易对中央皇权构成威胁，分散中央权力，同时地方武装之间也常有摩擦和战争，为避免两败俱伤或殃及池鱼，地方又希望中央能够仲裁和保护他们的利益。再加上英国对法国长时间的大规模征战，无形中也在客观上致使军事和税收不断向中央集中。错综复杂的原因促成了包括国王和大贵族在内的皇权集团和基层贵族之间相互需要又相互制约的关系，王权虽然下降，却又没有崩溃，地方权力虽然上升，却还不至于夺主。在多种因素影响下，形成了英国式的典型政治，那就是采取宪章的形式对王权进行约束，而不是用武力推倒王权。一方面对王权进行约束，防止独裁，另一方面又以法律的形式承认王权，肯定了依法行使的王权，形成独具英国特色的君主立宪制度。一旦放弃了对欧洲大陆领土的争夺，英国便能集中精力打理自己的内政外交，通过增强自身的实力来消减战争带来的不安全感和挫败感。

二　受挫后的行为选择

当英国把目光转向自身的时候，也就是其彻底放弃大陆争夺的时候，对内进行各项改革和工业革命，对外进行自由贸易和殖民地扩张，建立世界性的大帝国，使英国一跃成为世界一流强国，其岛国的恐惧心理也在一定程度上得到缓解甚或出现自认超强的假象以满足内心的自卑和焦虑。百年战争结束后，英国退出欧洲大陆，又成了名副其实的岛国，为克服被抛弃或被欺凌的恐惧心理以便更好地生存，英国人通过自身几个世纪的努力，在政治、经济、军事、文化等方面都取得了长足发展。政治上，建立了堪称世界典范的议会制度，引领了国家改革的新思维；经济上，完成了工业革命，壮大国家力量的同时带动全球科技的发展；军事上，击败了西班牙无敌舰队，打败了海上马车夫荷兰，取得了七年战争、反拿破仑战争等系列战争的胜利，在全球军事领域遥遥领先；文化艺术科学上，更是星光璀璨，既诞生了科学巨匠牛顿，也有哲学大家洛克，还有文学名人笛福、斯威夫特等，呈现出百花齐放、百家争鸣的局面。

18 世纪后半叶，英国开展了史无前例的工业革命，这不仅改变了英国的未来，也改变了世界的走向。"Industry"最初指的一种个性品质，就是勤奋的意思，后来逐渐发展成产业、制造等含义，这从另一个侧面说明工业革命里蕴含着不懈的奋斗。工业革命是从生产工具的改变开始的，从飞梭的发明到蒸汽机的使用，成倍提高了工作效率。伴随着新工具的运用，新技术也快速发展，这既包含工厂生产技术更新，也包含各种先进交通运输工具的诞生，铁路运输的出现不仅是运输效率上的改善，也改变了整个英国社会的方方面面。到19世纪中期，英国已经基本实现了工业化，人们的生存不再仅仅靠农业，更离不开工业。到1870年，英国的铁产量超过世界产量的总和，煤产量占世界2/3，棉布产量占世界一半以上，制造业占到世界的32%，对外贸易占到世界贸易总额的四分之一，和美、法、德三国的贸易总和相当，商船吨位也在世界排名首位，全球60%的商船都是在英国完成注册的。① 这个陆地面积只占世界0.2%的岛国，以其让人惊讶的态势率先走上工业化道路。

对于工业革命为何首先在英国发生，学界给出了很多解释。有人从农奴制度瓦解方面入手，认为这为工业革命提供了自由劳动力；有人从英国著名的圈地运动入手，认为那些被迫离开土地的农民，为了生计只好到工厂做工，客观上推动了工业革命的发生；有人从原始积累方面分析，认为英国的海外掠夺和殖民所得，给英国工业的发展提供了可能；有人从英国的地理位置进行分析，认为便利的交通和处于世界贸易中转站的地位，让英国更加容易获得世界市场。钱乘旦、许洁明认为根本原因是英国光荣革命后建立起来的能创造宽松、和平环境的政治制度。② 其实英国的工业革命还有一个更深的心理因素，当年英国被迫退出欧洲大陆后，不得不面临严峻的有关未来出路选择的问题，摆在其面前的只有三条出路：一是自力更生，强大自己；二是依附一个更强势的国家，以期获得保护和发展；三是融入欧洲，与大陆合为一体。在这三条路的选择中，他们当然首选强大自己，这种强大有两条指向，一个是国内的繁荣昌盛，这是发展壮大的基础，一个是对外的殖民扩张，也是一种实力的展现。从国内来讲，民族的进取意识推动他们向健康的方向发展，这种深刻的民族危机心理和对未来生存的恐惧感催生了工业革命，并通

① Geoffrey Stew art, Malcolm Pearce, *British Political History*, 1867 – 1990, *Democracy and Decline*, London：Routledge, 1992, p. 139.

② 钱乘旦、许洁明编：《英国通史》，上海社会科学出版社2012年版，第222页。

过上面提到的各种形式表现出来。

光荣革命后，英国新的政治制度带来了政治上的平稳，这为其更加有序地实施对外贸易和扩张提供了条件。著名探险家瓦尔特·拉利爵士（Sir Walter Raleigh）的一段话很能代表当时英国人的心态，他认为"谁控制海洋谁就控制了贸易；谁控制了贸易谁就控制了世界的财富，进而控制世界本身"①。从威廉三世开始，英国进行了旷日持久的对外战争，其中"七年战争"对英国争夺世界霸权具有决定性的意义。七年战争是英国联合普鲁士与法国和西班牙争夺殖民地的战争，从1756年打到1763年，持续了7年，所以被称为七年战争。英国在七年战争中的战场主要在印度、北美和海上，战争以英国大胜告终。战争的结果使英国基本奠定了北美殖民帝国的地位，在印度取得了大片土地，在加勒比海、西非等地也取得了很多殖民地，英国的殖民地面积到1876年已经达到了2250万平方公里，人口也达到了2.5亿。英国当时成了海上最强大的国家，一个世界范围内的英帝国雏形显现出来，史称第一帝国。

美国独立战争重挫了英国的殖民事业，英国的海外殖民地大大缩减，主要集中在印度和加拿大，导致第一帝国濒临瓦解。利用拿破仑战争的机会，英国占据了海上优势，在地中海、加勒比海、印度洋等地有了新的立足点，在一些具有战略意义的地方如好望角等拓展了殖民范围，同时向澳大利亚、新西兰等地移民，使这些地方变成移民殖民地，一个以印度为基石的新帝国初步成型。

从19世纪中期，英国成为"世界工厂"之后，开始减缓领土扩张，转而依靠其强大的经济实力和海上霸权强制推行所谓的自由贸易政策及炮舰政策，通过海军控制了海洋运输，使得英国的商品能销往全球所有国家，一旦运输受阻便炮舰相向，中英鸦片战争便是其中的典型案例。到19世纪70年代，英国的工业被美、法、德等国赶上，渐渐失去在世界上的领先垄断地位，而德、法、俄都在扩张，其他欧洲传统强国竭力想保住自己的殖民地，美国更是把拉美视为自己的地盘。在这种情

---

① Daniel A. Baugh，"Great Britain's 'Blue-Water' Policy, 1689 – 1815"，*International History Review*，Vol. 10，No. 1，1988.

况下，英帝国开始了新一轮的殖民扩张，从控制埃及开始，与其他强国在非洲展开了全面争夺，在加强对原有殖民地控制的基础上，加紧了在世界范围内新的殖民地扩张，到19世纪末，一个全球范围的日不落帝国呈现在世界面前。

当然，英国这些看似辉煌的成功背后，能让人感受到深深的忧患意识。历史上不断被侵略、不断被征服的命运留给英国民众内心的伤痛是沉重的，也在英国人的历史记忆中留下了较为强烈的忧患意识。这种忧患意识也影响了英国的行为方式，推动了英国在内政外交等方面几个世纪的拼搏和奋斗。18世纪的英国，采取被称为"蓝水"政策的保持和扩大海上优势为主导的对外战略。这一政策并不是一个设计完整的对外战略，最开始是英国决策者们为维护本土安全，根据国际局势的变化和自己判断而做出的本能反应，随着时间推移和经验积累，最后逐渐清晰并演化成一种导向性的政策。所以，"蓝水政策最根本的特征还是为了防止英国遭受外来入侵"，① 表达的是一种恐惧和不安。任何一个民族，忧患意识都是实现国家崛起的重要因素，而能把忧患意识变成全民共识却是很难的一件事情。英国在崛起的过程中，能够把精英们和民众的忧患意识形成一种奋进的合力，把共识变成民族和国家的行动，使英国从一个边陲岛国变成一个世界性的大帝国，也是与英国岛国心理分不开的。那种蕴藏在民众心理深处的不安全感很容易让忧患意识成为精英和普通民众的共识，进而推动民族奋发图强，自强以自安，自强图存。

英帝国与欧洲西班牙、葡萄牙、法兰西、俄罗斯等其他帝国相比，显得更加公平和民主，英帝国更注重自由贸易和商业利益，在生产性开发方面远好于其他杀鸡取卵性质的帝国，所以其他帝国的崩溃比较彻底，而英帝国在瓦解后却留下了一个英联邦。这既表现了英国为了自强会采取一些残酷手段，也表现出自强中的英国因深层自卑和不自信，在处理一些事情时总能适时妥协，展现在世界面前的常常是一些温和行为。

① Daniel A. Baugh, "Great Britain's 'Blue-Water' Policy, 1689–1815", *International History Review*, Vol. 10, No. 1, 1988.

三 历史经验与均势心理的形成

地理环境是一个国家赖以生存和发展的最稳定的天然因素，不同的地理环境会产生与之相关的地缘政治。一个民族长期成长的历史背景、思维方式、价值观念等，会深刻影响着一国的外交，特别是有特定文化背景的决策者，其外交决策和外交行为必然会烙上本民族的特有烙印。英法百年战争的失败，特别是加莱港的最终丢失，英法自诺曼底征服开始的多年历史恩怨终结，英国大陆情结随之了断，走上了与大陆疏远的道路。长期被欺凌的历史记忆，使不列颠民族产生了强烈的恐惧心理，更激发对安全的需要，对欧洲大陆既向往又恐惧，在这种矛盾心态促使下，产生了英国追求强大，防止欧洲出现某个超强国家或国家集团，以保证英国安全的对欧均势心理，直至体现在外交行为上。

均势政策的起源问题，既是学界感兴趣的问题，也是争议较大的问题，国内外学者没有统一的意见。美国前国务卿亨利·艾尔弗雷德·基辛格（Henry Alfred Kissinger）认为欧洲均势做法可追溯到古希腊城邦时期，而把这种观念发扬光大的是英国，认为这种均势观念不过是思想启蒙时期，相信在各种不同利益的相互竞争之下，自然而然会出现和谐公平见解的延伸。[1] 国内有些学者认为，均势政策的发端应该首推在亨利八世执政时期的红衣主教托马斯·沃尔西（Thomas Wolsey）。[2][3] 丘吉尔和我国学者夏继果认为亨利八世时期的均势政策不是英国现代意义上以国家利益为目标的均势政策，那时的均势政策更多的是为个人，现代意义上的均势政策源于英王伊丽莎白一世，夏继果甚至直截了当地表明观点认为，在英国历史上，最先确立均势外交政策的是伊丽莎白一世。[4]

虽然一个国家对外政策经常是受政治、经济等因素影响，文化影响

① ［美］亨利·艾尔弗雷德·基辛格：《大外交》（修订版），顾淑馨、林添贵译，海南出版社 2012 年版，第 2、53 页。

② 何曜、任晓：《国际均势理论反思》，《国际政治理论在中国》，上海人民出版社 1998 年版。

③ 于春苓：《关于均势理论的研究与运用》，《世界历史》1995 年第 3 期。

④ 夏继果：《伊丽莎白一世时期英国外交政策研究》，商务印书馆 1999 年版，第 86 页。

却也不可忽视，甚或更深，特定民族的文化背景，会使本民族的外交打上民族传统的烙印，英国的均势政策就带有很强的民族文化特征。历史经验让英国人对对面的大陆充满了疑惧，民族心态上是用一种相反的方式表达出来，尽管地理上属于欧洲，他们在表达和欧洲关系的时候，总是喜欢用"with"，而不是"of"。当然，英国人虽然对欧洲大陆国家表现出了一种不愿亲近的态度，但内心还是清楚自己是个欧洲民族，并在欧洲事务中扮演重要角色。① 殖民帝国的辉煌催生了民族的自豪感，也让他们体会到了短暂安全感的满足，而这种自豪感会形成民族积淀，产生虚幻而又不愿放弃的自大心理，一厢情愿地认为自己是欧洲独一无二的主导者，以高于欧洲的心态来看待欧洲，这也是均势政策的重要心理基础。

其实，从严格意义上来讲，说起均势政策起源的具体时代，未必能有准确回答，因为一个民族心理的养成直至表现成行为，需要一个较为漫长的过程。不可否认的是，伊丽莎白时代利用婚姻作为筹码，实行均势外交策略确实在一定意义上有其先进性，比如在法国强大时，为联西制法不惜以自己的婚姻跟西班牙进行谈判，而当西班牙变得强大，威胁到英国利益时，又利用婚姻跟法国进行谈判，确实有了均势外交的某些基本特征。然而伊丽莎白的婚姻外交也不是凭空出现的，是不列颠民族长期心理积淀的一种集中反映，就伊丽莎白个人来讲，如果不是基于对民族国家利益的维护，恐怕也不会选择终身不嫁。她之所以"总是畏缩不敢结婚"②，考虑的也正是民族国家的利益，而这不仅是她个人的行为，也是英吉利民族恐惧心理在个体身上的具体体现，她起初只是利用婚姻作为一种外交手段，却在不经意间在某种程度上开创了均势外交行为的先河。在后来的对外关系中，英国凭借自身的海上优势，时而联合俄国反对法国，时而联合德奥反对法俄，扶弱抑强，纵横捭阖，虽然一定程度上给英国外交蒙上了机会主义和经验主义的色彩，但其维持欧洲均势的成效还是显著的。不管评论如何，均势外交从此成为英国民众

① Eliga H. Gould, *The Persistence of Empire: British Politicial Culture in the Age of the American Revolution*, The University of North Carolina Press, 2000, p. 4.

② Roger Lockyer, *Tudor and Stuart Britain*, Longmans, 1984, p. 11.

普遍认可的思维模式，并上升到国家政策层面，影响英国的对外政策和外交行为的选择。

第二节　均势政策的表现与本质

英国对欧陆均势政策的一个典型表现就是"光辉孤立"，这一政策延续了几乎整个 19 世纪，保证了英国的百年和平，也使得帝国能够集中精力进行殖民扩张，这时的英国对欧政策是"保持从容地顺流而漂，只是在防止触礁时偶尔伸出船篙"①。采取孤立政策可以从两个大的方面理解，特殊的地理位置是个客观前提，国家利益是内在动力。位于欧洲大陆边缘，其岛国位置的便利性使英国具有地缘战略优势。独特的地理位置使英国既可以与大陆保持密切联系，又可以根据需要，独立于大陆之外，地理因素对于英国对外战略的制定产生重要影响。从国家利益上讲，光辉孤立至少有三个好处，一是可以保持自己的行动自由，避免卷入大陆列强的冲突，便于集中精力开拓海外殖民地，经营庞大的帝国；二是不用承担不必要的保障义务，最大限度地保证英国国家利益，在一战前的一个世纪里，除了克里米亚战争外，英国几乎没有介入任何欧洲大国冲突之中，从而独享百年和平；三是在欧陆强国出现矛盾时，扮演调停者的角色，利于显示和提高自身的影响力和霸权地位。备受诟病的绥靖政策，本质上也可以看作英国扶持德国平衡俄、法，试图保持欧洲均势而奉行孤立主义的继续。虽然英国为此付出了惨痛代价，并最终导致帝国的衰落，但这一外交传统却并未就此完结，现在对欧盟的若即若离也正是这一心态的现实写照。

一　由均势心理到均势政策

任何政策的制定都与一定的民众心理相连，英国均势政策的形成与发展也与其均势心理有直接关系，考察英国的均势心理可以从岛国心态、民族特性、帝国情结等方面进行分析。

---

① Otte, T. G. , *The Makers of British Foreign Policy*: *From Pitt to Thatcher*, New York: Palgrave Macmillan, 2002, p. 98.

被英吉利海峡和多佛尔海峡与欧洲大陆隔开的英国，既属于欧洲，要与欧洲保持密切联系，又因为特殊的地理位置，可以隔海作为一个以自己利益为考量的旁观者。历史上的英欧关系形成了英国对欧洲特有的感情，既离不开欧洲，又要对欧洲保持足够的警惕。这种发自内心深处的不安与恐惧，激发了不列颠民族对欧洲大陆的极端心理。要么认为欧洲是个无足轻重的地方，只是供英国人度假旅游的场所，要么认为欧洲是个野蛮而又缺乏文明的地方，到处弥漫军事冲突，一不小心就会让英国付出惨痛代价。所以英国人宁愿以一种高于欧洲人的心态来看待欧洲各国，希望自己能孤立于欧洲之外而又能干预欧洲事务，从而消解那种深深的恐惧和不安全感。

有别于德国人的思辨和法国人的热情与幻想，英国人崇尚务实，喜欢渐进，力求稳健，反对巨变。英吉利民族在处理重大问题时往往不是死抱原则，更多关注的是现实，对经验主义的思维方式有着自己的偏好。这种特有的思维方式和价值观念，对英国外交有着直接的影响。其在欧洲执行的均势政策，也必然受到传统思维的影响，这主要还是站在民族国家利益的现实主义立场上来加以考虑时，当欧陆平衡时，执行光辉孤立，出现势力不均衡时，便想法使其再平衡，甚至不惜使用武力。对于已经偏离自己设想的欧洲联合，英国是不会轻易加入的，但当这种联合非常成功时，英国也会不惜屈尊加入以维护自身利益。[①] 这也充分体现了英国人尊重传统，注重现实的民族特性，而这既是传统均势外交的延续，也是民族现实利益至上的延续。

任何一个民族，主权国家都是在民族意识和民族认同感产生的基础上才能真正形成。英帝国曾经的辉煌，在民族心理上留下了很深的积淀，也会牵制英国外交决策的养成。两次世界大战使英国失去了帝国的位置，但帝国心态却保留了下来。[②] 正因为这种帝国情结的存在，使得英国对欧政策存在一些虚幻，总认为自己是欧洲的主导者，有能力保持欧洲的均势，所以在欧洲联合的过程中，就出现和整体步调不协调的状

---

① Henry Kissinger, *The Troubled Partnership: A reappraisal of the Atlantic Alliance*, New York: Greenwood Press Reprint, 1965, p. 33.

② Paul D. Williams, *British Foreign Policy under New Labour, 1997 - 2005, Houndmills, Basingstoke, Hampshirep*, New York: Palgrave Macmillan, 2005, p. 4.

况。帝国情结已经成了英国人的一个沉重包袱，当然也会影响到政治家的理性思考，对欧洲内部实际状况有意无意进行忽视，很容易造成外交上的被动。

正是这种均势心理的影响，英国对欧洲大陆采取了几个世纪的均势政策。毫无疑问，从滑铁卢前的两个世纪，英国的外交就形成了一些总政策，反对任何谋求霸权的企图，主张推崇欧洲大陆各国势力均衡。[①]所谓均势，是指主要大国之间或小国集团与大国之间保持一种力量大致相当的状态。英国均势外交的基本思想是让欧陆国家相互牵制，英国采取灵活手段抑制、削弱试图称霸者或者潜在的称霸者，保持欧洲大陆的力量平衡。均势原则常常是和光辉孤立联合使用的，在欧陆相对稳定时，英国采取光辉孤立政策，不与欧陆国家结盟，静观其变，保持对欧陆列强的自由，进退有度；当有某一强国或国家集团威胁到欧陆和平时，英国则采用均势原则，扶弱抑强，使欧陆再回均衡状态。时至今日，均势政策依然影响着英国的外交。

二 均势政策的历史表现

30 年战争后，欧洲就基本延续了一种多极均势体系，这既有英国的努力，也是英国希望的结果。英国对欧洲大陆的光辉孤立政策既是与均势政策对应的处理欧洲事务的基本原则，也是其均势政策的一种最直观表现，通常情况下，在欧陆相对稳定时，英国就会摆出一副不干涉欧陆事务的姿态，实行光辉孤立，静观其变，并保持不与强国结盟的状态以使自己进退自如；一旦出现强国或国家集团，将要打破欧洲的力量均衡，让英国觉得国家利益受到威胁时，就会扶弱抑强，实行均势政策，维持欧陆国家的力量均衡以维护自身安全。这样既可以避免卷入大国冲突而保证英国的行动自由，又避免了对欧洲国家承担不必要的保障义务，进而扮演调停者的角色以实现本国利益的最大化。对于这一政策，时任英国海军大臣的乔治·乔基姆·戈申（George Joachim Goschen）曾有明确表述，"我们的孤立不是软弱的孤立，也不是给自己带来蔑视的

---

① Seton Watson, R. W. , *Britain in Europe* 1789 – 1914, Cambridge University, 1937, p. 35.

孤立，这是一种故意选择的孤立，在任何情况下，我们都可以按照自己的意愿，自由采取行动"。[1] 英国的光辉孤立有其特殊的地理位置因素，更有其强大实力做后盾，随着英国整体衰落，光辉孤立也就缺乏了生存空间。

　　一般认为英国于 20 世纪初放弃了光辉孤立政策，这个时间段也常被认为是英国对外政策的转折点。[2] 有人认为 1902 年的《英日同盟协定》是个标志，[3] 也有人认为 1904 年的《英法协约》和 1907 年的《英俄协约》是英国光辉孤立的终结。[4] 实际上，光辉孤立思想很难在某件事上就终结，英日同盟未改变英国对欧甚至其他地区的孤立状态，与法俄的协约也并未真能对英国构成约束，英国的均势战略，特别是对欧的继续孤立政策在 20 世纪里仍发挥着重要影响，包括对现在英国人的外交思维的影响。所以也有人认为，英国 20 世纪初签订的几个协约只是为了寻求与欧洲国家关系的某种微妙平衡，并不是对传统外交政策的背离，可以看作是对以前均势外交的拓展和延伸。[5] 但从光辉孤立存在的背景看，很多人认为英国在和平时期是不会与其他国家缔结具有军事责任和义务的条约的，如果按照这个理论推导的话，20 世纪初，英国与法国、英国与俄国所签的协约并不违背这一原则，英国与这两个国家签约的目的都是为了解决殖民地或利益关注区争端。英日同盟的建立看似有军事义务，但范围却只限于远东地区，只是一个区域同盟。双方建立同盟主要是有共同的需要，就是遏制俄国在远东的势力扩张。1905 年，英日续签同盟条约，英国既有针对俄国防止俄国对英属印度帝国威胁的意图，也有拉日协防的目的。[6] 英国执行光辉孤立有其历史合理性的一

　　① Christopher Howard, "The Policy of Isolation", *The Historical Journal*, Vol. 10, No. 1, 1967.

　　② Graham D. Goodlad, *British Foreign and Imperial Policy*, 1865 – 1919, London and New York: Routledge, 2000, pp. 71 – 72.

　　③ 吴于廑、齐世荣主编：《世界史·现代史》上卷，高等教育出版社 1994 年版，第 114 页。

　　④ 刘祚昌等主编：《世界史·现代史》，人民出版社 1984 年版，第 499—501 页。

　　⑤ Reynolds D. , *Britannia Overruled: British Policy and World Power in the Twentieth Century*, London: Longman, 1991, pp. 85 – 86.

　　⑥ 赵军秀：《简析 20 世纪初英国的"协约政策"》，《首都师范大学学报》（社会科学版）2013 年第 4 期。

面，但在国际形势出现深刻变化和英国衰落的现实中，再维持光辉孤立以求自身发展已变得不可能，相互依存的世界很难再有孤立主义的市场。

在18、19世纪，欧洲各国也基本上是按照均势原则行事，当某种均势被打破，就会有另外的均势来取代，比较典型的一次就是反对拿破仑战争。英国依靠自己的工业经济和海军优势，形成了对欧洲的战略优势，当拿破仑试图武力统一欧洲时，也就打破了当时的欧洲均势，这在英国看来是难以容忍的。所以，英国既竭力推动反法联盟的建立，也在其中扮演了领导者的角色。最终击垮了拿破仑帝国，建立了更符合英国利益相对稳定和均势的维也纳体系，这一体系甚至被称为均势的"黄金时期"。①

第二次世界大战中英国对德国的绥靖政策，其原因一直众说纷纭，大致有"维持和平"说、"军事不济"说、"制造舆论"说、"经济决定"说、"祸水东引"说、"上当受骗"说等。如果从历史渊源的角度分析，也可以把绥靖政策看成是英国和中欧国家合作，以维持欧洲均势的传统政策的持续。1814年的维也纳会议所确定的维也纳体系被认为是一个比较成熟稳定的均势格局，而实际上这种格局还是比较薄弱的，主要原因是东部的俄国和西部的法国实力比较强，中部以奥地利为代表的中欧国家偏弱，对于俄国在东部和近东的兼并及法国在西部的扩张，显得无能为力，导致欧洲局势仍处于动荡状态，这与英国的均势政策是不符的，所以英国认为和中欧国家的合作对保持欧陆均势有重要意义。19世纪60年代，俾斯麦的主持和推动促成了德国的统一，这一事件是欧洲版图的一次重大政治转折，与奥地利为代表的中欧相比，统一的德国实力要强很多，这与英国加强中欧、形成三足鼎立的战略构想相吻合，所以英国不认为德国强大是个威胁，甚至认为对其自身来说更有利。②

第一次世界大战，对所有参战国来说都是一场灾难，战后建立

① 刘德斌：《国际关系史阅》，高等教育出版社2009年版，第105页。
② ［英］约翰·劳尔：《英国与英国外交》，刘玉霞译，上海译文出版社2003年版，第80页。

的凡尔赛体系很像德国统一前的欧洲格局,俄、法强,欧洲大陆中间国家弱。虽然一战消除了德国的威胁,但与英国的欧洲均势政策是不相符的,所以一战后,英国尽力调整凡尔赛体系,恢复德国的地位和国际作用,希望欧洲格局重新回归平衡。对第二次世界大战前德国的扩张,英国一直采取模糊不清的拖延政策,也反映了英国的矛盾心态。对于绥靖政策,很多人认为主要是祸水东引,其实对于英国来说,德俄相持才更符合自己利益,两国开战,对英国也是一场灾难,[①] 因为一旦平衡被打破,就要重建新的平衡。绥靖政策的实质是凡尔赛体系不符合英国利益,英国希望寻找一个能替代凡尔赛体系的保持欧洲稳定格局的新秩序。虽然英国为对纳粹德国的绥靖政策付出了巨大代价,但从历史上看,也是英国联合中欧保持欧洲均势的政策延续。

除光辉孤立、绥靖政策外,三环外交、枢纽外交、英美特殊关系等英国惯用的外交思维和行动都在不同程度上体现了英国均势外交的精髓。

三 均势政策的本质

从本质上来说,均势政策的最终目的还是追求国家利益的最大化,对于英国来说,欧洲大陆的均势也就是自己的优势。这里主要解决两个问题,一个是作为一个岛国,面积狭小,面对一个令人恐惧、曾经多次欺负自己的欧洲大陆,怎样生存是一个问题;另一个是作为海洋国家,制海权是非常重要的,也就是所谓的发展问题。

均势政策的最常见表现是英国光辉孤立政策,但也不唯光辉孤立。欧陆领土争夺的失败,在英国人心理上留下了深深的烙印,他们对历史的认知和感情通过教育和媒介的影响逐渐沉淀下来,这种感情常常比陆地国家,比如法国要强烈得多。[②] 对生存的恐惧也加强了民众的焦虑和不安全感,使得他们既不愿再染指大陆,又害怕欧陆出现某一强大国家

---

① Taylor, A. J. P. , *English History*, 1914 – 1945, Oxford University Press, 1976, p. 416.

② Johnson, D. , *Franco is Crouzet and Franco is Bedarida Britain and France Ten Centuries*, Wm Daw son & Son Ltd. , 1980, p. 13.

或国家集团对其利益构成威胁，所以英国采取的是适时干预政策而不是消极保持孤立的政策。多年的经验积累和心理沉淀，深深的生存恐惧逐渐成为一种集体无意识存在于英国民众内心深处，影响着英国的外交心理与行为。

海洋思维是基于海洋地缘优势而进行的一种战略思维，是以海洋为舞台来谋求国家利益的思维形式。这种思维往往具有进取、开放、冒险、探索等精神，充满着开拓进取与征服的欲望。一般而言，大陆国家的居民比较安土重迁，不太愿意到海外谋生，同时政府也不鼓励甚至限制居民海外贸易或海外扩展。英国作为一个岛国，一旦争夺大陆失利，把目光投向海洋也就成了必然选择。与最早建立海洋霸权的西班牙和号称海上马车夫的荷兰相比，英国具有更好的地理优势。作为一个海岛国家，它可以少受欧陆事务的纠缠，静观欧陆国家的争霸而坐收渔翁之利，并利用欧陆大国间的矛盾，发展自己的海洋事业，拓展海外贸易，逐渐走上海洋强国之路。海洋思维策略使得英国日益强大，这也为英国得以推行均势政策提供了经济基础。

一旦生存得到满足，发展便提上了日程。进可攻退可守的独特地理位置使英国在一定程度上得以自保，但不足以消除生存顾虑，作为一个海洋国家，发展海洋事业，争夺制海权是英国发展的必由之路。正是基于这种考虑，英国发展建立了世界上最为强大的海军，占领广大殖民地，保证了英国经济的腾飞，这也是英国光辉孤立的资本。绥靖的一个重要原因就是英国保持制海权，当时英国的构想是自己控制海权，通过英德合作保持欧洲稳定，而给德国的条件是允许其合并欧洲所有日耳曼人聚居地区，这在哈里法克斯 1937 年 11 月和张伯伦 1938 年 9 月与希特勒会谈中都曾谈及。[①] 所以，如果说英国外交是现实主义的话，这也是其出于维护本国利益的需求，当然这种需求的满足可能会伤及邻国甚至自身的利益。生存与发展是任何国家的不二法则，也是英国均势政策的本质所在。

---

① 李巨廉、王斯德：《第二次世界大战历史文件资料集（1937. 7—1939. 8）》，华东师范大学出版社 1985 年版，第 68—79、276 页。

第三节 均势政策的心理解读

英国从 17 世纪以来，对欧洲大陆采取的政策核心是两项内容，一个是拥有保持优势的制海权，一个是维持欧洲大陆的均势。对于制海权，主要靠的是实力，方法相对简单，近代以来英国对欧政策更为人所关注的是均势外交政策。制海权是为均势政策做后盾，没有制海权也就没有英国的强大，没有国力的强大，均势政策也就难以达到英国维护国家利益的目的。而均势政策之所以被英国历届政府所重视，源于英国历史传承下来的在民众心理中沉淀的思维定式。

一 心理学中思维定式

心理学对人的思维有较为系统和深入的研究，就概念分析上认为，"思维是借助语言、表象或动作实现的、对客观事物概括的和间接的认识，是认识的高级形式。思维能揭示事物的本质特征和内部联系，并主要表现在概念形成、问题解决和决策等活动中。它揭示事物之间的关系，形成概念，利用概念进行判断、推理、解决人们面临的各种问题"[1]。思维定式则一般是指人在思维过程中形成的，一种影响后继活动趋势的准备状态，一般是指大脑皮层中某种固定的联系，又被称为思维习惯性。"人们在接收到能够吸引自己注意力，并且可能会关注的信息的时候，会以自己当时所集中关注和考虑的问题作为定势内容，并且是以此来解读自己接收到的信息内容。"[2] 从认知心理学上讲，人对认知容量的处理是有限的，更愿意处理能被自己感知和理解的信息，对那些不太容易接收和理解的信息，可能会进行筛除，留下那些自己愿意接收的内容。这种现象从记忆角度探讨，可以称之为选择性记忆，从认知角度可以视作定势信息，从思维角度就是定式思维。随着时间的推移，定势信息也就逐渐稳定于人的思维中，并渐成习惯，当以前的定势在类

---

[1] 彭聃龄主编：《普通心理学》，北京师范大学出版社 2012 年版，第 280 页。
[2] ［美］罗伯特·杰维斯：《国际政治中的知觉与错误知觉》，秦亚青译，世界知识出版社 2003 年版，第 14 页。

似的环境中展现时，人们就会产生一些自然甚或本能的行动，这正是定式思维使然。

思维定式具有双重性，一方面因为思维定式的存在可以让人们很快掌握知识和经验，并在实际中运用，缩短思考时间，提高思考效率；另一方面又容易导致人们的思维沿着固有轨道前行，阻碍了灵活性和创造力的发挥，把人的思维引入僵化、固定、狭隘，不求变化的歧途。比如英国各项改革的成功和英帝国的建立，增强了英国人的自信，也满足了他们对安全感的需要，逐渐形成英国是个大国的思维定式。苏伊士运河危机的发生，使英国清醒地认识到自己不可能再维持一个帝国，而没有美国的支持，英国也失去了独立采取军事行动的能力。但对于英国已经不是一个大国，而是一个二流甚至三流国家的说法，他们是不愿接受的。时任首相哈罗德·麦克米伦（Maurice Harold Macmillan）在苏伊士运河危机后首次以首相身份进行广播时明确指出，"不管过去还是现在，英国都是一个伟大的国家，只要我们团结一致，努力做好工作，英国将来也一定能够继续保持伟大"①。

安全感的满足是英国外交的一个思维定式，在满足安全需要的手段上，妥协也是英国外交的一个思维定式。岛国心理在英国历史发展演进过程中一直扮演着重要角色，早期的英国在退出大陆争夺后，常常能以超然的心态旁观欧洲大陆的变化。但英国国内也不是风平浪静的，在宗教方面，有天主教、代表温和改革派的国教和代表激进改革派的清教，在政治上有因为权力分配而进行激烈斗争的国王和国会。三个宗教派别和两个政治团体，都坚持自己的原则，再加上苏格兰和爱尔兰的介入，英国于1642—1660年爆发了内战。惨烈的内战和残酷的战争创伤让英国人害怕了，促使他们进行更深层次的反思，走上了英国特色的现实和功利，用妥协来调节对原则的坚持。英国的光荣革命其实是宗教理念之间、政治原则之间等多种斗争的结果，之所以请来一个在英国人看来是个外人的荷兰人奥兰治·威廉三世（荷兰语：Willem III van Oranje）来统治英国，一个重要原因恐怕是其更易接受权力的约束，也是各种意识

---

① Robert Self, *British Foreign and Defence Policy Since* 1945: *Challenges and Dilemmas in a Changing World*, Basingstoke: Palgrave Macmillan, 2010, p. 4.

形态寻求妥协的结果。威廉与国会订立的《权利法案》，标志着英国君主立宪的开始。在那个坚持原则的时代中，在一个互不相容的世界里，英国寻找到了妥协和约束的真谛。岛国心理那种复杂的矛盾特性，在这里也得到了很好体现。

二　思维定式与均势传统

地理要素在一个国家的对外战略中有着非常重要的作用，既制约着一国的经济发展，也会对国民的心理产生重要影响，同时影响着国家的大政方针和对外关系的走向。一个国家的地理和经济对于民族性格的形成有着重要影响，这也正是地缘政治学产生的根本原因。

随着英法百年战争的结束，英国在政治上开始与欧洲大陆相分离，走上了自主发展的道路。这既是地理上的分离，也是地缘政治意义上的分离，更为英国岛国心理的形成烙下深深的印记。英国从此成了"一个独特的岛国，立身于欧洲大陆之外，不再是欧洲世界的离岸或者延伸之所在"[①]。

唐世平教授曾提出"社会进化范式"，认为人们会对观念进行过滤和选择，只有那些被选择的观念才能最终成为政策和变成实际的行为，并且认为那些被选择的观念会通过垂直遗传的方式传递给下一代或者是通过水平遗传的方式进行族群扩散。[②] 这和本书所主张的民族心理具有遗传性是一致的。从英国的民族心理上讲，其独特的岛国地理位置和发展历程，形成了独具自身特色的岛国心理，这种岛国心理影响着英国的历史、语言、法制等，也形成了英国独特的外交传统，如均势外交、特殊关系、三环外交等。连英国人自己也承认岛国心理的影响，第二次世界大战期间英国外交大臣罗伯特·安东尼·艾登（Robert Anthony Eden）就曾明确表达，"英国的历史首先是一部海岛史，不管现代化的战略和武器有多大影响，英国民众的思想和传统延续的都是岛国之民的

---

① Trevelyan, G. M., *English Social History: A Survey of Six Centuries from Chaucer to Queen Victoria*, Harmondsworth, England: Penguin Books, 1986, p. 14.

② 唐世平、龙世瑞：《美国军事干预主义：一个社会进化的诠释》，《世界经济与政治》2011 年第 9 期。

心理"①。岛国心理和历史经验让英国人觉得欧洲大陆充满了冲突甚至会使英国蒙受巨大损失，在感情上有种根深蒂固的与欧洲大陆分开的习性，这种分离不仅仅是地理位置上，更多体现的是民族心理以及文化和历史。② Xenophobia（对外国人的憎恶或恐惧）作为一个希腊词汇，却被英国人进行了现实注解。

新航路的开辟，使世界贸易中心由地中海转移到了大西洋沿岸，英国的地理优势、岛国环境，以及海洋战略为其带来了巨大好处，这使海洋地缘战略逐渐成为了英国外交的思维定式，英国的外交也因而带有浓厚的地缘色彩，英国的价值取向和外交风格也深受这种思维定式的影响。伊丽莎白一世给英国带来的强大加上英国民众固有的岛国心理的影响，使均势政策成为英国外交的成功范例，也使英国人把这一外交特点奉为圭臬，既成为了英国外交的传统，也成为了英国外交的定式思维。

英国特定的地理环境和历史经历形成了英吉利民族的岛国心理和特有的政治文化，在思想传统上重视历史经验，体现在外交上就是实用主义，③ 而这种实用主义用在对欧事务上，就成了英国历来信奉和运用的均势外交，甚至被认为是欧洲强权均势的最大认同者。④ 英国历来反对欧陆中一个或几个国家联合来控制欧洲，一向把欧洲均势视为自身安全的重要保证。在不同时段通过扶弱抑强、光辉孤立、离强合弱等方式，维持欧洲的均势，并把自己标榜为均势的操纵者。一旦均势被打破，英国甚至不惜诉诸武力促使欧陆再成均势，为此曾先后卷入拿破仑战争、对路易十四的战争、两次对德战争等。而均势外交的结果也让英国收获颇大，使英国获得了安全稳定的外部环境，经济也得到了较快发展。均势外交概念在理论上取得了很大成效，在英国外交实践中也取得了成功，经过长期历史积淀，逐渐成为了一种文化，深深扎根于每个人的内心深处。

从伊丽莎白一世出于民族利益而非宗教信仰进行务实外交开始，英

---

① Robert Anthony Eden, *Memoire*: *Full Circle*, London: Cassell, 1960, p. 168.

② Hanrieder, W. F, Auton, G. P, *The Foreign Policies of West Germany*, *France and Britain*, *Englewood Cliffs*, New Jersey: Prentice Hall Inc., 1980, p. 230.

③ 陈乐民主编：《西方外交思想史》，中国社会科学出版社1995年版，第39页。

④ Alan Bullock, *Ernest*: *Foreign Secretary* 1945 – 1951, London: Hsinfmann, 1983, p. 4.

国现代意义上的均势政策已经延续了几百年。18、19 世纪是均势外交的巅峰时期，20 世纪的英国，一直延续着欧洲均势的外交战略思想，总想尽可能置身于欧洲事外。当然，虽然英国人看似对海峡那边的邻居没有多少感情，但还是难以否认自己是欧洲民族，并一直希望能在欧陆事务上扮演重要角色。① 不管英国人如何看待欧洲大陆上的居民，传统中的均势政策形成英国外交的思维定式成为了不争的事实，虽然当今英国对外交均势政策进行了很多理性思考，但这种思维定式的影响仍然存在，并在当代英国外交中发生作用。

三　思维定式与均势政策的前景

英国史学家罗伯特·威廉·希顿—沃森（Robert William Seton-Watson）认为英国在滑铁卢之前的两个世纪以来总体政策是谋求欧洲大陆势力均衡，出于本能会反对任何企图谋求世界霸权的国家，不管这个国家是谁。② 至于这种本能是什么，希顿—沃森没有进行解释，其实他所谓的本能更多的就是英国岛国心理所带来的不安全感。

英国之所以能够对欧洲大陆实行均势政策，从现实角度讲，既得益于其独特的地理位置，也与强大的海军后盾密不可分，同时还有其因最早工业化而建立的经济优势做保证。岛国环境和优越的海上优势，让英国有机会以旁观者的姿态来对待欧陆国家，而在欧陆国家，结盟对象以国家利益为核心展开合作，英国因为其优越的地缘政治为其制定均势政策提供了可能。而对于欧陆其他国家来说，因为复杂的地缘关系，彼此之间难以避免纠纷的产生。③

英国的岛国位置所造就的海洋和地缘优势，使英国逐渐形成了岛国心理思维定式，这种思维定式的特征是保持欧洲大陆强国均势，保持制海权来强大自己。英国长期奉行的均势政策之所以能够执行，正是客观上强大的海军力量、工业化的巨大经济成就、独特的地缘环境和主观上

---

① Eliga H. Gould, *The Persistence of Empire British Politicial Curlture in the Age of the American Revolution*, The University of North Carolina Press, 2000, p. 4.

② Seton-Watson, R. W., *Britain in Europe* 1789 – 1914, Cambridge University, 1937.

③ Gourvish, T. R., A lano' Day, *Later Victorian Britain*, 1867 – 1900, New York: St Martin's Press, 1988, p. 54.

不列颠民族的海洋思维和性格等诸多因素综合影响的结果。但当这些因素下降甚至消失时，英国传统均势战略基础也就丧失了，势必要有新的战略作为替代。在特定的地理环境和时代背景下，要有切合实际的外交战略以尽可能维护本国利益。

战后两大阵营的冷战，在一定程度上讲也是英国推行均势政策促成的。英国之所以成为冷战的急先锋，① 是受其均势思想影响的。第二次世界大战阻止了德国对欧洲的军事统一，但却又要面临另一个强大集团——苏联的威胁。② 所以当时英国采取了两个手段来保持欧陆的均衡，一是离强合弱，希望欧洲联合起来对抗苏联，二是拉美入欧，采取孤立政策保持欧洲力量的均衡。外交的依托是一个国家国内政治、经济发展的状况和趋势，战后的英国已经没有了其帝国地位的支撑实力，均势政策的效果也当然会大打折扣，但不会像一些学者认为的那样英国从现实出发进行了战略收缩，"到一战以前，战略收缩结束，也标志着均势外交政策的终结，也意味着均势外交走向尽头"③，受定式思维的影响，英国的均势思想的影响还是存在的，而且会长期影响英国的外交。

小　结

百年战争失败后，英国选择了韬光养晦，专心经营自己的事务，形成了岛国特色。而此时的欧洲大陆，特别是随后到来的 16 世纪，可谓乱象纷呈。此时的教会已经很腐败。法国百年战争胜利后，逐渐恢复了元气并雄心勃勃地出现在欧洲大小舞台上。由多个小国组成的神圣罗马帝国，因为德意志民族意识的开始抬头，慢慢形成欧洲的火药桶。西班牙帝国形成，对欧陆各国造成威胁，它想扩大自己的势力范围，当然也必然遭到其他国家的抵制。意大利形成了不少富裕的城邦，但是因为缺少强有力的军事集团的保护，周边大国都想染指，所以在意大利形成了另一个火药桶。

---

① 程佩漩、崔剑：《试论英国与冷战的起源》，《扬州大学学报》1998 年第 1 期。

② Alan Bullock, *Ernest: Foreign Secretary 1945 - 1951*, London: Hsinfmann, 1983, p. 12.

③ 曹瑞臣、赵灵燕：《地缘战略透视：英国传统均势外交理念的成因与实践》，《大庆师范学院学报》2010 年第 4 期。

　　欧洲大陆一派纷争景象，在客观上给英国发展海洋事业提供了空间，经过多年经营，英国一跃成为最强海洋国家，并建立广阔的殖民地，从一个小岛国发迹，成了一个日不落大帝国，主宰世界 200 多年。有数据显示，"到一战前的 1914 年，英国拥有 3350 万平方公里的殖民地，相当于英国本土面积的 137 倍，殖民地人口 3.935 亿，相当于英国本土人口的 8 倍"①。超级大国的地位和全球霸主的成功，让英国人的不安全感得到有效释放，同时也成了巨大的心理负担，既不希望也不愿意放弃世界大国的抱负，希望能一直强于欧洲、超然于欧洲，这有殖民帝国成功的因素，也有其他引以为傲的东西，诸如反对奴隶贸易、《大宪章》、《权利法案》、光荣革命以及自由、法治等，更为深刻的原因则是隐藏于民众内心深处的不安全感，希望帝国能一直强盛，避免再遭欧陆大国的欺负。从国际现实上看，帝国给英国带来双重影响，积极方面是使英国具有了全球视野，消极方面则是增强了英国与欧洲大陆保持一定距离的心理，行动上也难以彻底融入欧洲一体化进程。

　　有了雄厚国力支持的英国也因常年大陆领土争夺的失败而对欧洲大陆土地彻底失去信心，转而采取的是保持欧洲均势策略。纷扰的欧洲大陆争夺的结果必然会出现某个大国或国家集团，这会唤起英国曾经遭受欺凌的记忆，所以他们不愿看到个别国家独霸欧洲，最好的方法当然就是在欧洲大陆形成大国或国家集团之间的均势，使这些大国无暇觊觎英国，进而保证英国安全，维护本国利益。均势政策经过伊丽莎白一世及后世多届政府的实践，给英国带来巨大好处，也逐渐成为英国外交的思维定式。面对当今日新月异的世界，均势政策和均势心理在英国外交中仍然存在，但需要进行重新审视和调整，对影响英国外交的定式思维更需要加以理性分析和认真对待。

----

　　①　王振华：《英国》，社会科学文献出版社 2003 年版，第 88 页。

第四章　英美特殊关系与不安全感的
　　　　释放策略

英美关系在近现代英国对外关系中具有重要地位，英国曾是美国的宗主国，两国也曾有过兵戎相见的历史。英国从当初的宗主国变成现在的美国"小伙伴"是一个渐进的过程，经历了长期的磨合和互动才最终构建起现在的特殊关系。构建和维持与美国的特殊关系，既是英国出于现实考量而做的选择，也是为岛国心理的不安全感寻找释放途径的策略。英国在强大时保持欧陆均势借以自保，当自身不再强大时，寻找一个可以信赖的靠山也是获得安全感的一个重要手段。

第一节　英美特殊关系的由来

英美特殊关系一词最早出现在第二次世界大战期间，当时是为了描绘英美战时亲密同盟，后来发展成兼对战后英国外交的战略设计。最早明确这一提法的是丘吉尔，他在 1944 年 5 月 24 日下议院"三大实体"计划和"三环外交"轮廓勾画中首次提出，1946 年 3 月 5 日在美国富尔顿的威斯敏斯特学院（Westminster School）发表的著名演讲"和平砥柱"中明确提出为了应对共产主义的无限扩展，英美应该携手共同应对挑战和威胁，建立特殊的英美关系。这个演讲既宣誓了英国对英美特殊关系的看重，也是英美特殊关系的公开宣言。丘吉尔之所以大事宣扬地提到英美特殊关系是与英国衰落的现实密不可分的，第二次世界大战后，美国取代英国一跃成为世界一流强国，丘吉尔为维护英国大国形象，最现实的做法就是抱紧美国大腿，借助美国的强大来维持住英国的国际形象，采取的外交手段就是推出英美特殊关系政策。1948 年 10 月

9 日保守党年会上，丘吉尔明确阐述了三环外交原则，以期进一步推动英美特殊关系的发展。[①] 当然，盎格鲁—撒克逊自由、文明共同继承人的身份也使英国民众在心理上更容易接受英美特殊关系的论调，有学者认为这就是英美特殊关系的发端。[②]

英国不论是历史上还是地理上都是一个欧洲国家，民族利益和政策重点也主要在欧洲。但近代的成功使这个昔日帝国一直不愿把自己的作用局限在欧洲，当自己不再具备世界帝国的影响力时，希望借助英美特殊关系来对世界施加影响。英美特殊关系是一把双刃剑，处理得好能增加英国在国际舞台上的分量，提升其国际影响力；处理得不好，就可能损害英国自身形象，甚至连其在世界事务中的独立地位也会被削弱，为其带来致命的负面影响。

一　帝国衰落的现实

两次世界大战对英国的冲击很大，英国除了遭受经济的巨大损失外，在人口、政治、文化等诸多方面都有不同程度的破坏，也直接导致了英帝国的衰落和英国国际地位的下降。仅第一次世界大战，英国就死亡 93 万人，一半男性壮丁消亡在战场上。两次世界大战催生了殖民地、半殖民地民族解放运动的兴起，使具有殖民帝国倾向和传统的大英帝国受到沉痛打击。

英国在第一次世界大战中就经受了沉重打击，随之而来的世界经济危机更是使英国经济严重受损，而第二次世界大战的打击则进一步把英国经济推到了崩溃的边缘。数据显示，"第二次世界大战消耗了英国 73 亿英镑财富，这一数字占到了英国国民总财富的四分之一，战时军费开支更是高达 250 亿英镑，英国国债也由 1939 年的 72.5 亿英镑，增加到战时的 214.7 亿英镑。另外，英国为应对战争，把自己 42 亿英镑的海外资产也变卖了"[③]。英国在第二次世界大战开始前采取备受诟病的绥靖政策，从某种意义上讲，也是英国经济萎靡状态下的无

① Robert Rhodes James, *Winston Churchill: His Complete Seeches* 1897 – 1963, Vol. Ⅵ, Chelsea House Publishers, 1974, pp. 694 – 712.

② 胡杰：《英美海洋联盟：历史与理论分析》，《太平洋学报》2012 年第 5 期。

③ 陈乐民主编：《战后英国外交史》，世界知识出版社 1994 年版，第 22 页。

奈选择。第二次世界大战爆发后，英国为了保家卫国，很快就耗光了国库，只好向美国求助，美国国会也于 1941 年 3 月批准了《租借法案》，使得英国的抗战得以继续。虽然英国取得了反法西斯的胜利，但在战争后期就已经由世界上最大的债权国变成最大的债务国了。以自由贸易闻名的英国战后出口量还不及 1931 年的三分之一，财政赤字危机更是连年不得缓解。"1945 年的赤字是 7.04 亿英镑，以后的四年分别为 3.86 亿、6.52 亿、4.96 亿和 4.88 亿。"①

英联邦的联邦特惠制在战后初期曾使英国获得很多利益，随着战后国际多边贸易的发展和资本主义国家经济的逐步恢复，加上美、日和西欧的渗透和竞争，英国在英联邦市场上的地位被削弱，联邦特惠制也趋向解体。战后英国采取了一些恢复经济和进行产业结构调整的措施，使英国经济逐渐走上正轨，西欧经济共同体的巨大市场给英国提供了出口机会，这些都使英国减少了对英联邦市场的依赖。而英联邦其他国家的发展，如老牌成员加拿大等成了发达资本主义国家，新兴国家又在大力发展民族工业，英国狭小的国内市场满足不了这些国家的需要。英国与联邦其他成员国在经济方面的分歧便不可避免，更让英国头疼的是这些分歧会继续增大而不是变小。② 英联邦国家纷纷调整自己的对外经济关系，向美、日、欧共体等寻求帮助，以期找到出路，英联邦特惠制于是到 1977 年年底正式寿终正寝。

英镑区的解体是英国经济衰落的另一表现。英镑区对英国经济的恢复和发展曾起过非常重要的作用，随着国际形势的变化和英国控制力的下降，英镑区也逐渐失去了光彩。英镑区地位的下降是多方原因造成的，比如美国对英国殖民地的渗透，殖民地国家的陆续独立，英国为自身需要与西欧贸易的加强等，核心因素还是英国控制力的下降和英联邦作用的减退。20 世纪 60 年代，英国和西欧的贸易便已超过英镑区，英镑区国家也纷纷把自己的货币和英镑脱钩，转而与美元挂钩，到 20 世纪的 60 年代末，随着资本主义世界货币金融危机的普遍爆发，英镑区

---

① David Sanders, *Losing an Empire*, *Finding a Role*, Houndmills Basingstoke, Hampshire: Macmillan, 1990, pp. 48 – 49.

② Alex May Britain, *The Commonwealth and Europe*: *The Commonwealth and Britain's Applications to Join the European Communities*, Palgrave Publishers Ltd., 2001, p. 128.

已经难以为继。1972 年 6 月 27 日，英格兰银行把英镑的法定有效区域进行了重新界定，限定在英国和爱尔兰，这也就意味着英镑区的彻底解体。

英联邦特惠制和英镑区之所以能够建立，说明当时英联邦国家对英国的需要，这也曾是英国和英联邦国家建立密切联系的纽带。英联邦特惠制和英镑区的崩溃准确无误地告诉人们英国的国际影响力正在下降的事实，也让英国无可奈何地承认自己已经沦落为像法、德一样的二流国家，甚至还排在法、德的后面。这也表明英国的辉煌已经成了过去，英联邦不再需要英国的保护，英国对英联邦国家的影响已经甚微，其国际地位也大不如从前了。[①]

其实，英国国际地位的下降早在战后初期便已显现。1951 年 9 月，作为英国老自治领的澳大利亚和新西兰背着英国与美国签署了《澳新美安全条约》，两国把国家安全交给了美国，不再寻求英国的庇护，这虽然让英国大为恼火，却又无可奈何，表明英国的皇家海军能给两国带来的安全已经不能让人放心，所谓的百年战略被正式废弃。[②] 1956 年 7 月爆发的苏伊士运河危机，英国联合法国和以色列出兵埃及，它本以为英联邦国家会像两次世界大战那样支持自己，结果却是除了澳大利亚和新西兰做了口头表示外，别的英联邦国家不是保持中立就是给予谴责。英国在灰溜溜地从埃及撤军的同时，丢掉的已经不仅仅是大国面子的问题，其国际影响的下降已成为不争的事实。

二　第二次世界大战后的国际现实与英国依附战略的选择

岛国心理是与英国民族认知、民族感情分不开的。在对英国地位以及英国与欧美关系定位中，都反映出了英国民众的认知和情感。英国人普遍认为自己是个大国，英国智库查塔姆研究所（Chatham House，正式名称为皇家国际事务研究所）和民调机构舆观调查网（YouGov）

---

① Howard Temperley, *Britain and America since Independence*, Hampshire: Palgrave, 2002, p. 193.

② 计秋枫、冯梁：《英国文化外交》，世界知识出版社 2002 年版，第 406 页。

2010—2012 年联合民调结果显示，大多数英国人认为英国应该成为大国。[①] 有学者就此分析，英国人即便是认识到自己领导世界的时代结束了，也不会接受外国人的领导，所以“接受美国领导可能是战后英国外交的一个例外”[②]。不过，这也正反映了英国外交的矛盾心态，反映出岛国心理对英国外交行为的影响。在对美国的情感认同上，英国人的心理是普遍亲近的，与欧洲相比，英国将与美国的双边关系置于同欧洲国家的关系之上。[③] 撒切尔夫人甚至多次提到，所有问题都来自海峡，所有解决方法都来自大西洋。[④] 对于同欧洲的关系，英国民众的心理相对于美国来讲是比较疏远的。不仅民众，英国首相们也是经常把对跨大西洋团结置于推进欧洲联合之前，[⑤] 彼得·里德尔（Peter Riddell）在他的《他们紧抱一处：布莱尔、克林顿、布什和“英美特殊关系”》一书中对这一观点进行了论述。对美国的民族认同使英国更愿意在难以强大自存的情况下选择美国作为靠山，采取依附战略来减轻民众的生存危机焦虑。当然，英国依附战略的选择还有很多其他因素。

早在 19 世纪末，英国就已面临美、法、德、日以及俄罗斯等实力强大国家的挑战，这时候的英国因实力和控制力的下降，要想继续握有世界主导权已经不可能，从全球角度讲，英国与美国的冲突比与其他强国的冲突相对会少一些，随着美国国力的进一步增强和英国衰退的加速，体面默许美国拥有世界主导权也许更符合英国的利益。[⑥]

第二次世界大战期间，美国在英国抗击德国法西斯的关键时刻通过的《租借法案》为英国提供了大量的物质帮助，甚至在后来直接参加

---

① Jonathan Knight, Robin Niblett, Thomas Raines, “Hard Choices Ahead: The Chatham House-YouGov Survey 2012”, July 2012 (http://www.chathamhouse.org/sites/default/files/public/Research/Europe/0712ch_ yougov_ surveyanaly.pdf).

② 冯仲平：《从卡梅伦“威胁退欧”看英国外交》，《欧洲研究》2013 年第 1 期。

③ Rhiannon Vickers, *The Labour Party and the World: the Evolution of Labour's Foreign Policy 1900 – 1951*, Manchester: Manchester University Press, 2003, p. 12.

④ ［英］蒂莫西·加顿·阿什：《自由世界：美国、欧洲和西方世界的未来》，张宁译，东方出版社 2009 年版，第 26 页。

⑤ Peter Riddell, *Hug Them Close: Blair, Clinton, Bush and the “Special Relationship”*, London: Politico's, 2004.

⑥ ［澳］休·怀特：《中国抉择：美国为什么应与中国分享权力》，樊犇译，世界知识出版社 2013 年版，第 207—208 页。

了反法西斯的阵营，最终取得反对法西斯的胜利，这一现实让英国看到了美国的能量，也为英美特殊关系提供了新的机遇。[①] 英美特殊关系虽然是第二次世界大战的产物，也不可否认其悠久的历史文化渊源。英美两国的文化源头都可以追溯到盎格鲁—撒克逊文化时期。1492 年 10 月哥伦布到达美洲大陆时，美洲的主人还是印第安人，随着新航路的开辟，大批英国人源源不断涌入美洲大陆，同时欧洲其他国家的殖民者也加入到这个队伍之中，这些人逐渐建立起大大小小的殖民地。在这些殖民地中，英国的政治、法律、信仰、价值观、风俗习惯等得到承袭，英语成为通用语言，盎格鲁—撒克逊文化成为美利坚民族的文化基础。所以，美国的语言、宗教、法律、价值观念、政治思想和体制等，都和英国是一脉相承的，这也为英美特殊关系提供了文化基础。英美两国在两次世界大战中并肩作战，成功挫败了德国主宰欧洲的图谋，完全符合英国欧洲均势的心理和现实需求，满足了岛国心理对安全的渴望。所以，当第二次世界大战结束后，美国和苏联两个超级大国同时挑战英国的大国地位时，英国宁愿将头把交椅交给美国，而不是苏联，[②] 这除了英国人把美国看作是英帝国的一个分支外，避免欧洲大陆出现诸如苏联这样在欧洲独大的国家更符合英国的需要。

当然，英美特殊关系的产生也有一些现实的因素。首先是语言的相通，既是英美血缘文化的纽带，也增加了两国人民的亲近感，便于两国经贸、学术等方面开展广泛的交流。其次是战争的创伤使得英国离不开美国的帮助。第二次世界大战几乎耗尽了英国的金银储备，商品市场也破坏殆尽，没有美国的帮助其难以实现国家的迅速重建。[③] 最后是战后的欧洲，无法对抗强大苏联的威胁，面对苏联企图把他们所控制的欧洲大陆中的一部分剥离出去的现状，[④] 英国既焦虑又无奈，这种局势迫使

---

① 计秋枫、冯梁等：《英国文化与外交》，世界知识出版社 2002 年版，第 428—429 页。

② Ritchie Ovendale, ed., *The Foreign Policy of the British Labour Government*, 1945 – 1951, Leicester: Leicester University Press, 1984, p. 4.

③ John, M. A., *History of Modem Europe VolumeⅡ: From the French Revolution to the Present*, London: W. W. Norton & Company, 1996, p. 129.

④ Warren, C., *The Cambridge History of American Foreign Relations*, New York, 1993, p. 29.

英国无奈选择英美特殊关系。

一个综合国力降为二流的国家想在国际交往中发挥一流国家的作用，与一流国家建立紧密关系并通过影响一流国家来提升自己的国际地位就成了一种很好的选择，当然，这还涉及一个一流国家愿不愿意被影响的问题。随着冷战的结束，美国成了世界上唯一的超级大国，在政治、经济、军事等各方面，实力都大为增强，远超其他国家。实力不济的英国，针对美国独大的现实，通过英美传统特殊关系，发挥英国世界大国的作用就成了英国追求的目标，也影响着英国外交战略的制定。

第二次世界大战后，英国历届政府或多或少地遵循丘吉尔所设想的三环外交思想，只是不同时期有所调整而已。丘吉尔的这一外交思想，就是以英美特殊关系为基础，希望通过法德和解来推动欧洲恢复均势，他更想通过原有的殖民体系来恢复其在第二次世界大战后被严重削弱的国际地位，从深层次上来讲，实在是一个衰微大国无奈的选择。英美特殊关系既是三环外交中的基石，也是英国外交的政策重点，利用美国发挥英国的大国作用，通过影响美国来影响世界的外交策略也被战后英国历届政府所运用，有了英美特殊关系，三环中的第一环才可以巩固，第三环才可以更好地建立。所以，英美特殊关系也就成了英国外交的重要支柱。一个实力二流的国家想要发挥一流国家的作用，一个很好的选择就是接近一个最强大的一流国家，获得进言献策的特权，通过影响最强国家的对外政策来提高自身国际地位。问题在于，处于最优和最强地位的国家，有没有对进言者的需求和意愿。

三 国际形势的变化与英美特殊关系面临的挑战

英国历来奉行的是实用主义的外交政策，"所谓的英美特殊关系并不是其外交的目的，充其量只能算是一个外交手段而已，从某种意义上来讲是英国为了施展外交才能建立自己舞台的一个创造，所谓的英美特殊关系，只是英国发明的一个外交工具"①。

---

① Reynolds, D., Roosevelt, "Churchill and the Wartime Anglo American Alliance, 1935 – 1945: Towards a New Synthesis", in H. Bull and W. R. Louis, eds., *The Special Ralationship: Anglo-American Relations since 1945*, Oxford: Clarendon, 1986, pp. 85 – 86.

英国与美国结盟当然不是为了接受美国的领导，只是想借此保持同美国的平等地位。战后英国保持同美国的特殊关系主要是为了应付苏联的军事威胁，苏联解体后，英国继续保持英美特殊关系是为了维护国际事务中的大国地位，获取更多的发言权。战后的历史经验证明，英美特殊关系确实让英国的国际威望得到了一定程度的保持，从某种程度上达到了早期设定的目标。不可否认的是，英国为维系这种特殊关系，付出的代价也很大。为了得到美国的信任，英国作为弱势一方，不得不做出更多的努力，而这些努力并不是英国的义务。① 冷战胜利后的美国，作为唯一的超级大国，意气风发，一味推行单边主义，英国的进言者角色是很难扮演的。

因为实力的下降，三环节点的构想也只是英国的一厢情愿，在现实外交中经常碰壁。英国也从苏伊士运河危机中更清晰地认识到自己的地位，离开美国，它很难有所作为。所以英国常常用英美特殊关系来对自己的外交进行基础定位，并希望通过美国的国际影响力来提升自己的地位。但对这种特殊关系，英美两国却有不同的认识和理解，即这种提法通常是英国多美国少。美国并不是想给英国与其相平等的地位，而是处处打压和控制。在经济上多方渗透，比如在制订和执行重建欧洲的马歇尔计划时，美国要求英国向美国提供财经情报，同时还要接受美国的监督；在军事上把英国置于小国地位，除了在核武器上欺负英国，还在英国本土建立军事基地；在对待英国殖民地问题上，更是通过各种手段在世界范围内对英国进行排挤。从中不难看出，所谓的英美特殊关系，是英国自己制造的一个梦境，英美的出发点不同，各怀心事，英国虽一味鼓吹，仍遮盖不了英国外交可怜可悲的处境。

英国在很多国际事务中都是唯美国马首是瞻，这又给英国带来更多的被动和质疑。比如伊拉克战争就给布莱尔政府的内政外交带来无尽的麻烦，并最终导致布莱尔的下台。布莱尔从 1997 年到 2007 年，在英国执政长达 10 年之久。在他执政期间，英国经济增长、失业率下降。他积极推动苏格兰、威尔士的地方议会改革及英国上议院的宪政改革，并在北爱尔兰和平进程中做出过重大贡献。布莱尔虽然在内政

---

① Bartlett, C. J., *British Foreign Policy in the Twentieth Century*, London, 1989, p. 90.

方面成绩卓著，但外交上却很尴尬，他希望能成为欧洲和美国的桥梁，而美国人希望英国能在美欧之间做出选择而不是搞平衡。① 布莱尔在外交上也确实执行的是依附美国的战略，这一战略选择必然伤害欧洲盟友的感情，不但起不到桥梁作用，反倒让欧洲和英国更加疏远了。布莱尔的"美国化"外交政策也受到英国国内人士的批评，特别是在伊拉克问题上，批评声尤为明显，② 依附美国策略也成了布莱尔外交的滑铁卢。③

　　布莱尔依附美国的战略的初衷也并不是一味地追随，受岛国心理的影响，布莱尔不愿放弃英国大国的梦想，他认为"英国和美国最具全球责任感，只有他们才最有能力完成国际社会的道德十字军东征的使命"④。正是受到这种思想的鼓舞，布莱尔才不顾批评与反对密切与美国政府的合作，甚至不惜跟随美国发动伊拉克战争。这在包括欧洲在内的普遍反对美国"先发制人"战略的国际社会中，英国显得是那么的另类。当然，布莱尔也许认为当美国挥舞起单边主义的大棒时，在战争中支持美国并从中影响美国政策是唯一有效的方式。⑤ 这对布莱尔政府来讲，似乎是为了世界的正义而肩负起的更大的责任，试图与美国一起建立世界道德，并通过影响美国的政策来履行英国的国际义务。布莱尔政府不是不知道自己在世界上的地位和影响，也许是帝国情结在作祟，也许是他们不愿直视，不管什么原因，都难免让人油然而生类似于堂吉·诃德式的悲凉与无奈。

----

① William Wallace, Tim Oliver, "A Bridge too Far: The United Kingdom and the Transatlantic Relationship", *The Atlantic Alliance under Stress: US-European Relations after Iraq*, Cambridge: Cambridge University Press, 2005, p. 153.

② Maria Fanis, "New Labour's Foreign Policy after September 11: A Moral Crusade in a Multilateral Setting", in Matthew Evangelista and Vittorio Emanuele Parsi. eds., *Partners or Rivals? European-American Relations after Iraq*, Milano: Vita e Pensiero, 2005, p. 97.

③ 赵怀普：《"布莱尔外交"评析》，《国际论坛》2008 年第 3 期。

④ Maria Fanis, "New Labour's Foreign Policy after September 11: A Moral Crusade in a Multilateral Setting", in Matthew Evangelista and Vittorio Emanuele Parsi. eds., *Partners or Rivals?: European-American Relations after Iraq*, Milano: Vitae Pensiero, 2005, p. 101.

⑤ John Baylis, "Britain: The United States and Europe: To Choose or not to Choose?", in John Oaylis and Jon Roper, eds., *The United States and Europe: Beyond the Neo-Conservative Divide?*, New York: Routledge, 2006, p. 84.

第二节 民众错觉的固着与不安全感的反向表现

错觉在现实生活中经常出现，特别是人在有一定倾向性的时候，往往宁愿相信错觉而不愿面对现实，这在心理学上是对某种需要未得到满足的固着。英国一旦失去了对世界的统治力，那种固有的岛国心理便更明显地表露出来，对安全感的需求使他们寻求更多手段来满足，其中一种手段就是依附美国，并把自己的依附战略进行合理化，从而使消亡焦虑得到一定程度的缓解。所以，即便是英美特殊关系不像他们想象的那样牢固，他们也不愿意调整心理去面对现实。

一 民众错觉的固着

固着在心理学上一般是指思维的惯性和经验的固化。当外界出现变化时，容易打破人们心理上的"常规"，而这种变化常常是对原有事物的批判或否定，这也就意味着，人们心理上长期处于支配地位的某种固定思维和习惯遭到了强行改变甚至瓦解，人天生具有自我保护的本能，人们往往会下意识地对外界的变化产生不满和拒绝心理。"固着"一词最早出现在弗洛伊德早期精神分析中，认为作为个体的人的前20年的心理发展与生理发育是一个逐步的不间断的过程，根据整个过程中不同时期人的行为表现出的特点的不同，大致可以分为四个阶段：婴儿期、儿童期、青春期和成人期。通常情况下，人们心理及生理方面的发生发展都是比较稳定地从前一个阶段逐步过渡到后一个阶段。有时候，也会发生停滞，出现不往下一阶段发展的状况。这种情况若发生在生理发育中，称之为发育迟缓，而倘若发生在心理发展中，就被称为固着。从心理根源上看，固着是一种防御焦虑的机制。

英法百年战争的失败，使英国最终放弃了对欧洲大陆的觊觎，不得不调整外交政策，特别是伊丽莎白一世统治时期，逐渐确立了对后世影响较为深远的欧陆均势政策。均势政策是以实力为背景的，看似超然于欧陆，实际上时刻都在关注和干涉着欧陆的一举一动，不允许任何一个大国或国家集团谋取欧陆霸权。均势政策在18、19

世纪达到巅峰，这也体现出在那个时段英国具有较为强大的国力和国际影响力。到了19世纪末和20世纪初的时候，这种光辉孤立的政策被迫进行调整，英国不得不参加与协约国及同盟国有关的战役。这使得英国在一战后，仍能沿袭传统的均势政策，继续采取扶德抑法的战略，继而在第二次世界大战时，能够抛弃社会制度的偏见，联合苏联并肩作战，取得反法西斯战争的最后胜利。这些政策的调整从本质上来看是为了维护英国的国家利益，实际上也为英国赢得了巨大荣誉。即便第二次世界大战后面对经济、政治、军事等方面的明显衰落，英国仍然相信自己是一个可以与美国、苏联这两个世界头等强国同乘一架飞机的大国,① 这些在无形中流露出其自诩为世界一流强国的心理活动。

第二次世界大战期间，英国坚持与法西斯国家进行斗争，赢得了世界人民的尊重和赞赏，丘吉尔也得以能与斯大林、罗斯福并称世界三大巨头。第二次世界大战后，英国除拥有联合国常任理事国身份外，英联邦和英帝国的领地也遍及世界每个角落。这些都让英国人在心理上认为自己是超越欧洲国家的世界大国，不管是社会的上层还是下层人士，这种大国优越的潜意识都已经深深烙进心里并且挥之不去。这种印在民众心理上的错觉在他们自身有意无意的强化下，逐渐固着，既反映了英国不愿放弃大国地位的意愿，也折射出岛国心理对英国民众内心的深刻影响，宁可相信缥缈的理想，也不愿正视无法改变的现实。对此，印度总理因德尔·库马尔·古杰拉尔（Inder Kumar Gujral）曾在1997年英国外交大臣罗宾·库克（Robin Cook）试图调解印巴克什米尔问题时尖锐地指出，"英国是一个三流国家，却总是生活在'伟大'的殖民历史错觉中"②。

二　民众错觉的来源——否认

英国这种"伟大"的殖民错觉究竟来源于何处呢？从精神分析的

---

① Arthur Cyr, *British Foreign Policy and Atlantic Area*, London: The Macmillian Press Ltd., 1979, p. 90.

② Jamie Gaskarth, *British Foreign Policy*, London/Malden: Policy, 2013, p. 89.

角度来看，我们可以认为，这种错觉来源于个体的防御机制之一——否认。所谓的防御机制指的是，个体在遇到危机问题时所产生的防卫行为，多数情况下，本我和现实、本我和超我之间都会产生一些矛盾，那么此时人们就会产生焦虑等不良的情绪，而此时自我会通过潜意识来实施自动调节，一方面要确保超我的监察在适宜的范围，另一方面要尽可能满足本我的欲望，以期达成缓解焦虑的目的。在日常活动的时候，人们会被动地使用防御机制从而调节心理状况，若调节得当，那么人们的情绪将得到极大的改善，但若调节得不好，人们就会产生心理疾病。比较常见的心理防御机制有如下类型：压抑、投射、隔离、合理化、升华、否认、退化等，其中否认（denial）是一种比较原始而简单的防卫机制，其方法是借着扭曲个体在创伤情境下的想法、情感及感觉来逃避心理上的痛苦，或将不愉快的事件"否定"，当作它根本没有发生，来获取心理上暂时的安慰。

这种现象在日常生活中处处可见，譬如人们在面临巨大打击的时候，诸如亲人病故、身患绝症等，通常会不承认现实，认为这是没有发生的事情，从而来减轻自身的痛苦。在我国的俗语中诸如"眼不见为净"等都是否定作用的表现。

否认是一种典型的防御机制，这种防御机制能够在特定的情境中很好地保护个体心理不受伤害。学者 Lazarus 在其研究当中发现，那些产生否认意识，并且坚持自身错觉的患者，相比于明确知道自身状况的病人恢复得更快，所以，Lazarus 通过这一实验得出的结论是，在某些特殊的情况下，个体产生否认或者错觉对于自身的健康会带来一定的好处。同时，Lazarus 还提到，否认和错觉虽然在某些时候有用，但是并非适用于所有的场景（有些女性否认自己的乳房存在硬块，从而错过了治疗癌症的最佳时期），但在遇到无能为力的问题时，否认与错觉往往能够起到意想不到的效果。[1]

一般在生活中，个体遭受痛苦后会使用否认机制，但随着当事人状态的恢复，我们会慢慢地接受事实，然而一旦痛苦的强度是无法忍受的，否认机制被过度使用就会对心理健康造成影响，甚至使心理处于一

---

[1]　张珠容：《满意与狂热的差别》，《现代班组》2015 年第 10 期。

种停滞状态。儿童使用否认机制的频率较高，在正常的发展中，否认机制的使用会随着年龄增长变得越来越少。如果成人总是使用否认机制，可能的原因是遭受极大刺激引起了退行，或者是说明心智的发展停留在儿童的某个阶段。

英国作为曾经的海上霸主，经历过无限的辉煌，彼时它认为自己是一个雄霸全球、无所不往的国家，这种自豪感、骄傲感深深地烙印在所有英国人民的心中。虽然后来因为种种原因，英国逐渐丧失了一流大国的地位，但是这种民族感情并没有随着国际形势的改变而改变，而是以一种奇特的形势保留至今，使得英国人一直认为自己仍属于世界大国，可以和美国比肩。

三　不安全感的反向表现

所谓反向，在心理学上是指当个体产生不为自己的意识或社会所接受的欲望和动机时，为了不直接做出相对应的行为来表明这种需要，故意将这种欲望和动机压抑至潜意识，再以相反的行为表现在外显行为上。反向行为是一种类似于反向作用的防御机制，是人们为了求得心理的平衡，采取的一种反向作用的防御手段。反向手段如果使用得当，可帮助人们更好地适应现实生活；如过度使用，长期压抑自己本真的欲望和动机，并以相反的行为表现出来，轻者是不敢正确面对自己的内心，从而活得很辛苦，重者会形成严重的心理困扰。

工业革命的成功和世界殖民帝国的建立极大地提升了英国人的民族自尊心、自信心和自豪感，当这种心理与长期形成的生存危机相遇时，容易形成岛国民众所特有的民族主义情绪，深度的危机感和挫败感往往以"优等"民族的形象展现于现实中。战后已经力不从心的英国，仍然死抱不放的大国心理也正源于此。时至今日，英国依然不愿放弃对全球大国地位的追求。甚至在 2010 年 10 月发布的《战略安全与防务报告》中，虽然为应对 2008 年以来的金融危机，英国宣布 2010—2015 年要把国防预算削减 8%，甚至列出了具体的削减项目：裁员 4.2 万人，同时裁减坦克、重炮、护卫舰、驱逐舰、海上巡逻机、垂直起降战斗机等，连皇家方舟号航母也将退役，但在前言的第一句话仍表达英国是一个一贯具有全球雄心和责任感的国家。① 这种大国雄心无疑在政治、经济、军事等各方面增加了英国的负担。比如在利比亚问题上，英国的参战就有明显的大国情结，既不如法国主动，却又积极参战，借以显示大国地位。

反向行为在英国民族意识出现直至形成岛国心理之后，常有表现。发自内心深处对自身安全的顾虑，在对外表现时，往往是一些攻击性的行为和策略。如大英帝国创建时的殖民扩张，建立在强大基础上的欧洲均势政策，当前的疑欧主义和新干涉主义，无不带有或明或暗的攻击性。英国重视英美特殊关系的一个重要原因就是基于其自身安全的需要，之所以愿意和美国共进退、愿意帮助美国建立一个更稳定和平的世界，其更多的是为了确保本国的安全。② 同时还可以彰显自己的大国地位，所以就有人认为，就因为英国愿意与美国一同动用军事力量，所以英国在安全事务中对美国的影响要比欧洲其他大国大。③

对于什么是大国，英国要不要做大国，英国还是不是大国等看法，英国的精英阶层意见并不一致，这在关于叙利亚问题的一次投票上也可看出端倪。携2011年推翻利比亚卡扎菲政权的余威，卡梅伦政府也想在叙利亚问题上有所作为。2011年年初，叙利亚境内爆发反对巴沙尔政权的游行，并很快演变成政府军与反对派的军事冲突，作为反对派的支持者，美国总统奥巴马曾于2012年12月警告叙利亚巴沙尔政府如果动用化学武器将会带来严重后果。当外交施压失败，而2013年3月至8月开始出现化学武器事件，并出现多人死亡后，奥巴马便没有了退路，表示要对叙利亚进行惩罚。此时的卡梅伦走的是英国一贯的路线，保持与美国的特殊关系，在军事介入叙利亚之前，进行了议会投票（见表4—1）：

---

① Government H. M. , *Securing Britain in an Age of Uncertainty*：*The Strategic Defence and Security Review*, October 2010.

② House of Commons, *Second Report*：*British-US Relations*, 2001 – 12 – 18.

③ James K. Wither, "British Bulldog or Bush's Poodle? Anglo-American Relations and the Iraq War", *Parameters*, No. 4, Winter 2003.

表4—1　　　　2013 年 8 月 29 日英国议会下院对政府提出的
叙利亚动议投票结果①

	支持政府动议	反对政府动议	缺席	合计
保守党（执政党）	241	30	33	304
自民党（执政党）	31	11	14	56
工党（在野党）	0	223	35	258
其他政党（在野党）	0	21	9	30
合计	272	285	91	648

　　议会投票结果，下院以 285∶272 否决了政府动议。英国想发挥超出自身实力的所谓国际作用，主要靠两大工具，一个是英国军队，一个是英美特殊关系。这一结果看似很意外，却也反映了民众的一些心态，通过这次投票，英国人表达了 "既不愿使用军事力量，也不愿在对外事务中追随美国" 的心理。② 也表达出了政客们处理对外事件时更加讲政治，而不是采取不假思索的大西洋主义方式。③ 如果说利比亚战争的胜利让英法显示了他们在国际安全事务中仍有能力扮演建设性和关键性角色的话，④ 这次投票也许说明了英国人更务实地考虑英国的国家利益，而不是一味地做美国的小伙伴或扮演大国角色。因为利比亚战争也让英国看到了自身军力的不足，利比亚战争的胜利有侥幸成分，模式不能复制。⑤ 当然，也有人认为军事手段只是外交失败后的无奈选择，利

　　① Ross Hawkins, "Syria Vote: What does it Mean for Britain's Status?", *BBC*, 30 August 2013.

　　② Gideon Rachman, "Politics: A Leader Humbled, A Nation Cut Down to Size", *Financial Times*, August 30, 2013.

　　③ Mark Leonard, "Syria and the Politicization of British Foreign Policy", Reuters, August 30, 2013.

　　④ Christopher S. Chivvis, *Toppling Qaddafi: Libya and the Limits of Libral Intervention*, New Youk: Cambridge University Press, 2014, p. 197.

　　⑤ Adrian Johnson, Saqeb Mueen eds., "Short War, Long Shadow: The political and Military Legacies of the 2011 Libya Campaign", *RUSI Whitehall Report* 1 – 12, March 2012.

比亚战争的发生，英国是被一步步推到那个境地的。① 不管人们如何判断和说辞，英国既不愿放弃大国抱负，又不想为大国抱负埋单、不愿一味跟随美国的心理透过这次投票比较清晰地表达了出来。

四　英美特殊关系的成效与安全感的虚幻满足

英美特殊关系在一定程度上实现了英国的目标，在处理美欧关系时，英国往往采取亲美疏欧政策，有成效，也有挑战和质疑。

丘吉尔为了整个英国国家利益，在制定三环战略的同时，利用一切因素极力推行英美特殊关系，取得了很好成效。他利用自己半个美国人的身份，② 取得很多美国人的好感，他也积极利用这种身份加强英吉利和美利坚两个说英语民族的团结。对于推进英美特殊关系，丘吉尔可谓是目标坚定、不遗余力。早在 20 世纪初，丘吉尔就认为英美建立牢固联盟是英国发挥作用的重要支撑，认为英国一旦在一战中受到削弱，那么英国所肩负的责任就会落到美国的身上。③ 这虽然一定程度上反映了英国的帝国意识，也反映了丘吉尔对现实的认知和对英美特殊关系的看重。一战后，他继续宣称英国应该和同族的美国保持牢固的友谊，以极大的耐心为增进两国友谊而努力。④ 面对德国法西斯的扩军备战，丘吉尔认为最保险的办法就是大不列颠和美利坚合众国达成谅解，加强海空合作，张伯伦的绥靖政策导致"除了战争手段外，脱离专制统治、拯救世界的最后机会也失去了"⑤。第二次世界大战，给了英美更加紧密合作的机会，虽然美国人并没有进行非常积极的回应，同时国内一些人也对丘吉尔的亲美政策进行猛烈抨击，但丘吉尔一直没有中断英美姻亲

①　Richard Gowan，"Diplomatic Fallout：Improvisation，not Strategy，Drives Europe's New Hawkishness"，Feb. 11，2013（http：//www. worldpoliticsreview. com/articles/12708/diplomatic-fallout-improvisation-not-strategy-drives-europe-s-new-hawkishness）.

②　丘吉尔的母亲 Jenny Gerarm 出生于美国，她的祖先和罗斯福的母亲 Sara Delano 的四世曾祖母是亲姐妹，她们的父亲是乘坐"五月花号"船来到美国的 John Cook，母亲叫 Sara Warren。

③　Fraser J. Hardutt，*The Iron Curtain：Churchill，American，and The Origin of Cold War*，Oxford University Press，1986，p. 8.

④　Ibid.，pp. 10 - 11.

⑤　William R. Rock，*Chamberlain and Roosevelt：British Foreign Policy and the Unitied States*，1937 - 1940，Ohio Atate University Press，1988，p. 71.

联盟的梦想，及至太平洋战争爆发，终使英美特殊关系得以形成。战后丘吉尔为了巩固英美联盟，提出了著名的三环外交政策，其中最重要的一环就是保持和发展英美特殊关系。虽然众说纷纭，但丘吉尔的坚持和努力还是使英美特殊关系深入人心，对此后乃至现在英国外交政策的制定都有重要影响。丘吉尔力推的英美特殊关系是岛国心理背景下民众心态的一种体现，是英国获得安全感的一种途径，也反映了英国对自身实力不足的恐惧。

如果说丘吉尔努力建设英美特殊关系在某种程度上满足了人们克服对自身实力不足所带来的恐惧的话，那么素有铁娘子之称的撒切尔夫人，为维护英国国家利益几乎与整个欧洲争吵所体现的也正是英国民众内心对被欧洲融化的焦虑。和绝大多数英国人一样，撒切尔夫人对欧洲的态度是矛盾的，对欧洲的政策也犹豫的，导致她在 1990 年 11 月下台的直接原因也是因欧洲而起。虽然像所有英国人一样，撒切尔夫人对欧洲有种本能的疑惧，她同时也清醒地认识到"英国不会梦想孤立安逸地生活在欧共体的边缘，我们的目标是融入欧洲，成为欧共体的一员"，"我们的命运是留在欧洲，作为共同体的一个部分"。[①] 她这种认知并不为大多数英国人所认同，历史积淀下来的岛国心理改变也不是一朝一夕所能完成，引导和改变英国人的固有认知是英国精英们面临的重要课题和历史责任。

英美特殊关系被战后历届英国政府所重视，但对这种特殊关系的宣传和支持让人看到更多的是英国的一厢情愿，就连这个词汇也只是常被英国挂在嘴边，而在美国却很少被提及。虽然英美双方为了各自利益使得这种特殊关系得以存在，作为一个弱国，英国为维系这种关系付出的代价是巨大的，所以才会有人质疑"英国付出的努力更多的是想得到美国的信任而不是义务"[②]。从战后英美之间几件事情的发生，可以看出英国虽然借助美国在一定程度上达到了自己的目的，民族的安全感有所满足，但最终并未实现平起平坐的理想，更像是一种变相的依附战略，而英国为这一战略的推进所付出的代价也是惨痛的，充分反映了英

① 摘自 1988 年撒切尔夫人在比利时布鲁日大学演讲，此次演讲对欧洲愿景进行了勾勒。

② Bartlett, C. J., *British Foreign Policy in the Twentieth Century*, London, 1989, p. 90.

美特殊关系的虚弱和英国安全感满足的虚幻与无奈。

经济方面，美国的贷款使英国渡过了战后初期的经济难关，但苛刻的条件让英国在政治、经济、国际地位等多方面遭到削弱。1947 年 6 月，作为重建欧洲的重要措施，美国抛出了马歇尔计划，在这个计划中，英国得到了所有受援国中最大的份额，这从一个方面加深了英美经济联系，在一定程度上奠定了英美特殊关系的基础，但从另一个方面来看，却是加深了英国对美国的经济依赖。[①] 军事方面，1947 年的希腊内战使英国被迫向美国求援；1948 年的柏林危机期间，英国不仅同意美国飞机进驻本土，还同意美军在本国建立军事基地，这些举措在构筑防苏体系的同时，加强了英美合作，但也体现了英国式微和实力不济。核武研究方面，英国根据现实情况和美国要求，将第二次世界大战期间在英的核科学家和研究资料按计划送到了美国和加拿大，但战争结束后，美国却选择了核武垄断，拒绝与英国共享核机密。西方国家联盟方面，为应对苏联的威胁，英国倡导建立包括美国在内的西方国家联盟，但美国认为战后四分五裂而又孱弱的欧洲不足以与苏联抗衡，所以希望欧洲能够联合，而英国为了把美国与欧洲安全捆绑起来，也积极推动欧洲联合，最终促使 1948 年的布鲁塞尔条约组织和 1949 年的北大西洋公约组织的诞生。这些举动，一方面加强了英美联系，形成了英国设想的共同对付苏联威胁的局面，另一方面也显示出英国自身力量的薄弱，无力组织起与苏联相抗衡的队伍，只能紧紧依靠美国，请求美国的援助来进行西欧的有效防务，[②] 致使本国被动而又无条件地接受美国的意志。至于英国的殖民地，更是在世界范围内遭到美国的排挤，进而加速了英国殖民体系的瓦解。

大国的光荣与梦想是英国政治家和民众难以舍弃的，但经济、军事等实力的下降，也使他们越来越有种力不从心之感。英国借助美国似乎完成了自己的强大愿望，纵横捭阖的过程中，凸显了英国成熟的外交才能，自身的安全感也从中获得了一些满足，但从上面的分析中不难看出，英国的这种强大总给人以狐假虎威的感觉，而为获取安全感的满

---

① 陈乐民主编：《战后英国外交史》，世界知识出版社 1994 年版，第 27 页。
② Henry Pelling, *The Labour Government* (1945 – 1951), Macmillan, 1984, p. 134.

足，英国失去的可能并不比得到的少。当然，英国的精英们并不是没有
意识到这个问题，他们在追求大国地位的过程中，也进行了手段和方式
的调整。与布莱尔对伊拉克战争甚至不惜得罪法、德而支持美国的强硬
态度不同，卡梅伦觉得利比亚战争有机会彰显自己大国地位时，就伙同
法国进行战争；当发现叙利亚问题不那么好处理时，就借助议会投票放
弃出兵。而在对民众心理固着等问题上，精英们也是在做调整的，比如
卡梅伦领导的政府大幅削减国防开支，表明英国已经开始把实现经济繁
荣作为首要目标，虽然他们口头上还不忘自己的大国梦想，在心理上却
已经接受国力下降的事实。

第三节　英美特殊关系的心理分析

英美特殊关系是英国综合国力下降，以及面对强大大陆国家无法自
保的现实情况下做出的战略选择，既是出于现实利益的需要，更是满足
民众对安全感的需要。但英美特殊关系并不像英国人希望的那样，在国
际关系中，国家利益才是永恒的，虽然英国也清楚英美特殊关系存在脆
弱性，但岛国心理使英国为满足安全感的需要很难放弃英美特殊关系。

一　英美特殊关系中的心理错位

英美特殊关系的建立，并不是一个完全平等的联盟，里面充满了心
理矛盾和斗争。对于英国民众来说，有自豪和现实，也有悲凉和无奈。
英美特殊关系对于英国而言，在心理上经历了从优势到对等再到劣势的
演变过程，这对英国民众内心调整来讲是个巨大的挑战。

共同的文化背景为英美特殊关系的建立打下了良好的基础，在这方
面英国有一定的心理优势。从"五月花号"载着英国人来到北美，并
成为北美第一批移民后，英语逐渐成为北美的基础语言，又经过几百年
的发展，以盎格鲁—撒克逊文化为依托的美利坚民族才最终形成。美利
坚民族与英吉利民族在思想认识、宗教信仰乃至生活习惯等方面都很相
似，这种文化上的同源性，增强了两国民族的心理亲切感，这也让英国
人有种作为母国成员的自豪感和心理优势。

第二次世界大战中的密切合作和战后共同对抗苏联，可以看作双方

拥有相对平等的心理。惨绝人寰的第二次世界大战让一切反对纳粹的人民联合在了一起，作为抗击法西斯的排头兵，英美积极配合，当英国军费发生困难时，美国通过租借法案为其提供了大量支持，还在军事、技术等方面密切合作，真正体现了兄弟般的战友情，这时的两国在心理上彼此接受，战略地位基本平等。在遏制共产主义蔓延、抗击苏联霸权主义方面，英美为了满足各自的需要，也表现出了某种平等对话的景象，对英国人来说，国际角色的心理得到了一定程度上的满足。

战后英国实力大减，国际地位下降，失去了在世界上的巨大影响力，只能依附美国，通过所谓的特殊关系来维持大国地位，并试图通过影响美国来增强自己在国际社会上的发言权，很明显，此时的英国已经处于心理上的劣势。两次世界大战使英国遭到沉重打击，滑入二流国家行列，而美国却利用战争获胜之间隙迅速实现国力的大幅上升，又觊觎战后欧洲所处的窘迫状态，除了采取经济渗透与外交扩张政策外，还在世界范围内按部就班地扩张势力，逐步成为世界上首屈一指的强国。这时的英美特殊关系表现出的更多的是英国借助美国势力维护其大国地位，依靠美国来保持其昔日的帝国光环，让崇尚现实的英国人在心理上不再平衡，劣势心理透漏出的是沮丧和彷徨。

心理上的由优到劣，既是现实国力变化的产物，也存在认识偏差和心理错位的问题。比如英国母国的自豪感恰恰是美国不愿更多谈及的，双方在英美特殊关系中的定位也是不同的，英国的定位是平等的伙伴关系，而美国则只把英国看作是跟班而非平起平坐的对等大国。这种心理上的错位使得英美特殊关系从开始就出现了目标上的不统一，势必导致这种关系的不稳定甚至断裂，也决定了其很难实现理想中的光明前景。

二 从苏伊士运河危机看英美特殊关系

第二次世界大战的结束，也标志着不列颠英雄时代的结束。战争使英国损失 70 亿英镑，这个数字占其国内总财富的四分之一，使得英国国内经济出现严重滑坡局面。在这样严峻的经济形势下，美国却落井下石，在战争尚未结束的时候就宣布停止英国赖以支撑战争的《租借法案》，同时利用英国经济困难的机会，打着反对殖民主义的旗号，大肆在全球范围内排挤英国，除了一些殖民地纷纷独立是种表现外，苏伊士运河危机也算一个典型案例。

第二次世界大战后，埃及民族意识增强，玛尔·阿卜杜尔·纳赛尔（阿拉伯语：جمال عبد الناصر）取得政权后，决定建造阿斯旺大坝。在大坝修建过程中，纳赛尔除了接受西方的援助外，还接受苏联的援助，甚至和东欧社会主义国家保持密切联系。这些都是西方国家不愿意看到的，西方国家希望纳赛尔接受西方的控制，更不愿意看到苏联对其的渗透。由于纳赛尔不能满足他们的需求，英美宣布取消对修建阿斯旺大坝的贷款允诺。纳赛尔无奈，宣布苏伊士运河收归国有，运河收入用来修建阿斯旺大坝。由于苏伊士运河处于东西方交通的要道，是欧洲国家和东方贸易的重要海上通道，主要由英法控制，特别是英国的银行和企业拥有44%的运河股份。纳赛尔这一举措无疑损害了他们的利益，于是英法唆使以色列发动对埃及的进攻，这就是所谓的苏伊士运河危机。时任英国首相罗伯特·安东尼·艾登（Robert Anthony Eden）在危机开始前信心满满，主张即使没有美国的帮助也要用军事行动夺回运河控制权，因为纳赛尔的行为无疑"卡住了英国的脖子"[1]，这对于一个大国来说是难以忍受的。艾登发动军事行动前并未征求时任美国总统艾森豪威尔的意见，而是想当然地认为美国会无条件支持他。

苏伊士运河危机爆发后，英法遭到国际社会的强烈谴责，许多国家出现大规模游行示威，支持埃及的反侵略斗争和对于苏伊士运河的主权回收战役，苏联甚至威胁如果英法不撤兵就用飞弹伺候。美国既害怕苏联借机插手，又想趁机扩大自己的影响，同时美国认为苏伊士运河危机相对于其全球战略来说，重要性要小很多，所以对英国提出了严厉警告，敦促其停火。当联合国就苏伊士运河危机对英法进行谴责表决时，美国像苏联一样投了赞成票。英法无奈，致使蓄谋已久的入侵仅维持了一周便草草收场。

苏伊士运河危机对英国的打击是致命的，英国本来想利用对埃及的打击重树其负责任的世界大国形象，结果事与愿违，反而更明显地暴露了其国力日趋衰退的事实。这个事件让人们看清了英国对美国的依附，日不落帝国的辉煌已经成为过去，英国的国际威望遭到严重削弱，同时

---

① 杨冬燕：《苏伊士运河危机与英美关系》，南京大学出版社 2003 年版，第 61 页。

其在中东的影响力也急剧下滑。苏伊士运河危机后，英国在其传统势力范围内的中东角色也由主角变成了配角。美国和苏联趁机把势力渗透进中东，使中东成为大国角力的场所。

苏伊士运河危机也让人们清楚地看到，所谓英美特殊关系是如此苍白。其实，早在苏伊士运河危机发生前几年的苏伊士运河基地协定谈判中，美国为了自己的利益就对英国施加了很大压力，对两国关系产生了重要影响。正如时任美国国务卿的约翰·福斯特·杜勒斯（John Foster Dulles）所言：“由于自然进化的原因，在中东，美国和英国的大国关系得到改变。”① 在美国人的心目中，利益远远高于所谓的英美特殊关系，英国充其量只是美国的跟班而不是可以比肩的盟友。苏伊士运河危机成为英美特殊关系逆转的一个重要标志，促使英国加紧与欧洲一道工作。② 苏伊士运河危机是英法共同发动的，在和欧洲合作的过程中，英、法的选择却是不一样的，英国选择了依附美国，而法国总体上与美国拉开了距离，并开始发展本国的核武器，努力推进欧洲一体化进程。③ 苏伊士运河危机也再一次说明，不对等的地位和利益的根本性作用葬送了英美特殊关系的美好愿景。

三　从伊拉克战争的艰难抉择看依附策略前景

伊拉克战争是进入 21 世纪以来的一个重要事件。2003 年 3 月 20 日，美国纠集 40 多个国家组成所谓的志愿者联盟，绕开联合国，对伊拉克发动战争，而真正参战的只有美、英、澳大利亚和波兰四国，其中英国军力贡献最大。而对这场战争，欧美是有分歧的，法、德甚至为此不惜与美矛盾公开化。英国是想扮演桥梁角色，希望欧美能形成一致立场，当局面无法挽回时，英国还是选择了和美国站在一起。

英国的策略是充当欧美桥梁，这样既可以保持英美特殊关系，又可

---

① Laila Amin Morsy, "The Role of the Nnited States in the Anglo-Egyptian Agreement of 1954", *Middlle Eastern Studies*, July, 1993, Vol, 29, No. 3.

② Sen Greenwood, *Britain and European Integration Since the Second World War*, Manchester: Manchester University Press, 1996, pp. 87 - 88.

③ David P. Calleo, *Rethinking Europe's Future*, Priceton/Oxford: Princeton University Press, 2001, pp. 101 - 102.

以享受欧盟的优惠政策。1997 年 11 月，布莱尔就任首相后第一次外交政策讲话中就明确表示，英国应该扮演全球性角色，应该作为欧美的桥梁。① 而在 1999 年 9 月的工党年会上，更是明确表示"英国不会在美国和欧洲之间进行选择，而是努力成为美欧之间的桥梁"②。布莱尔的第一任期确实把这桥梁作用和不选边工作做得很出色，"新工党希望和每个人成为朋友，他们既和克林顿政府关系密切，又与欧盟建立了新的关系"③。在 1999 年科索沃危机和 2001 年阿富汗战争中，英国在协调欧美立场方面确实发挥了重要作用，当然也因其亲美疏欧的内心真实使得布莱尔被称为"克林顿的哈巴狗"④。

对伊拉克所谓藏匿大规模杀伤性武器问题，美国的主张是使用强硬的手段应对，法德等欧洲国家则担心中东因巴以冲突本已动荡不已的局势会进一步恶化，并不主张采取强硬手段。英国的思想仍然是尽力斡旋，试图把欧美拉到一起，找到两家都能接受的方案，从而避免选边。⑤ 当 2002 年 11 月 8 日联合国安理会通过一个有意模糊的 1441 号决议之后，美国与法、德等国的矛盾便不可避免地出现了。⑥ 对伊拉克问题，美国是不愿接受联合国机制约束的，这和中、俄、德、法、叙利亚等国的态度是不同的，英国要想扮演好桥梁的角色，只能马不停蹄地斡旋，而在英国为追随美国对伊动武到处游说的时候，美国已经表现出了

---

① Tony Blair, *Speech at the Lord Mayor's Banquet*, London：No. 10 November 1997.

② 齐锡玉、施辉业：《大西洋两岸的三角关系——从英国两党年会看英欧美三角关系》，《当代世界》1999 年第 12 期。

③ Christopher Hill, "Foreign Policy", in Anthony Seldon ed., *The Blair Effect：The Blair Government* 1997 - 2001, London：Little and Brown, 2001, p. 347.

④ Robert Self, *British Foreign and Defence Policy since 1945：Challenges and Dilemmas in a Changing World*, Basingstoke：Palgrave Macmillan, 2010, p. 96.

⑤ Frank Kupferschmidt, "The United Kingdom between Transatlantic Relationship and European Integration：Pragmatism Put to the Test", *SWP Wording Paper*, Berlin, March 2007.

⑥ 1441 号决议没有直接授权动武，主要是对伊拉克进行武器核查。美国的设想是一旦萨达姆拒绝裁军，该决议就自动启动战争授权，法国则要求在采取任何军事行动前都要再通过一个安理会决议。这个决议是各方为了让决议通过而故意进行模糊的，从各国的理解不难看出分歧很大，随着武器核查的进行，在 2003 年 1 月 20 日法国外长表示武器核查已经取得一定成果，应该继续，只要核查失败尚未属实，就不应把动武提上日程之后，法美潜在的矛盾便公开化了，而 2 月份担任安理会轮值主席的德国也表示，联合国必须在任何对伊拉克的行动中扮演核心角色，这与美国的构想也公开唱起了反调。

不满，认为英国在军事行动中的角色还不清晰，美国前国防部长唐纳德·亨利·拉姆斯菲尔德（Donald Henry Rumsfeld）公开表示没有英国的支持，美国也会向伊拉克开战。① 无奈的英国只有选边，也无悬念地支持了美国。2003 年 3 月 16 日，美国、英国、西班牙和葡萄牙四国在亚速尔召开首脑峰会，向伊拉克发出最后通牒，3 月 17 日，英美宣布结束在联合国努力的程序。3 月 18 日，英国议会下院表决通过为英国参战铺平道路的决议；19 日，英美 4.6 万军队从科威特进入伊拉克。

英国支持美国发动对伊拉克的战争，除了他们自己所谓的参战是为了避免美国走上单干的道路，认为"如果英国置身事外的话，会在事实上推动美国成为单极世界中的单边主义者，这一行动的恶果是非常明确的"②，英国的战略就是和美国合作，这样才可以把美国维持在联合国的边界内，③ 这样的说辞之外，英国的大国梦和其为维护实现大国梦所采取的依附式的英美特殊关系也是重要原因。从这个角度讲，英国支持美国发动伊拉克战争，政治价值大于军事价值，因为他们通过在阿富汗、伊拉克等反恐战争和美国的捆绑，获得了"自二战以来从未有过的重要地位"④。英美特殊关系对英国非常重要，加强英美特殊关系，防止美国抛弃特殊关系，英国愿意付出政治和物质上的代价。⑤ 支持美国，既可以加强英美特殊关系，又可以提升英国的国际地位，发挥国际角色的作用。但战争的结果是，英美联军并没有找到大规模杀伤性武器，这表明英国开战的理由并不充分，它因此失去了国际信誉，国内的反美情绪也有所上升，布莱尔之后的政府也有意无意和美国保持一定距离。

---

① Ewen MacAskill, Richard Norton-Taylor, Julian Borger, "US May Go It Alone as Blair is Caught in Diplomatic Deadlock", *The Guardian*, 12 March 2003.

② James K. Wither, "British Bulldog or Bush's Poodle? Anglo-American Relations and the Iraq War", *Parameters*, Vol. 33, No. 4, Winter 2003 – 2004.

③ Christoph Bluth, "*The Foreign Policy of Great Britain*", in B. J. C. Mckercher ed., *Routledge Handbook of Diplomacy and Statecraft*, Abingdon: Routledge, 2012, p.45.

④ Stryker McGuire, Christopher Werth, "Forget the Great in Britain", *Newsweek*, Vol. 154, Issue 6/7, 2009.

⑤ Steve Marsh, John Baylis, "The Anglo-American 'Special Relationship': The Lazarus of International Relations", *Diplomacy and Statecraft*, Vol. 17, Issue 1, August 2006.

所以，当前的英国政府应正视民众的心理固着，理性对待英美特殊关系，英国的依附战略虽然取得了一定的成效，受到的质疑也越来越多。首先，美国作为世界上唯一的超级大国，建立单极世界的霸权是其终极目标，英国要想对美国的决策施加影响是很难收到成效的。其次，英国对美国的追随必然导致本就充满疑虑和矛盾的英欧关系更加疏远与淡化，使得英国在欧洲的发言权降低，其在欧洲的主导地位也会产生动摇，从某种意义上讲这也动摇了英国作为一个欧洲国家的外交根基。再次，英国的依附使得世界只能听到美国的声音而没有英国的声音，这就让英国很难在国际社会中获得属于自己的尊重，其国际声望不是在升高，反而面临下降的危险，这与英国依附美国战略的初衷是背道而驰的。最后，英国国内对于英美特殊关系的反对声音越来越大，体现出这种依附战略正受到越来越多的质疑和拷问。当然，就当前的情况看，只要美国仍然是单极世界的霸主，欧洲还像现在这样软弱，受岛国心理影响追求大国地位来自安却又崇尚实用的英国，在对外关系中采取亲美疏欧的政策就很难改变。

解决认识问题是做好现实工作的前提，借用心理学手段来调整好民众认识问题的视角，通过多种渠道，做到多角度思考、多手段解决内心存在的问题。既要让民众明白定式思维的局限，也要让其知道现实存在的心理固着的弊端，只有调整好心态才能真正客观理性地对待英美特殊关系。同时在对外关系上，立足事实本身，根据事件本身的是非曲直，做出自己的判断和行为反应。岛国心理所固有的不安全感的释放手段是多样的，依附战略作为其中的一条路径，在适当的场合和机会中使用是可以的，一味采取这种战略，其结果往往适得其反。美国是当今世界唯一的超级大国，与美国的特殊关系也确实能令英国在一定程度上受益，比如苏伊士运河危机、伊拉克战争等，英国确实做出了自己明确的选择，但这些选择其实并不符合英国的长远利益。正确感知自己的实力和位置，正视民众的心理固着，通过心理的调整逐步调整英国的对外政策和外交行为，发挥英国应有的国际影响才是当前最亟须面对的。

英美特殊关系时至今日已走过 60 多年的历程，虽然期间有些起伏，总体来讲一直是英国外交的最重要内容之一，甚至到布莱尔执政时期被称作"特殊的"关系。① 当今的英国，也正对这一政策进行反思，既要继续利用英美特殊关系发挥大国作用，也对自己的对外政策进行着调整。布朗执政时吸取了布莱尔过分依附美国而备受批评的教训，对英美特殊关系进行了一些调整，他在 2007 年 7 月 30 日美国《华盛顿邮报》(*The Washington Post*) 发表专栏文章，把英美特殊关系定位成基于共同目标的合作伙伴关系。② 英国在 2010 年 5 月大选结束后，新上台的卡梅伦政府延续了布朗外交政策调整的基调，积极推行竞选期间的务实外交政策。认为英美的特殊关系应该是牢固的，但不能是盲从的。③ 卡梅伦在 2010 年 7 月 20 日美国《华尔街日报》(*The Wall Street Journal*) 上撰文指出英国不应该对英美特殊关系抱有太多不切实际的幻想，并坦率承认在英美关系中英国只是个小伙伴而已，认为英国应该更加积极灵活地处理国际事务，既要巩固和美国等传统盟友的关系，也要加强和其他国家，特别是新兴大国的关系，在国际舞台上积极拓展，充分展示英国的影响力。④ 2010 年 3 月，英国政府文书局出版了英国议会下院的一个关于英美关系的评估报告，报告认为英国的一些媒体和政客过度使用英美特殊关系，导致很多误解，使人民产生从英美特殊关系中获益的不切实际的期待，对于英国来讲，在保持与美国紧密联系的同时，有关两国利益和观点方面的分歧也没必要一味地言听计从，要有勇气说不。⑤ 英国国防大臣利亚姆·福克斯（Liam Fox）曾坦言不会做世界警察，⑥ 他更相信帕麦斯顿的没有永久的朋友和敌人，只有永久的利益的外交名言，英国首先要考虑的是自身的利益，而不是对美国的俯首称臣。即便是精英们有着较为清晰的认知，但现实的实力不济和历史上的辉煌与大

---

① Paul D. Willisms, *British Foreign Policy under New Labour* 1997 – 2005, Houndmills Palgrave Macmillan, 2005, p. 36.

② Gordon Brown, "Partnership for the Ages", *The Washington Post*, July 30, 2007.

③ The Conservative Party, *The Conservative Manifesto* 2010: *Invitation to Join the Government of Britain*, 13 April 2010, p. 109.

④ David Cameron, "A Staunch and Self-Confident Ally", July 20, 2010.

⑤ House of Cammons Foreign Affairs Committee, Global Security, *UK-US Relations Sixth Report of Session* 2009 – 10, London: The Stationery Office Linited, 2010, pp. 3, 77.

⑥ Liam Fox, "New Defence Secretary, Flies Flag for Our Boys and Eurosceptics", *The Times*, May 21, 2010.

国思维的影响使他们仍然无法放弃英美特殊关系。

小　结

进入 20 世纪，虽然英国依靠优越的航运保持了经济的发展，但其地理位置的优势却逐渐丧失。英国有优良的海港，但缺乏足够宽广的陆地来作为贸易的基础。随着太平洋航路的发展，大西洋的重要性减少，太平洋国家的重要性日渐增强。当世界海权重心由地中海向大西洋转变时，英国依赖其有利的地理位置取得了长足发展，随着世界海权由大西洋向太平洋的转移，英国只能日渐走向衰落。面对衰落的现实，失去殖民红利的英国不得不再次面对岛国心理固有的生存焦虑，企图通过和美国的特殊关系来取得在世界中的发言权。英美特殊关系的建立有共同文化、语言等情感因素，也有现实的考量。但对于这种发言权他们自己也很清楚其分量的大小，使用不好反而降低英国的威信。通过影响美国来影响世界的构想反映的是英国国力式微中的无奈，也是岛国心理的一条选择，虽然不一定成功，但也不失为一种路径。

英国一直在试图做欧美的桥梁，不愿在欧美之间做出选择，既想通过英美特殊关系受到美国重视，并通过影响美国最终维护世界大国的形象，又想充当欧洲的领袖。所以随着世界形势的变化，英国总在欧美间寻找动态的平衡，但这种平衡和分寸其实并不好把握，一旦欧美矛盾加剧，英国必然面临选择困境。① 比如伊拉克战争，当美国威胁没有英国的支持也要出兵时，英国就不得不在欧美间进行选择，而英国的选择也充分证明"大西洋主义在英国认同中的牢固地位"。② 即便是这样，英国也落了个两边不讨好，美国认为英国没能动员欧洲主要国家参与行动，欧洲则认为英国没有能约束小布什政府的单边行动。③

---

① 梁军：《不对称的特殊伙伴：联盟视野下的战后英美关系研究》，中国社会科学出版社 2011 年版，第 255 页。

② Timothy Dunne, " 'When the Shooting Starts': Atlanticism in British Security Strategy", *International Affairs*, Vol. 80, No. 5, 2004.

③ James K. Wither, "British Bulldog or Bush's Poodle? Anglo-American Relations and the Iraq War", *Parameters*, No. 4, Winter 2003.

英美特殊关系不是一种平等的联盟关系，英国处于跟班地位，这是由战后两国国力不对等造成的。不管是苏伊士运河危机还是伊拉克战争，诸多事实证明，英国为了借助美国来抬高自己的身价与地位，往往会做出一些让步和牺牲，但在现实中，却"成为美国战略利益的殉葬者和牺牲品"①。英美特殊关系既是英国国力衰落的无奈选择，也是英国民众在英美地位发生变化时没有做好应有心理准备所产生的心理错位，进而导致了民众心理固着。英国应先从民众心理入手，正视现实状况，放弃不切实际的愿景，通过心理调整逐步调整对外政策和外交行为。正如当今的卡梅伦政府，大力削减国防开支来发展英国经济，也正是他们认识到发展经济才是英国安身立命之本，对外政策的重心和走向要围绕经济建设。随着实力的相对衰落，在国际事务中发挥腾挪作用的空间正在缩小，把美国作为对外战略重中之重的构想正面临越来越多的挑战。正如欧洲一体化向着英国不希望的方向发展那样，英国已经从国际格局的塑造者变成适应者。调整民众心态，正视英美特殊关系，走一条属于自己的路，是英国精英们面临的共同问题。

---

① 王振华：《英国外交的几个问题》，《浙江学刊》2003 年第 3 期。

第五章　若即若离的英欧关系与消亡阻抗

　　英欧关系是英国外交最难处理的关系之一，历史形成的对欧洲的不信任感和恐惧心理使英国民众不愿太过接近欧洲，甚至不愿承认自己属于欧洲，而现实的英国却又离不开欧洲，至少地理上属于欧洲。

　　历史上的英国曾与德国关系比较密切，在抗击拿破仑的斗争中，英国统帅威灵顿的部队中德意志军团占有三分之一的比例，维多利亚时期的英国金融和工业成就，德意志企业家也做出了很大的贡献。英国甚至于1898年、1899年、1901年同德国进行了三次结盟谈判。有学者认为这是因为双方的利益难以汇合，才导致谈判破裂，并最终使英国将目光投向了大洋的另一侧。① 这一结果是与英国民众对大陆国家的本能恐惧和认知有着重要关系。因为民众认同对推动或阻碍一国政府对外政策的选择有着重要的作用。②

　　对欧洲的态度，英国是既想接近又怕受到欺负，这种认知和尴尬境遇不仅存在于普通民众中，也同样存在于精英分子观念中。英国曾因现实需要而被迫于1961年申请加入欧共体，而时任首相莫里斯·哈罗德·麦克米伦（Maurice Harold Macmillan）在提到英欧关系时，却公开表达英国对欧洲联合的青睐是渐进式合作，而不是纵身跃入黑暗。③ 甚至至今，仍有学者认为欧洲联盟对英国来说，"原本是出于良好愿望而

---

　　① 王卓宇：《从近现代英美两国"化敌为友"的身份转变看国家之间认同的形成》，《国际关系学院学报》2011年第4期。

　　② Jamie Gaskarth, *British Foreign Policy*, London/Malden: Polity, 2013, p. 62.

　　③ 孙晓骥：《不列颠笔记》，浙江大学出版社2013年版，第46页。

匆忙建立的政治联盟，其唯一的结果却是让人意想不到的某种形式的专制"①。所以，自1940年以来，英国对欧洲和对美国的政策是完全不同的，"对美的承诺毫不含糊，对欧的承诺是含含糊糊"②。面对欧盟的快速发展，面对急不可耐的欧洲和不情愿的英国，怎么做对英国最有利的问题从未彻底解决。③ 英国的这种对欧政策和行为表现也与民众的岛国心理有关，主要体现在消亡阻抗上。

第一节　欧洲一体化与英国的艰难选择

20世纪后半叶的世界形势有个比较明显的现象是区域一体化的快速发展，其中欧洲一体化的发展更为引人注目。作为一个地理上的欧洲国家，英国在欧洲一体化进程中一直有种被拖着走的感觉，表现出一种若即若离的状态，这既有现实利益的考量，也受岛国心理的影响，其中对消亡的恐惧是主要心理原因。

一　欧洲联合是大势所趋

欧洲联合的思想由来已久。在欧洲的历史上，弱肉强食的丛林法则一直占据主导地位，但欧洲联合的思想却更为悠久而恒定，以圣·皮埃尔（Saint Pierre）、让·雅克·卢梭（Jean-Jacques Rousseau）、康德（Immanuel Kant）、库登霍夫·卡勒吉（Richard·Kudenhoff-Kareski）、阿里斯蒂德·白里安（Aristide Briand）等为代表的思想家和政治家都曾探讨过欧洲联合的方式与途径。即便是在成者为王的时代，也隐含着统一的意味，特别是思想方面，之所以说欧洲联合的思想更为牢固，这是与欧洲各国有着共同的希腊罗马文化和基督教精神分不开的。

欧洲文明源于古希腊和罗马文明，虽然欧洲有不同的语言和民族，

① Julian Lindley-French, "Resisting Tyranny", *Setpember* 18, 2012 (http：//lindleyfrench. blogspot. com/2012/09/resisting-tyranny. html).

② Timothy Garton Ash, *Free World*：*Why a Crisis of the West Reveals the Opportunity of Our Time*, London：Allen Lane, 2004, p. 36.

③ Percy Cradock, *In Pursuit of British Interests*：*Reflections on Foreign Policy under Margaret Thatcher and John Major*, London：John Murray, 1997, p.139.

其文化渊源却是相同的，罗马帝国通过罗马军团把同样的宗教、法律和行政管理推向欧洲各地。而基督教在成为罗马国教后，随着帝国的扩张在欧洲得到广泛传播，甚至在帝国崩溃后仍向世界各地蔓延。十字军东征作为宗教战争，客观上也增加了欧洲国家的认同感和凝聚力。① 正是因为灿烂辉煌的希腊罗马文化和基督教的深刻影响，欧洲各国有着强烈的文化认同感和相似的道德观及价值观，这也是欧洲统一运动的文化基础和宗教基础。

罗马帝国灭亡后，欧洲虽然有过查理曼帝国的短暂辉煌，但总体来讲还是一种四分五裂的状态。割据政权间相互攻讦，烽火不断，以致生灵涂炭，人民生活在水深火热之中。文化和宗教上的同宗与现实政治上的分立，使得广大民众痛苦不已，渴望一种宁静的生存环境，也憧憬能有一个庞大帝国实现政治、经济、文化、宗教的全面一统。②

第一次世界大战后，欧洲人更加清楚地认识到欧洲联合的重要性，一些人开始四处奔走游说，也促成了1926年在维也纳召开的第一次泛欧大会，那次大会的参加者就有阿登纳和舒曼等著名政治人物。1930年5月，法国外长阿里斯蒂德·白里安（Aristide Briand）向欧洲各国政府提交了一份备忘录，题目是《关于组织欧洲联邦体系》，在这份备忘录里，白里安提出成立欧洲联盟，各国应进行政治、经济、军事等方面的紧密配合。这个备忘录因为当时条件尚不具备而遭搁浅，但这种思想却传承下来，《马斯特里赫特条约》几乎算是这个计划的翻版。

第二次世界大战带给欧洲的影响是深远的，摧毁了欧洲的世界霸权，取而代之的是美苏争霸，留给欧洲的只是凋敝的民生和遍野哀鸿。战争使欧洲人意识到搁置分歧、进行联合的重要性，明白欧洲要想重新崛起就必须走联合之路，这也给战前欧洲联合的思想提供了再生的机会。丘吉尔是战后欧洲联合的积极倡导者，他不仅四处鼓动和宣传，③甚至让自己的女婿担任1947年在巴黎成立的欧洲统一运动委员会主席。

---

① 计秋枫：《论欧洲一体化的文化与思想渊源》，《世界历史》1998年第1期。

② 黄嘉敏、陈晓伟：《欧共体的历程——区域经济一体化之路》，对外贸易教育出版社1993年版，第2页。

③ 丘吉尔于1946年9月19日在瑞士苏黎世大学发表的著名的演讲《欧洲的悲剧》可以作为标志。

1948 年 5 月 7 日，该委员会在海牙召开大会，丘吉尔被推举为名誉主席。以后以法德为核心的欧洲精英，坚持不懈地推动欧洲向着一体化的方向发展。

欧盟的发展和存在状态主要可以有三种形式，第一种是邦联制，第二种是联邦制，第三种是现在所呈现的既非联邦又非邦联状态。虽然欧盟在经济上取得了非凡的成就，政治上的合作机制才刚刚开始，这主要体现在共同外交、防务和安全等方面，与联邦制国家中联邦政府掌握防务外交最终控制权相比，欧盟在这方面还只是初期阶段。就其发展阶段而言，欧盟更像是一个联邦制和邦联制混合的产物。

随着欧盟的东扩，德国在欧洲的中心位置更加明显，加上德国与东边邻国的历史关系和东欧对德国贸易与经济援助的依赖，德国地位也得到提升。德国地缘政治的中心性，也必然会对欧盟中两个最大经济体法德之间的战略均势产生深远影响。德国实力的增加，会使得法国产生心理上的恐惧，使欧盟成为一个更加宽松而不是更加集权的区域性统治机构的要求也会增大。在这种形势下，英国有可能更多地参与欧盟事务，借以保持欧盟主要成员国的均势，以免形成唯德国是尊的局面。不管怎样，现在的欧盟离丘吉尔 1946 年第一次明确表述"欧洲的美国"和里德（Reid T. R.）认为已经达到的目标还为时尚早。①

总之，欧洲联合既有欧洲大统的思想渊源，也有经过残酷战争试图统一最终却无法实现的历史经验，更有现实生存危机的客观要求，就趋势而言，走向联合是欧洲未来必由之路。

二　回归欧洲与国际角色

在英国的历史上，曾因其独特的岛国地理位置使得英国可以超越欧陆各国的纷争，充分施展其外交谋略和手段。面对深刻变革中的当今世界，英国发挥平衡作用的空间正在被压缩。欧洲人逐渐认识到如果不能

---

① Reid, T. R., *The New Superpower and the End of American Supremacy*, Penguin, 2004, p. 23.

变得更为团结的话，就有可能再次回到分崩离析的局面，① 促使欧洲日益协调统一，这势必会淡化英国的作用。"冷战"结束后，美国领导世界的愿望更为强烈，虽然在一些诸如伊拉克战争那样的极端行动中还会拉住英国，但建立单极世界的目标更需要欧洲核心国家的支持，美国著名的国际关系学者兹比格涅夫·布热津斯基（Zbigniew K. Brzezinski）甚至认为，英国已经不能算是一个地缘战略棋手，英国的衰落降低了它在欧洲的作用，② 这也使英国发挥特殊作用的条件进一步被削弱。

英国外交目前面临的主要是角色扮演问题，是继续扮演国际角色还是回归欧洲问题。英国在心理上是排斥欧洲的，但在现实地理位置上是属于欧洲的，从古至今欧洲大陆无时不在影响着英国。特别是 20 世纪 70 年代英国加入欧共体后，就被深深卷入欧洲一体化进程，与欧洲的利益密不可分。岛国心理所产生的不安全感和曾经的辉煌，使英国的外交定位更容易接受大国角色。大国心理一旦落地生根就很难改变，甚至精英们也不愿挑战被夸大了的英国地位、权力及影响力的观点，放纵民族主义的膨胀和孤芳自赏心理的蔓延。这样导致的后果之一就是"英国不管是对内还是对外，都延续着高傲、自信和顽固的言行，强化了自我形象，很难再进行有效检视自己的现状、前景和可能的选择"③。

对于英国，回归欧洲和扮演国际角色并不是简单的选择问题，英国在国际上的地位也并不是像他们在三环外交表述中认为的那样，自己在中心点上。国际关系的现实是理性而客观的，这两种角色协调得好，能够起到相互促进的作用，协调不好，就可能全部落空。英国优于其他欧洲国家的国际角色有助于增加自己在欧洲事务中的砝码，而与欧洲的紧密联系有利于英国在国际舞台上获取更多发言权。与之相对应，如果英国不能处理好和欧洲的关系，则有可能使自己偏离欧洲核心，其所谓的国际角色也会因为缺少欧洲的支撑而变得虚弱。由于具备一些特殊的资源和条件如英语、英联邦等，当前的英国仍在竭力维持国际角色地位，

---

① Zbigniew K. Brzezinski, "The Grand Chessboard: American Primacy and Its Geostrategic Imperatives", *Basic Books*, 1997.

② Ibid. .

③ Group Captain G. Tunnicliffe, "A Problem with Choice-A Weakness in the UK's Strategic Approach?", Toyal College of Defence Studies, July 2011.

对欧洲的回归虽然无奈却也显得理性。动态中寻求平衡是当前和以后很长时间英国必然的选择，虽然这种平衡和相互支撑难度很大，英国要想发挥出超出其自身实力的影响，还会继续坚持勉力为之。

三　融入欧洲：无奈而必然的选择

第二次世界大战后，整个欧洲百废待兴，而东边又面临强大苏联的压力，这让英国认识到欧洲联合起来是非常必要的，丘吉尔奔走于欧洲各国，呼吁联合起来，使英国看起来成了欧洲联合的倡导者。不过英国所谓的欧洲联合并不包括自己，它认为自己应该放眼全球，而不是小小的欧洲，英国应该成为联合起来的欧洲的朋友和倡导者，而不应该是其中的一员。英国的思想应该穿越大西洋，触及世界的所有角落，大不列颠的利益应该在欧洲之外。① 这一思想一直影响着英国对欧洲联合的态度，不管是欧共体还是现在的欧盟，英国一直处在犹疑状态，甚至目前仍被认为是欧洲半心半意的伙伴。

欧洲联合进入实施步骤的是煤钢共同体及其后的欧洲共同体，西欧六国在建立这两个共同体时，都没忘记英国，它们力邀英国共创欧洲美好的未来，因为和英国的最初设想不一致，所以英国的选择是拒绝。英国在欧洲早期一体化的进程中，不但拒绝参加煤钢共同体和欧洲共同体，还为了抗衡这种超国家性质的机构成立了一个欧洲自由贸易联盟，当然这个联盟并没有对欧共体产生太多威胁，远未达到英国预定的目的，为了英国国家利益，无奈的英国最终还是和丹麦、爱尔兰一起于1973 年加入了欧共体。由于英国早期对欧洲一体化所持的拒绝态度，使得英国没有成为欧盟的创始会员国，所以欧共体最初制定的一些规章就可能不符合英国的国情，甚至有些可能还会伤害英国的国家利益，比如预算摊款和共同农业政策，就曾导致英国与欧共体国家的长期争吵，直到1984 年6 月的枫丹白露会议，在撒切尔夫人的积极努力下才得以解决。

英国虽然于1973 年加入了欧共体，但英国公众对欧洲的信任度并不高，英国例外论直到现在仍还有不小的市场，英国民众在感情上更倾

① Bartett，C. J. ，*A History of Postwar Britan* 1945 – 1974，Longman Group，1977.

向于英语国家。20 世纪 90 年代初《观察家报》哈里斯民意调查（The Harris Poll Reputation Quotient）有一项内容是如果你不住在英国，你打算去哪个国家居住，结果有超过一半的人选择去美国、加拿大、新西兰或澳大利亚，选择去德国、法国和西班牙的人分别只有 3%。① 21 世纪初欧盟组织的另一项民意调查显示，认为欧盟成员国身份对英国是好事的回答者只占 25%，到 2009 年这个比例也仅为 29%。② 英国虽然在第二次世界大战中受了重创，但它在内心深处是看不起欧陆国家的。它认为一流国家沦为二流国家往往是战败导致的，但英国从来没有失败过，至少它没有经历过欧洲大陆上那些国家所经历的失败，这也正是英国民族自豪感的源泉。③

英国的外交一向是理性的，面对欧洲政治、经济、社会、安全等领域日益加深的一体化进程，如果不能更多、更好地融入欧洲，就有可能被业已联合起来的欧洲边缘化，已经失去地理优势的岛国也可能和欧洲的核心渐行渐远。如果这种情况真的发生，对英国的影响将是巨大的，不仅可能失去欧洲一体化可能带来的种种好处，就连在国际事务中也会失去依托，更别说担当国际角色了。英国一直试图坚持作为欧洲和美国的桥梁存在，事实上如果跨越不了英吉利海峡，就更不可能跨越大西洋了。如果作为一个欧洲国家，在欧洲都无足轻重，怎么可能想象在国际上发挥大的作用。

面对日益紧迫的国际形势，英国当然明白利害关系，就像对美国的依附战略是为了通过影响美国进而影响世界一样，面对欧洲的联合与崛起，英国当然也希望通过影响欧洲而影响世界。要想影响欧洲，就要争取更大的发言权，想要有更大的发言权，就要积极融入欧洲，这方面的战略调整也就更显急迫。当然，英国也正在做这方面的努力，有人甚至认为 1997 年 5 月工党上台后最大的变化就是调整了和欧洲的关系。④ 1998 年 12 月英法首脑圣马洛会晤也许可以看作一个标志性的事件，但

---

① Roy Denman, *Missed Chances: Britain and Europe in the Twentieth Century*, London: Indigo, 1997, p. 289.

② Eurobarometer, No. 308, Spring 2009.

③ Howard T., *Britain and America since Independence*, Hampshire, 2002, p. 193.

④ Robin Cook, "Britain and Europe: A New Start", *The National Interest*, Summer 1999.

英国的这种调整局限性还是很大的，它一直在美欧间进行徘徊，既想更多地融入欧洲，又不愿放弃与美国的特殊关系，比如在 1999 年的科索沃战争以及 2003 年的伊拉克战争，当美国发出战争召唤的时候，英国尽管不一定十分情愿，但都进行了积极响应，而战后却又不得不抓紧修补与欧盟特别是法德的关系。英国向欧洲的回归呈现的不是一条直线，也正是这种反复，体现出了无奈与纠结。

从经济上来看，英欧贸易和投资超过了英美贸易和投资，欧元区能给英国带来巨大的政治和经济利益，至少比可能带来的危害要小。英国不愿加入欧元区，除了传统上的疑欧外，不愿丢弃昔日辉煌的自大心理也是一个重要因素。英欧海底隧道的贯通，使英国和欧洲大陆连为了一体，英国和欧洲大陆的各种关系也必然更为紧密，包括货币在内的一统恐怕很难避免。在这种状态下，英国即便想取得更多的例外，也要明白正在深刻一体化的欧洲留给英国的时间不多了，如果不能抓住现在的机会，一直犹豫不决，隐约出现的欧盟英法德三角也会因自身原因而削弱发言权，甚至被边缘化。

第二节　英欧关系若即若离

第二次世界大战使英国由最大的债权国变为最大的债务国，英帝国内部也产生越来越强的离心力。此时的英国决策者很清醒地意识到，英帝国的永久存在已不可能，所以必须选择灵活外交来弥补衰弱的国势，并因此提出了试图保持大国作用的"三环外交"。三环外交并不能达到设计者的目标，更多体现的是对现实的无奈和对被欧洲吸收的恐惧，并由此而产生的心理压力和消亡阻抗的行为反应。而在随后开始的欧洲一体化，使英国的恐惧心理进一步增强，这在欧元进程中有着比较明显的体现。由试图压低欧洲地位到欧洲一体化中的左右摇摆，既反映了英国对欧洲大陆的怀疑，也体现了英国外交的尴尬处境，这些都与英国岛国心理的存在有着深刻的关联。

一　三环外交中的英欧关系定位

战后英国推出著名的三环外交战略思维，虽然表述上是三个环，实则是英国外交需要处理的三个大的关系问题，即与英联邦的关系、与美国的关系和与欧洲的关系。在这三种关系中，英国把与欧洲的关系放在较低的位置，这既有英国大国心理作祟，也有对欧洲大陆的恐惧和被欧洲消融的担心，根本原因仍然是英国固有的岛国心理导致的。

（一）三环外交的含义与产生背景

所谓三环外交，来源于丘吉尔 1948 年的一段讲话，而在此之前的 1944 年 5 月，他就已经表达了这样的思想。丘吉尔在下议院的讲话中认为，英帝国、一个联合起来的欧洲以及同美国的友好关系，不会妨碍世界组织的总体目标。[①] 丘吉尔三环外交总方针的正式提出是在 1948 年 10 月保守党年会上，他认为在自由和民主国家中存在着三个巨大圆环，从英国的角度来看，第一个大环便是英帝国和英联邦以及帝国和联邦中的一切；第二个大环是广大的包括加拿大和其他自治领在内的英语世界，这其中也包括起重要作用的美国；第三个大环就是联合起来的欧洲。丘吉尔对自己设想的这三个大环非常自信，认为一旦这三个环连接在一起，就不会再有什么力量来挑战或推翻它们。同时他还认为，英国正处于三环的连接点上，也是唯一在三个环中每一环都占有重要地位的国家。[②] 英联邦和英帝国是三环外交的利益核心，三环外交的支柱则是英美特殊关系，欧洲国家联合起来以便形成对抗强大苏联的均势是英国外交的一贯原则，希望以新的均势构成一个有利于英国国家安全的战略基础，进而维系英国的国际地位。三环外交成了英国战后外交的指导思想，丘吉尔所描绘的三个环也成了英国外交的基本内容，只是在不同时期侧重点不同罢了。

三环外交的出笼，英国当然有其自身的设计。首先就是通过英美特殊关系，力图取得与美国平起平坐的地位，在国际上继续维持大国形象。其次是通过英联邦稳定和控制殖民地，使英国能继续获得殖民利益。再次是通过欧洲联合形成与苏美的均势，而英国能在欧洲事务中处于主导地位。通过三环外交，实现英国的强国地位，再现英帝国昔日的

---

① Robert Rhodes James ed. , *Winston S. Churchill*, *His Complete Speeches*, 1897 - 1963, London and New York: Chelwea, 1974, Vol. 7, p. 694.

② Alex May, *Britain and Europe since* 1945, London and New York, 1999, p. 9.

辉煌。由此可见，英国在三环外交中把英欧关系是放在了较低的位置，表达的仍然是凌驾于欧陆之上的心态。

三环外交是在第二次世界大战结束、"冷战"开始前夜，大英帝国地位迅速下降，雅尔塔体系建立和世界发生深刻变化的复杂国际环境背景下产生的。第二次世界大战作为 20 世纪国际关系史上重大的转折事件，在经济、政治、军事各方面给世界带来巨大变化。美苏成为超级强国，战争摧毁了欧洲的世界中心地位，参战各国损失惨重，战前的欧洲四强英、德、法、意也都变得满目疮痍。德、意作为战败国不仅要承担各种战争损失，连领土也被盟军分区占领，处于任人宰割的地位，失去了欧洲事务的发言权。作为战胜国的法国，战后可谓是凋敝至极，不仅直接作为战场深受战争摧残，作为被占领国的维希政权与纳粹德国的合作也令法国的国际地位一落千丈，影响国际事务的能力非常有限。英国虽然也在战争中蒙受了巨大损失，但情况要比法国好得多。作为西欧唯一没有遭到直接入侵的大国，加上英联邦和英殖民地国家在战争中的巨大贡献，英国成了像美国一样在各个战场负有重要使命的国家。英国还作为盟国三巨头之一，参加了战后世界的安排，维持了较高的国际地位。

战后苏联的强大和欧洲大陆国家的严重削弱，打破了欧陆均势，当时的欧陆国家预防德国东山再起已经有些吃力，对于苏联的紧逼既紧张又无奈，迫切需要美国的介入，而美国由于长期的孤立主义政策，对欧洲介入时间不长，很难形成默契，在美国与西欧之间，就需要有一座沟通的桥梁。而此时的英国，也正欲扮演中流砥柱的角色，凭借战后相对强势和对欧陆的均势传统，希望自己能成为美国和西欧合作的主导者，在此背景下，作为一个伟大政治家的丘吉尔不失时机地提出了三环外交政策。

（二）三环外交发展与成效

英联邦英语表述为"the British Commonwealth of Nations"，最早出现于英国罗斯伯里伯爵阿奇博尔德·菲利普·普里姆罗斯（Archibald Philip Primrose）在澳大利亚阿德莱德发表的演讲中，[①] 表达的是一种帝

---

① Alex, M., *Britain, The Commonwealth and Europe, The Commonwealth and Britain's Applications to Join The European Communities*, Palgrave Publishers Ltd., 2001, p. 1.

国内的自治国家集团。英联邦对于英国的三环外交有着重要的意义，这是英国赖以维持大国地位的基础。维护英国在联邦内的势力和影响，是英国战后外交的重要战略目标，也是英国和美、苏及西欧交往的重要筹码，有利于英国国际地位的提高和保持。英联邦拥有 53 个成员国，成了仅次于联合国的第二大国际组织,① 英国通过英联邦的特惠制，获得了丰厚的回报。在英联邦封闭的经济体内，英镑区也给英国经济的发展做出了重要贡献。战后的英国虽然在英联邦中的支配地位有所下降，但作为前宗主国，英国还是和联邦国家有着多方面的传统联系。联邦国家尽管自治领在政治上与英国平等，但外交和防务上却还对英国有一定的依赖，这对英国在国际舞台上继续发挥自己的影响有重要的帮助。英美特殊关系在不同时段发展是不平衡的，战后初期曾对世界格局，特别是欧洲格局的形成和发展有着重要影响，也为英国维护本国利益和维持大国地位起到重要作用。

欧洲联合虽然是英国在当时国际背景下的一种策略选择，但客观上也满足了英国一贯对欧洲均势的心理需求。虽然经过第二次世界大战后的 20 多年英国才明白综合国力的强弱才是决定外交成就大小的终极因素，也才最终决定加入欧共体，但欧洲联合的思想无疑展现了英国务实而高超的外交手段。

丘吉尔确定的三环外交战略思想，一直影响着英国的外交政策。新世纪布莱尔推出的枢纽外交说，就是三环外交沿袭和发展的很好例证。2002 年年初，布莱尔对印度进行了访问，其间参加了班加罗尔工业协会组织的一次集会，会上明确表示，英国在相互依存的全球化世界中的作用正在不断加强，英国虽然"不再是超级大国，也没有了帝国，但英国可以通过和其他国家的合作扮演重要的枢纽角色"②。在他看来，英国具有独特的语言、历史、地理等优势，英国完全可以利用这些优势，再加上联合国常任理事国的身份和在北约中的特殊作用以及与美国、英联邦、欧盟等的特殊关系，英国是有能力发挥积极的轴心作用的。由此不难看

---

① Laurence Martin, John Garnett, *British Foreign Policy*, *Challenges and Choices for the Twenty-first Century*, London: Royal Institute of International Affairs, 1997, p. 55.

② 转引自张晓《布莱尔欲打造"枢纽"国家》，《光明日报》2002 年 1 月 18 日第 8 版。

出，虽然布莱尔的表述和丘吉尔重点不同，实质还是一脉相承的，是三环外交的继续和发展。英国特定的地理、历史、文化传统和岛国心理，使其不愿沦为欧洲一个普通国家，总希望自己超脱欧洲而充当欧洲和美国之间的桥梁。这在"9·11"后，曾一度让英国感受到了昔日帝国的辉煌，加上英国娴熟的外交技巧，使英国的国际地位得到提升。但从根本上来讲，所谓枢纽外交，仍然是英国欧洲主义和大西洋主义争论不下之下的一种选择，也还是英国借以寻求出路的一种手段。

（三）三环外交的运用与无力

三环外交构想把英国放在核心位置，但没有经济支撑的美丽愿景在现实中就会力不从心而变为空想。战后的英联邦确实拥有世界五分之一的土地和人口，但政治、经济、种族等问题，使这些国家与英国充满着矛盾，英联邦离心离德的倾向也日渐明显。英美特殊关系也只是被处于劣势的英国所看重，美国则并不是那么热衷。因自身综合实力的现实，只想借助英美特殊关系扮演欧美调停者的角色是很难重振其大国地位的。英国企图置身于欧盟之外的均势传统，因自身实力的下降与保持大国地位的愿望也渐行渐远。

英联邦作为英国三环外交的第一环，保持对殖民地的控制和自治领的领导，是英国充当大国进行外交的资本，作为英联邦的邦主，反映出了英国不愿放弃的昔日帝国梦，也反映出了其为满足安全感的需求，宁可死抱虚幻的大国以自安的岛国心理。随着世界形势的急剧变化，英联邦也由最初数量上的膨胀而变为质量上的松散，英联邦内部的离心力也不断增强，英国寄予厚望的第一环也在实践中不断落空。英美特殊关系因为两国之间的实力并不平衡，更多时候英国有求于美国，在国际战略中，虽然英国是美国必不可少的盟友，英国的地位却只能是个配角。两国在经贸、殖民地、北约领导权等问题上存在着矛盾和竞争，英国虽然更多时候迫于现实需要对美国做出让步甚至牺牲自己利益，但并不是处处听命于美国。正如美国前国务卿艾迪逊所说，"美国和英国之间确实存在着一个独一无二的关系，但这种关系不是深爱的那种"[1]。

---

[1] Dean Acheson, *Present at the Creation*: *My Yours in the State Department*, London: Hamilton, 1970, pp. 387 – 388.

英国是欧洲联合的积极倡导者，也是英国三环外交中位置最低的一环，其目的还是想借助联合的欧洲成为有话语主导权的第三种力量，保证大国地位，并不想让欧洲大陆国家成为一个联合体，但欧洲联合的态势却并没有按照三环设计的预想进行。1955 年 3 月，法国和西德领导的欧洲煤钢共同体成员在意大利的墨西拿集会，也邀请了英国，但遭到艾登拒绝。1957 年，《罗马条约》签订，1958 年，欧洲经济共同体成立。对于偏离自己设想轨道的欧洲联合，英国是不满的，甚至于 1960 年拉出了由英、葡等 7 国成立欧洲自由贸易区来对抗 6 国共同体，最终以失败而告终。战后初期，英国的国民生产总值在资本主义世界中位列第二，而到了 20 世纪 60 年代中期，已经下降到了第五位，此时英联邦的支撑作用也越来越弱，经济的困境和现实压力迫使英国不得不寻找新的出路，不得已于 1973 年加入欧共体。因为不是欧共体创始会员国，欧共体的一些政策可能就不符合英国利益，比如预算摊款和共同农业政策等，虽然通过努力，英国也维护了本国利益，但在欧盟形成过程中总扮演被拖着走的角色多少反映了英国三环外交第三环中的尴尬处境。

随着英国实力的相对衰落以及对前殖民地控制力的降低，英国的外交政策也不得不从全球转向美国和欧洲，"三环"也逐渐缩水，外交重心变成了现在的"两大支柱"。[1] 对于与欧美的关系，英国的精英们虽然仍没放弃桥梁作用的定位，但也已经明白"英国是无法孤立看待欧洲主义和大西洋主义的，因为这两种关系的结合点的地位正是英国力量的来源"[2]。所以英国也很清楚，三环外交已经和当初的设想大相径庭，而对和欧美关系的处理也并不容易，当双方立场一致时，英国可以充分运用外交技能适时进退，双方立场不一致时，英国就会处于很尴尬的位置，虽然英美特殊关系是首选，但扮演欧洲掣肘者角色也并非英国所愿。

二 摇摆不定的欧元政策

欧元的产生对欧洲乃至世界都是一件大事，对欧元的态度，英国经

---

① John Baylis, Steve Marsh, "The Anglo-American Special Relationship: The Lazarus of International Relations", *Diplomacy and Statecraft*, Vol. 17, No. 1, April 2006.

② John W. Young, *Britain and European Unity*, London: Macmillan Press, 2000, p. 122.

历了以撒切尔和梅杰为代表的保守党的疏离和以布莱尔为代表的新工党的亲近，最终却仍然游离于欧元区之外，表现出了对欧政策的不统一和不确定的尴尬处境。

（一）保守党对欧元的疏离

法国社会党人雅克·德洛尔（Jacques Delors）1985 年出任欧共体委员会主席之后，加快了欧洲经济一体化的进程，1986 年通过了《单一欧洲法案》，撒切尔出于对欧洲单一市场经济价值的看重，同意引入有效多数投票机制，以便推动单一市场建设。但撒切尔的欧洲单一市场动机和德洛尔是大相径庭的，撒切尔看重的是经济价值，德洛尔的目标是实现政治一体化，《单一欧洲法案》只是他推行政治一体化的一种手段。德洛尔曾公开表示对建立一个单一市场不感兴趣，成立一个政治联盟才是最终目的。[1] 他甚至在 1988 年 7 月的欧洲议会上乐观地宣布，10年内，会有一个萌芽状态的欧洲政府制定 80% 的经济立法，也许还包括税收和社会立法。[2] 由德洛尔担任主席的经货联盟研究委员会于 1989年 4 月发布了一个被称为德洛尔报告的《关于实现欧洲共同体经济和货币联盟的报告》，明确提出了实现经济与货币联盟的三个阶段：第一阶段主要内容包括密切的货币合作和完成单一市场，要确保所有成员国都能加入欧洲汇率机制（ERM），第二、第三阶段主要是规定迈向经货联盟的具体步骤，还在报告中直接指出进入第一个阶段就等同于参加整个过程。[3] 这个报告显示了德洛尔对经货联盟的自信，也表达了欧陆国家对单一市场和欧元的迫切需求。

撒切尔对德洛尔计划持一种完全反对态度，不认为欧洲单一市场和货币联盟有什么关联。[4] 时任财政大臣尼尔·劳森（Nigel Lawson）和外交大臣杰弗里·豪（Geoffrey Howe）和撒切尔的主张不同，他们虽然

---

① ［英］吉迪恩·拉赫曼：《世界 30 年：全球政治、权力和繁荣的演变（1978—2011年）》，曹槟、高婧译，中信出版社 2012 年版，第 40 页。

② Percy Cradock, *In Pursuit of British Interests: Reflections on Foreign Policy under Margaret Thatcher and John Major*, London: John Murray, 1997, p. 130.

③ Ibid., p. 131.

④ 马瑞映：《疏离与合作：英国与欧共体关系研究》，中国社会科学出版社 2007 年版，第 217 页。

也反对加入欧洲经货联盟，但认为英国应该加入欧洲汇率机制，希望通过加入欧洲汇率机制来将 ERM 和欧洲经货联盟的第二、第三阶段进程拆开。[①] 他们为此与撒切尔发生了激烈冲突，甚至辞职，而接任财政大臣的约翰·梅杰（John Major）也认为英国应该加入欧洲汇率机制，而且宜早不宜迟。在梅杰的劝说和欧共体的压力下，撒切尔最终做了让步，英国于 1990 年 10 月加入欧洲汇率机制，但在具体落实德洛尔计划问题上，撒切尔仍与欧陆国家争吵不断。

因欧洲问题的分歧，撒切尔失去了内阁的支持，被迫于 1990 年 11 月辞职，梅杰接任了首相。1991 年 12 月《马斯特里赫特条约》签订，这个条约对经货联盟的进程和各成员国的经济趋同指标进行了明确规定。梅杰率领的代表团，在这次会议上成功争取到了统一货币的例外选择权。《马斯特里赫特条约》附加文件规定，英国到 1999 年 1 月 1 日即使符合条约的标准，也可以自愿选择是否加入欧元区。梅杰对这种例外权还是比较满意的，在谈及《马斯特里赫特条约》时，认为"英国成功地利用条约谈判重申了各国政府的权威，欧共体将是一个主权国家的联盟"，是"民族国家塑造了欧洲，而不是欧洲来试图取代民族国家"。[②] 但梅杰的政策顾问珀西·柯利达（Percy Cradock）却认为，"虽然《马斯特里赫特条约》从英国的角度来看是一次很大的成功，但这种成功只是延长了英国'负隅顽抗'的时间，虽然英国保持了选择的开放性，但并没有阻止欧共体继续向着很多英国人不希望看到的方向前进，这种状况会让英国长期与欧洲处理关系时处境艰难。虽然条约的某些条款为英国赢得了一些时间，但增加了英国的疑欧主义和欧洲国家对英国的不耐烦，英国并没有自己清楚的战略"[③]。

欧洲经货联盟不仅是个经济设计，更是个政治设计，其主要实现方

① Robert Self, *British Foreign and Defence Policy since* 1945: *Challenges and Dilemmas in a Changing World*, Basingstoke: Palgrave Macmillan, 2010, p. 133.

② John Major, "Raise Your Eyes, There is a Land Beyond", *The Economist*, 25 September 1995.

③ Percy Cradock, *In Pursuit of British Interests: Reflections on Foreign Policy under Margaret Thatcher and John Major*, London: John Murray, 1997, p. 139.

式是各成员国货币通过一定机制转成同一货币，要求各国放弃对利率的控制，不能再设定失业和通胀目标，这实际上带有主权让渡性质。英国在汇率机制方面有过深刻教训，① 这也正是撒切尔不愿接受欧洲汇率机制的一个重要原因。1992 年 6 月，丹麦全民公投否决了《马斯特里赫特条约》，法国也在当年 9 月 20 日进行了全民公投，最后仅以 51.05% 对 48.95% 的微弱多数批准了《马斯特里赫特条约》。这一现象表现出人们对统一的金融市场信心不足，也出现了货币投机，金融市场上出现抛弱币抢购德国马克的情况。芬兰马克、意大利里拉等先后受到冲击而大幅贬值，英镑也成为受害者。1992 年 9 月 16 日，经过两次提高利率，从前一天的 10% 已经提高到 15% 的英国，仍然无法遏制英镑的颓势，在寻求德国支持失败后，英国被迫于当晚宣布退出欧洲汇率机制，就是所谓的"黑色星期三"事件。这一事件既是英国金融史上的一件大事，也为英国反对加入欧洲单一货币提供了借口。尽管梅杰也曾做过多方努力，面对强大压力，只能观望，保持加入单一货币的选择开放性，不对加入欧元做出决策。这种状态的存在，也让梅杰政府和欧洲很难走近，甚至 1996 年英国"疯牛病"事件时，英欧之间出现严重对立。

（二）新工党对欧元展现灵活态度

高举"新工党"旗帜的布莱尔，1997 年 5 月上台执政后，推行积极、建设性的欧洲政策，对经货联盟的态度比较积极。布莱尔时期已经到了欧洲经货联盟的第三阶段，他自己对货币一体化还是比较认可的，认为那些疑欧派所追求的绝对意义上的主权是虚无的，英国相对衰落的现实以及以商品和资本快速流动为特征的现代社会，主权受侵蚀其实是正常的。对于英国与欧洲的关系，推动与欧洲国家的协调一致有助于增加英国的国家利益，坚信"一个人在沙漠里孤独地待着，确实是保住

---

① 欧共体领导人早在 1969 年 12 月的海牙峰会上就提出了建立欧洲经货联盟的主张，布雷顿森林体系崩溃后，欧共体加快了经货联盟的建设进程。1972 年 4 月建立"蛇行于洞"汇率机制，1973 年演变成"联合浮动"机制。希思政府参与了这一机制，不久就因大量外汇储备流失而被迫退出。这一屈辱经历直接影响了随后的卡拉汉政府，决定与欧洲货币体系建立联系，但不加入汇率机制，英国也成了欧共体内唯一没有加入汇率机制的国家。这也影响了其后英国历届政府对汇率机制的政策。

了主权，但同时他也变得无依无靠，很难有所作为"①。与大多数英国人不同，布莱尔认为英国是一个重要的欧洲国家，所以英国应该领导欧洲改革，而不是跟在别人的后面。② 应该坚决摒弃与欧陆国家关系的犹豫和模糊，可以把加入欧元区作为一个明确的信号，如果"丧失了在欧洲的中心作用，其实也就丧失了在国际上发挥重大作用的机会"③。

与布莱尔的亲欧思想不同，时任财政大臣戈登·布朗（Gordon Brown）的表现就消极得多。他首先试图推迟创立单一货币的时间，被法、德拒绝后，于1997年10月在议会下院公开表示至少本届议会任期内英镑会被保留。他还为此从就业、投资、金融、灵活性和趋同性五个方面提出了英国加入欧洲经货联盟的五项经济测试标准。④ 首批加入欧元区的国家是英国1998年担任欧盟轮值主席国期间，由布莱尔亲自主持遴选的，但对于英国是否加入欧元区，布莱尔表示要等"五项测试"结果，而作为"五项测试"的幕后主导者，布朗实际上掌握着是否加入欧元的最终发言权。⑤ 虽然专家们对"五项测试"工作开展得非常认真，"但相当明显的是，布朗已经出于政治原因做出了决定"⑥。2003年3月，布朗向布莱尔汇报了"五项测试"的评估报告，结果显示五项指标有四项未达标，无奈的布莱尔只好给法、德领导人打电话决定英国推迟加入欧元区，并表示英国"可以加入，但不是现在"。⑦

（三）游离于欧元之外的尴尬

英国不加入货币联盟，有经济上的原因，更多的恐怕还是政治上的考量，而更深层次的因素是民众心理上的对欧洲大陆固有的不信任。

首先是民族心理的影响。岛国心理所形成的对欧洲大陆固有的不信

① Philip Stephens, *Tony Blair: The Price of Leadership*, London: Politico's, 2004, pp. 152－153.

② ［英］托尼·布莱尔：《新英国：我对一个年轻国家的展望》，世界知识出版社1998年版，第6页。

③ 同上。

④ HM Treasury, *UK Membership of the Single Currency: An Assessment of the Five Econmic Tests*, Cm5776, June 2003, p. 1.

⑤ Philip Stephens, *Tony Blair: The Price of Leadership*, London: Politico's, 2004, p. 243.

⑥ Jonathan Powel, *The New Machiavelli: How to Wield Power in the Modern World*, London: Vintage, 2011, p. 244.

⑦ Philip Stephens, *Tony Blair: The Price of Leadership*, London: Politico's, 2004, p. 337.

任，使英国在欧盟国家中总是显得另类，也反映出民众心理调整的困难。欧元从 1999 年启动到 2002 年正式流通经历三年时间，这中间曾有一个民众认同对比（见表 5—1 和表 5—2）调查。① 调查显示，经过欧元三年运行，欧盟国家对欧洲的认同普遍提升，英国在两次调查都远低于平均认可度的情况下，与平均值比却是下降的。认为只是英国人的比率 1999 年比平均值高 22 个点，到 2002 年比平均值高了 24 个点，对英国民族的认同增加了 2 个点；认为是英国人加欧洲人的比率 1999 年比平均值低了 18 个点，到 2002 年比平均值低了 20 个点，对既是英国人又是欧洲人的认同减少了 2 个点。而同期的欧洲大国仅法国变化不大，德、意等对欧洲的认同都有增加。

表 5—1　1999 年欧盟 15 国民众民族认同与欧洲认同的比率（%）

国家	卢森堡	芬兰	丹麦	荷兰	瑞典	比利时	爱尔兰	葡萄牙	西班牙	奥地利	希腊	意大利	法国	德国	英国	平均
A	23	61	56	44	61	41	53	52	48	47	60	26	39	31	67	47
B	41	35	37	49	32	42	38	42	37	42	38	56	48	53	24	41
C	11	3	3	5	4	8	4	2	8	5	9	7	6	3	5
D	20	1	3	1	2	7	4	2	4	3	1	6	4	3	4

注：A 表示只是某国人；B 表示某国人 + 欧洲人；C 表示欧洲人 + 某国人；D 表示只是欧洲人。

表 5—2　2002 年欧盟 15 国民众民族认同与欧洲认同的比率（%）

国家	卢森堡	芬兰	丹麦	荷兰	瑞典	比利时	爱尔兰	葡萄牙	西班牙	奥地利	希腊	意大利	法国	德国	英国	平均
A	26	55	38	41	54	34	47	43	39	45	48	20	33	28	62	41
B	43	40	55	48	38	49	43	49	43	39	46	65	52	60	28	47
C	13	3	5	7	5	10	4	4	10	11	4	9	8	4	4	7

----

① 转引李明明《单一货币与认同——关于英国对欧元态度的社会心理分析》，《上海交通大学学报》（哲学社会科学版）2005 年第 6 期。

续表

国家	卢森堡	芬兰	丹麦	荷兰	瑞典	比利时	爱尔兰	葡萄牙	西班牙	奥地利	希腊	意大利	法国	德国	英国	平均
D	14	1	2	2	1	5	3	2	6	2	2	4	4	4	4	4

注：A 表示只是某国人；B 表示某国人 + 欧洲人；C 表示欧洲人 + 某国人；D 表示只是欧洲人。

其次是对被欧洲融化的恐惧。对于英国民众来说，既有历史上屡被欧洲欺负的创伤，又有"黑色星期三"的痛苦记忆，这些都无疑加重了他们对被欧洲消融掉的恐惧。他们认为一个国家的货币是保持国家延续性、差异性和集体自尊感的符号，[1] 如果加入欧元，担心会失去英国的国家特性。对主权的关注，英国要比欧陆国家强得多，民族认同感越强，英国就越不愿放弃英镑。这在欧元开始流通前的一项调研中也有显示。1997—1998 年，研究人员对欧盟 15 国进行了广泛调研，结果大部分英国人认为一旦失去英镑，就会威胁民众对国家和民族的认同。[2] 英国人担心随着货币的统一，欧洲也会成为一个国家，导致英国沦为欧洲的一个州，从而失去在国际上的地位和作用。对英镑的依恋也就意味着对欧元的排斥，而英国对欧元的态度也反映出其不愿意增加自身的欧洲性，更愿意坚守英吉利民族的特性。[3]

再次是对曾经辉煌的留恋。英镑是英国荣耀的象征，是代表英国作为世界大国的符号之一。在被美元取代之前，英镑曾是国际货币储备和结算使用最为广泛的货币。其在金融界的荣耀地位，让英国人深以为傲，在英国人看来，英镑是代表着国家主权的，坚挺的英镑是国家实力和国际威望的象征。甚至认为放弃英镑就是放弃不列颠。[4] 这种心理在

---

① Amelia Hadfield-Amkhan, *British Foreign Policy*, *National Identity*, *and Neoclassical Realism*, Lanham: Rowman & Littlefield, 2010, p. 178.

② Ibid. , pp. 178 – 179.

③ 李明明：《单一货币与认同——关于英国对欧元态度的社会心理分析》,《上海交通大学学报》（哲学社会科学版）2005 年第 6 期。

④ Thomas Risse, Daniela Engelmann-Martin, Has-Joachim Knopf, Klaus Roscher, "To Euro or Not to Euro? The EMU and Identity Politics", in the European Union, *European Journal of International Relations*, Vol. 5, No. 2, 1999.

领导人中也有明显表现，撒切尔曾不客气地说"放弃英镑，而向欧元屈膝，就是对为捍卫英镑而生而战的历代先祖的背叛"①。还有领导人为维护英镑的地位，不惜危害国民经济的增长，感情用事地在国际交易和储备时维持英镑的固定汇率。②

三　岛国心理与若即若离的英欧关系

赵怀普教授曾就英国缘何对欧盟若即若离发表过专门文章，③ 认为英国对欧洲之所以若即若离，至少可以从三个方面寻找原因，第一个是是否加入欧盟涉及英国的对外战略选择，认为英国既不想放弃作为美国主要盟友发挥世界大国作用的思想，又害怕在欧洲经济上、政治上作用日益被边缘化，④ 所以疑欧和融欧的派别争论将是英国历届政府必须面对的棘手问题。第二个是加入欧盟会侵蚀到英国的主权，认为影响英国和欧盟关系的一个重要因素就是主权问题，加入欧洲联邦是英国人"骨子里不愿做的事情"，⑤ 英国在主权问题上采取的是原则性和灵活性相结合的策略，对主权让渡问题，试图在原则性和灵活性中找到平衡点，这个点并不好找，且会制约英国和欧盟的关系。第三个是"入盟"会冲击英美特殊关系，认为英美特殊关系是战后英国的外交基础，尽可能保持和美国的密切关系是英国外交政策的一个根本出发点，英国只有搞好了和美国的特殊关系，才可能在各种国际事务中影响美国的政策和判断，⑥ 这一思想反过来制约了英国和欧盟的关系。

文章还认为，"这三个原因彼此关联，并综合地对英欧关系产生影响"。同时文章对大体的逻辑关系也进行了梳理："由于英国坚守其主

① David Baker, David Seaw Right, *Britain for and against Europe*, Oxford: Clarendon Press, 1998, p. 61.
② 邹根宝、黎媛菲、江畅：《从布朗的五项测试标准看英国加入欧元区的前景》，《世界经济研究》2003 年第 10 期。
③ 赵怀普：《英国缘何对欧盟若即若离》，《国际论坛》2005 年第 5 期。
④ Derek W. Urwin, *The Community of Europe: A History of European Integration since 1945*, London, 1995, p. 115.
⑤ Morgan, R., *West European Politics Since 1945*, London, 1972, p. 135.
⑥ David Dimbleby, David Reynolds, *An Ocean Apart: The Relationshipbetween Britain and America in the Twentieth Century*, London, 1988, pp. 309 – 310.

权原则，要想保持英国作为一个'世界大国'的地位，它就不能与其他国家实现主权融合与分享；同样，由于英国深信与美国的'特殊关系'是维护自身大国地位的有效途径，如果完全融入欧盟，它就丧失了外交上的独立性，从而危害英国传统的国家利益。"文章最后认为"英国对欧盟若即若离的困境是由深层的英国独特的政治文化和外交传统所决定的，这同时意味着摆脱这一困境的艰难"①。但对深层次的独特的政治文化和外交传统，文章没有再进一步挖掘。

文章的分析很有见地，也自成体系。对岛国思维也有提及，不过没有进行进一步的分析。笔者认为，能影响更深层次的政治文化和外交传统的正是英国独特的岛国心理及由此而产生的外交行为。

对于融入欧洲，英国有种本能的抗拒。不管是保守党还是工党，包括所谓的新工党，他们在对欧的立场本质上是相近的，他们最希望的是，关于欧盟的辩论只是在商贸领域，一体化的深化能不影响国家主权。② 主张对欧洲的政策是建立在成本和收益的分析上，而不是一个关乎命运的欧洲统一信念上。③ 英国对主权的担忧也正是源于岛国心理核心内容不安全感，总害怕被欧洲欺负。欧洲一体化程度越深，英国对主权的担忧就越大，而对欧盟越抵制，被边缘化的可能也就越大。岛国心理导致的外交尴尬正在让英国面临的压力日益增大，当前欧盟的发展也正让英国要么进一步纳入欧洲一体化进程，要么面临被排除欧洲核心的严峻考验。这一点已经被越来越多的人所认可，皇家国际事务研究所专家罗宾·尼布利特（Robin Niblett）认为，随着世界形势的发展，美国会越来越远离欧洲，英国才会日益卷入欧洲事务，所以，未来的英国在处理外交事务时，可能会先与欧洲伙伴谈判和磋商。④ 不过，就英国目前的外交特点而言，他们在决策时是会留有余地的，至少会考虑两者兼顾。英国诸如大国观念、对主权的坚持等认知与欧洲一体化的最终目标

① 赵怀普：《英国缘何对欧盟若即若离》，《国际论坛》2005 年第 5 期。

② "An Island Sends the EU a Pamphlet", *Financial Times*, 31 March, 2011.

③ Matthias Matthijs, "David Cameron's Dangerous Game: The Folly of Flirting With an EU Exit", *Foreign Affairs*, September/October 2013.

④ Robin Niblett, "Choosing between America and Europe: A New Context for British Foreign Policy", *International Affairs*, Vol. 83, Issue 4, July 2007.

是不一致的，这也决定了英国很难做出退回欧洲的正式选择。如果没有更多的利益和更多手段的心理调整，在相当长的时间内，英国是不会把自己降为欧洲大国的，也就是英国融入欧洲还有很长的路要走。

第三节　消亡阻抗与英欧关系思考

阻抗是常见的心理自我保护现象，历史上形成的岛国心理使英国对欧洲大陆有种本能的恐惧，这种消亡恐惧在现实英欧关系中容易出现阻抗行为。岛国心理的影响让英国对欧洲大陆充满了疑惧，而作为一个欧洲国家，是难以撇开欧洲大陆而独存的，这也不符合英国的国家利益，如何克服岛国心理所带来的消亡阻抗、有效融入欧洲，是英国面临的重要课题。

一　心理学中的阻抗

阻抗（impedance）一词最早不是出现在心理学研究领域，而是应用在物理学领域，指的是当电压和电流按正弦规律变化时，电路对交流电所起的抵制和阻碍作用，阻抗值是电路两端电压的有效值与输入电流有效值的比值。心理学中的阻抗（resistance）最早是由弗洛伊德引入和借用，他在临床治疗中发现，当让来访者进行自由联想时，他们会故意压抑那些让自己产生焦虑的认识和记忆，他把这种现象称之为阻抗。随着精神分析理论的发展和成熟，阻抗也成了一个常用词汇，虽然对概念的精确表述并不完全统一，但对其内涵的认识较为一致。一般把人们刻意回避某种不快经历、压抑某种焦虑情绪、抵触某种特定事件、拒绝改变某种认知和行为等现象都称为阻抗，所以对于阻抗的概念解释，精神分析认为不是某种特定现象，而是所有精神防御机制的总和。当前的心理学研究，已经更多地把阻抗研究运用于对外心理防御，主要是研究个体出于本能而产生的对外防御心理。当然，对个体阻抗的研究理论和成果，应用于族群研究便自然延伸到了国家间关系研究，也是心理学研究应用于国际关系研究的一种方式和表现。

对阻抗的研究过程也是一个逐渐认知过程，早期研究都把阻抗看成一个消极过程，认为阻抗对人对事产生的都是消极作用。当前不管是心理学界还是社会学界，普遍认为阻抗虽然有一定消极影响，但从个体自我保护来说，也具有较强的积极意义，比如人们经常会处于某种不确定性的环境中，有时甚至会面临危险，在这种状态下产生阻抗就是一种正常的自我心理保护。

心理学上一般认为阻抗有三种表现形式，即挑衅性（Aggressive）阻抗、挑衅—消极性（Passive aggressive）阻抗和消极性（Passive）阻抗。① 挑衅性阻抗表现得比较直截了当，在态度上的表现是对变化进行绝对抵制甚至彻底否定，在思想上的表现是对某种理念的坚决拒绝。挑衅—消极性阻抗的主要表现是委婉拒绝，找出一些似是而非的理由达到不合作的目的。消极性阻抗的主要表现是在心态上阳奉阴违，在做法上穿新鞋走老路，虽然心里不接受，迫于外在压力在表面上表现为附和的行为。

二 英国消亡阻抗与英欧关系前景

屡受欺凌的历史和英欧上千年的战争，使得英国对欧洲有种本能的排斥和怀疑，不愿将自己的命运与欧洲的前途联系在一起。英帝国的建立也让英国人信心满满，不屑与欧洲为伍。相信"一个一直单打独斗的国家没有必要与邻国保持步调一致，从而牺牲自己的主权"②。战后丘吉尔虽然口头上对建立一个统一的欧洲表示支持，但他所谓的欧洲一统是不包含英国的，认为自己是和美、苏一样的大国，而且是英联邦的领袖，所以英国应该扮演的是赞助者或者祝福者，而不是欧洲的正式一员。③ 甚至在1949年10月份的一份内阁文件中明确表示"我们必须像过去那样一如既往地保持我们与其他欧洲国家性质不同的身份，根本不能与它们实行全面的一体化"④。1950年，面对美国对西欧一体化的呼

① Janas, M., "The Dragon is Asleep and lts Name is Resistance", *Jounal of Staff Development*, No. 3, 1988.

② ［英］菲利普·斯蒂芬斯：《欧洲、英镑和撒切尔的手袋》，2013年4月15日，英国《金融时报》中文网。

③ ［美］罗伯特·帕斯特主编：《世纪之旅：七大国百年外交风云》，胡利平、杨韵琴译，上海人民出版社2001年版，第50页。

④ 转引自赵怀普《英国缘何对欧盟若即若离》，《国际论坛》2005年第5期。

吁，时任英国外交大臣的欧内斯特·贝文（Ernest Bevin）甚至非常愤怒地表达"大不列颠不是欧洲的一部分，她可不是像卢森堡那样的国家"①。这些思想也传递出一个非常明确的信息，那就是英国人对欧洲的怀疑看似非常自信的表达，实则是一种内心深层次的恐惧，因为这些思想认为欧盟是个卑鄙的阴谋，企图破坏英国的自由，阻止英国雄心壮志的实现。② 在他们的心目中更希望欧盟是一种乌托邦式的政治工程，而不是真正走向一体。卡梅伦在 2010 年 4 月的演讲给这个思想做了很好的注解，他明确表达"我对用乌托邦计划重塑世界持质疑态度"③，也为英国继续与欧盟保持距离找到了看似合理的解释。

丘吉尔的三环外交思想带有明显的大国情结，是一种理想化的外交。当然，这也不是丘吉尔凭空想象出来的，是英国外交传统和战后英国衰落的现实相结合的产物，也是世界力量发生变化的大背景下的产物，是英国面对颓势，试图保持大国地位的一项外交方针。明知力量不足却还拼命扮演大国角色的行为本身已经反映出英国岛国心理在外交选择上的理想化和非理性，这种看似合理的选择体现得恰恰是英国对衰落及消亡的恐惧，这种消亡恐惧会产生心理上的阻抗，表现在外交行为上就是把自己装扮成重要角色，甚至能左右别人的角色，这实际上是一种阻抗中的反向行为。

当前的英欧关系处于持续重铸之中，战后的英国利用其政治和经济霸权来安排欧洲事务的状况正在走向终结，④ 继续坚持认为自己本身就是一个浑然一体的世界，⑤ 而不是欧洲一部分的思想已经显得不合时宜。英国皇家国际事务研究所 2010 年在《今日世界》上刊载了一篇文

① David Reynolds, *Britannia Overruled: British Policy and World Power in the Twentieth Century*, London: Longman, 1991, p. 198.

② ［英］菲利普·斯蒂芬斯：《欧洲、英镑和撒切尔的手袋》，2013 年 4 月 15 日，英国《金融时报》中文网。

③ "The Conservative Party View of Future Defence and Security Policy", *RUSI Analysis*, 21 April 2010（http://www.rusi.org/analysis/commentary/ref: C4BCEC98CCE762/）.

④ Jacqueline Tratt, *The Macmillan Government and Europe*, Macmillan Press Ltd., 1996. p. 72.

⑤ Michael Waffles, *The Collected Essays of Sir Winston Churchill*, Volume Ⅱ, Buckram, 1976, pp. 485–486.

章，题目为"英国外交政策优先度：艰难选择"，该文认为英国多年来的外交政策一直在回避选择，总是满足于充当中间人的角色，现在的英国该做出选择了，应该重新评估英美关系，要改变推进欧盟就会损害英国主权这一惯性思维。① 该研究所还在 2010 年 7 月发布了一个题为《在忠诚与理性之间：英国对美国和欧盟的政策》的报告，认为英国应该调整对英美特殊关系的认识，要意识到这种特殊关系在美国外交中的地位并不像英国希望的那样重要，英国应该更有效地融入欧洲，特别在防务和安全政策上予以强力支持。② 英国空有大国雄心和挥之不去的帝国荣耀感，但在现实面前，在注重现实的英国外交面前，回归欧洲大陆成了英国的不二选择。而对回归大陆的阻抗行为，从心理学上讲是一种正常反应，从另一个方面反映出了英国对和大陆融为一体害怕遭到隔绝和孤立的深层心理需求。

英国申请加入欧盟并不是为了欧洲统一，而完全是出于现实的考虑，因为他们很清楚："英国虽然加入了欧洲舰队，但是它的方向不明确，速度也不确定，它相信加入到这个舰队才有机会影响舰队的方向或速度，而一个人在大部队后面游荡其实是非常危险的。"③ 三环外交思想除了其独特性引起公众关注外，其务实性也为以后的政治家所接受，对战后乃至现在英国的外交都产生了重要影响。在刚出笼的一段时间里取得了一定的成效，也使得英国继续保持了世界大国的影响和地位。战后美国和西欧出于应对苏联威胁的共同需要，很快走到一起，美国希望通过经济上实施马歇尔计划、军事上组建北约来控制西欧，英国恰逢其时地利用自己的国际影响和战略位置起到了无可替代的作用。英国推出三环外交并不是为了接受美国的统治，而是为了和美国平起平坐，这在第二次世界大战结束到 20 世纪 50 年代中期在一定程度上达到了英国的目标，英国通过在欧洲和世界舞台上的一系列活动，保持了一定的威望

① Chatham House Research Program，"British Foreign Policy Priorities Tough Choices"，*The World Today*，Vol，66，No. 4，2010.

② Anand Menon，*Between Faith and Reason：UK Policy towards the US and the EU*，Chatham House，July 2010，p. 1.

③ Laurence Martin，John C. Garnett，*British Foreign Policy：Challenges and Choices for the Twenty-first Century*，London：Royal Institute of International Affairs，1997，p. 117.

和国际地位。

但并非建立在综合实力上的所谓三环连接点，多少有些不真实和理想化。战后初期日本和西欧经济没有腾飞，英国处于世界第三的位置，三环在一定程度上满足了英国的大国需求。随着世界形势的发展，三环外交超过自身实力的高目标在现实中就会让英国顾此失彼。不但不能保证英国的大国地位，也因这一思想的影响让英国错失了融入欧洲，甚至领导欧洲的最佳时机。三环外交中最不被英国重视的第三环，在英国外交中也显得越来越重要了。破除三环外交的老套思路，重新回归欧洲，恐怕是英国外交最无奈却又是最现实的选择。布莱尔就从国家利益出发，没有固守陈旧观念，发扬了英国一贯的实用主义外交传统，认为英国融入欧洲比在美国和其他地方得到的好处多，"如果英国在欧洲是强大的，那么它在全世界则更为强大"①。

当然，英国外交的重心向欧洲转移并不是结束英美特殊关系，具有遗传性的民族心理和文化还是有强大生命力的。从现实主义的角度，作为国际舞台上的老大，美国对英国的作用还是不能舍弃的，所以英美特殊关系也将长期存在。对于英联邦，仍然是英国现存的政治资源，虽然只是一个空壳，但毕竟还存在着，也可以随着国际形势的变化和英国实力的变化进行调整。就现在的形势来看，正视国民的消亡阻抗心理，向欧洲倾斜，调整欧洲联合在三环中的位置，逐步融入欧洲是英国当局无法回避的问题。

三　积极融入欧洲的策略思考

岛国心理的矛盾性导致了英国在很多问题上犹豫不决，也正是这种矛盾性和犹豫不决，培养了英国在外交中的妥协智慧。英国外交的成功归功于善于妥协的民族性格，这种妥协不是一味地退让，是斗争中的妥协，在给英国争得巨大利益的同时，不至于使英国社会出现巨变，也能够保持和别国相对平稳的关系。这种民族性格的养成是伴随岛国心理的形成发生的。从英国历史上讲，妥协虽然痛苦，但同时也保证了岛国早期人类的存在和民族文化的延续。在以后的对外战争和交往中，英吉利

---

①　转引自计秋枫等《英国文化与外交》，世界知识出版社 2002 年版，第 481 页。

民族一直秉承既斗争又妥协的外交策略，游刃于各大国之间几百年，积累了丰富的外交经验，也是英国贡献给世界的一大财富。

随着英国国力的相对下降，英国周旋于各大国的外交空间也在逐渐缩小，英国的国际影响也大不如前。2014 年 9 月 18 日苏格兰独立公投，虽然最终选择了继续留在联合王国，但这个从 1707 年签署《联合法案》以来已经历经 3 个多世纪的伟大"联姻"，再次真切地让人看到联合王国吸引力的减弱。苏格兰的这次公投结果也显示了英吉利民族一贯妥协的特性，这种特性不仅英格兰有，它是整个英吉利民族的共性。当前的英国，继续发挥其一贯的妥协智慧，保持与大国的适当距离，适时融入欧洲也许是未来英国外交的最佳选择。关于如何有效融入欧洲，有几个方面的问题应该引起重视。

（一）青少年的文化教育

英国政治和知识精英更多推崇的是对美国的认同教育，他们通过文化、语言、价值观等的相同性对青少年进行亲美教育。英格兰的学龄儿童都能听到历史学家乔治·麦考林·屈威廉（George Macaulay Trevel-yan）讲述的同一个故事"停泊在欧洲大陆之外的奇怪岛屿"，也知道了这个岛屿是如何成为一个世界大帝国的。这个故事经过丘吉尔的改编，变得更为宏大，英国、美国、英联邦都被归属到同一个政治共同体。"到 20 世纪末，有关记载、分析以及庆祝'盎格鲁势力范围'共同历史和图书可以装满一个小图书馆。"[1] 这种教育必然导致青年一代的认同倾向于美国而不是欧洲大陆。对于亲美疏欧的教育是被广泛接受的，甚至作为欧洲议会议员的英国人丹尼尔·汉南（Daniel Hannan）在其新书《发明自由》中在对自由进行解读时认为，关于自由的概念，英语国家圈与多数欧陆国家是截然不同的。他认为盎格鲁人的权利观是由传统塑造的，根植于法律之中，而欧陆国家则认为权利是国家赋予的。[2] 由此不难看出英国的教育从观念上就是疏离欧洲的，要想改变英欧关系，文化教育的作用是必不可少的。

---

① ［英］蒂莫西·加顿·阿什：《自由世界：美国、欧洲和西方世界的未来》，张宁译，东方出版社 2009 年版，第 21 页。

② Daniel Hannan, *Inventing Freedom：How the English-Speaking Peoples Made the Modern World*, New Zyork：Harper Collins, 2013.

（二）大众媒体的宣传引导

媒体宣传对一国民众的社会认知影响是非常巨大的，一种文化的存在与发展是需要与其他异质文化特别是有竞争的文化相伴随的。每一种文化的自我建构和维护过程中，往往会牵涉与自己相对的文化建构。在解释和维护自身文化的时候，会对照不同特质文化，对异质文化进行解释和再解释，以彰显自己的独特性，体现存在感。正如著名文学理论家爱德华·萨义德（Edward Waefie Said）所言，"每一个时代和社会都重新创造自己的'他者'"①。

英国民众内心对欧洲大陆的疏远除了历史记忆的沉淀和岛国心理的影响外，媒体宣传也是一个重要因素。英国媒体充斥着大量给欧洲带来负面影响的文章，英国欧洲改革中心主任查尔斯·格兰特（Charles Grant）认为，英国读者看到的报纸有四分之三是质疑和否定欧洲的，其中有影响力的如《泰晤士报》《每日电讯报》等几乎就没有发表过说欧盟好话的文章。《经济学家》、BBC等虽然较为客观，但被冠以走"精英路线"的帽子。② 英国在树立自己的民族自信时，往往会拿欧陆国家进行对比，对于宿敌法国更是这样。比如2014年年初，就经济形势孰好孰坏问题，两国媒体就打起了口水仗，《每日电讯报》为了显示英国的优势发布了一个数字："至1066年以来，英法两国曾进行了35场战争，美国独立战争算双方都失败，另外34场英国胜23场，法国胜11场。"③ 这些看似没有什么意义的统计，表现出了英国民众对自信的需求和对欧陆的不屑，而这种不屑反映的是其内心深深的不安全感，经过媒体的推波助澜，容易被固化。英国媒体如果不能调整思维，引导大众培养客观、理性的心理，那么英国真正融入欧洲还会有很长的路要走。

（三）相关制度保障

英国对美国的亲近感使得很多制度的建立成为可能，而通过在这些

① ［美］爱德华·萨义德：《东方学》，王宇根译，生活·读书·新知三联书店1999年版，第426页。

② Charles Grant, "Why is Britain Eurosceptic?", *Centre for European Reform Essays*, December 2008.

③ "Ten Reasons Why Britain is better than France", *The Telegraph*, 14 Jan. 2014.

制度中工作的机构和人的作用，可以形成更好的互动，从而形成良性循环。2013 年的"斯诺登事件"从侧面证实了英美建立的有效机制，通过爱德华·斯诺登（Edward Snowden）的一系列"爆料"，英、美两国情报机构，特别是英国政府通信总部和美国国家安全局之间高度的合作关系被大家所熟知。而对于欧洲一体化，英国虽已深刻参与到欧盟制度化建设之中，但对像欧委会、欧洲议会、欧洲法院等这样超国家机构的设立还是比较排斥的。前面提到的英国人丹尼尔·汉南，作为欧洲议会议员尚不认可欧盟，其他一般民众对欧盟的感知就可想而知了。在英国人的观念中，他们和美国更为接近，欧盟就是一个过度监管、低效率的官僚机构。英国作为行为体不愿接受欧盟的制度，而没有制度建设做保障，英国在实际融入欧洲的过程中就会变得更为艰难。

（四）精英分子的推动

英国的精英们也早就看到了英国的现实状况和未来的发展，当代领导者也无时不在为英国国家利益而进行努力奋斗。后冷战时代，随着欧洲一体化的进一步深化，英国对欧洲的平衡能力进一步削弱，其在美欧关系中的位置也更加尴尬。① 布莱尔执政初期就表达了深化和欧洲关系的愿望，成为首相后第一次关于欧洲的演讲中便声称愿意接受成为欧洲建设性伙伴，同年 11 月的演讲再次表达了成为欧洲一个领导伙伴的愿景。② 在对待欧元问题上，给布莱尔首相当过办公室主任的约翰逊·鲍威尔（Jonathan Powell）曾有过这样的表述："在恢复英国在欧洲领导地位方面，我们是成功的，但在劝说民众热爱欧洲方面，我们没有成功，特别是欧元，是我们最大的失败。"③ 他的这一表述至少反映了三个问题，一是英国民众对欧洲固有的怀疑心理很难在短期内调整过来，培养民众对欧洲的好感有很长的路要走；二是仍然认为英国是一个大国，至少是欧洲的领导者；三是对岛国心理对英国民众的影响认识不

---

① Zbigniew Brzezinski, *The Grand Chessboard*: *American Primacy and Its Geo-Strategic Peratives*, New York: Basic Books, 1997. p. 42.

② Kirsty Hughes, Edward Smith, "New Labour-New Europe?", *International Affairs*, 1998, Vol. 74, No. 1.

③ Jonathan Powell, *The New Machiavelli*: *How to Wield Power in the Modern World*, London: Vintage, 2011, p. 253.

够，在他看来最大的失败是欧元，其实岛国心理带给英国民众的疑欧、反欧、惧欧才是精英们更要面对的问题。至于欧元，只是岛国心理在一个侧面的反映而已。

布朗上台之后便力图摆脱英美特殊关系的枷锁，高举起多边主义的大旗，反对单边主义和孤立主义，主张进行国际合作。① 卡梅伦政府也认为"英国应该有自己的外交特色，不能一味充当美国的小伙伴，应该按照自己的观点和信念行事"②。2010 年 11 月 2 日，英国首相卡梅伦和法国总统萨科奇在伦敦签署了两项双边安全防务合作协议，有效期为50 年。这一协议在英法安全防务方面合作的宽度和深度都是前所未有的，也将两国安全防务合作提升到一个新的高度。

（五）应有观念调整成功的信心

人的心理具有相对稳定性，但不是一成不变的。随着社会进程的发展、生存环境的变化，在国家间互动频数增加的情况下，整个社会的认知也会改变。这种改变经过行为体的实践活动及效果反馈，会使行为体对原先的认知和自身定位进行反思，修正或改变自己的认知，这在英国历史上是有先例的。

英国工党是个相当疑欧的政党，1974 年英国工党经过大选上台后，曾就英国是否继续留在欧共体内举行了史无前例的公投，结果却是三分之二的英国人选择了留在欧共体。1983 年的大选，工党甚至在竞选纲领中写入了退出欧共体的政策主张。20 世纪 80 年代后期，欧共体推出的《社会宪章》，可以更多地保障工人利益。而此时的工党正受到撒切尔政府的打压，欧共体的这一举措使他们认识到可以利用欧共体的舞台实现在国内难以实现的目标。工党领导层便调整了自己的战略思维，积极参与欧洲一体化进程，试图通过参与来影响欧共体的发展方向，进而推行其自由、平等、机会均等等传统理念和目标的实现。有鉴于此，工

---

① Gordon Brown, "Speech to the Lord Mayor's Banquet", 10 November 2008 (http: // tna. europarchive. org/20081209202104/http: //www. number10. gov. uk/Page17419, 2010 – 10 – 06）.

② David Cameron, "A Staunch and Self-confident Ally", July 20 2010 (http: //online. wsj. com/article/NA_ PUB_ SBI0001424052748704913304575371292186815992. html, 2010 – 08 – 01）.

党在 1988 年 10 月的代表大会上正式放弃了退出欧共体的主张，并以积极形象参与到欧洲一体化的政治经济建设上来。[①] 甚至在 1992 年的工党竞选纲领中，提出英国应该在欧洲经货联盟（EMU）等领域扮演积极角色。

人对社会的感知既受历史的影响，也与现实密不可分。英国民众对欧洲大陆的感知亦如此，工党的例子说明调整英国民众对欧洲一体化的认知不是不能做到的，不但精英阶层应该自我调整并对大众加强引导，整个英吉利民族都应感知到心理调整虽然困难，但也不是不可为的。坚信自己，有了内心的调整才会有现实的行动。

第四节　英国脱欧——一个群体非理性行为

英欧关系一直是世界政治领域关注的焦点之一，由于特殊的地理位置、历史渊源，导致英国一直游离于欧洲大陆的边缘，两者展现出一种若即若离的关系，而英国对待欧洲的态度也是摇摆不定，赵怀普教授在《英国与欧洲一体化》一书中回顾了英国与欧洲关系的渊源，描述了战后初期欧洲统一运动背景下英欧的互动，即英国如何从欧洲的领导者变成被孤立者，随着欧洲一体化进程的加速，英国的态度也有了一定的转变，从起初的拒绝、试图阻止欧洲一体化状态，到最终不得不改变态度，申请加入欧共体。通过史料和文献可以看到，自从 1973 年英国加入欧共体以来，两者之间的交锋不断，对于英国待加入欧共体所带来的利弊，许多政治学家也是各执一词。

从英国加入欧共体到 20 世纪 80 年代中期，英国国内还是以疑欧态度为主导，主要原因还是英欧双方在利益方面存在分歧，1974 年执政的威尔逊政府曾为此组织进行了"重新谈判"和全民公投，要求欧共体重新对英国对欧预算摊款等遗留问题做出妥善解决。英欧就此问题进行了多轮激烈交锋，直到 1984 年的枫丹白露会议上，此问题才得到基本解决。随后的一段时间内，虽然英国在某些重大问题上仍一贯坚持传

---

① 王展鹏：《政治文化趋向与英国工党的亲欧转变——八十年代中期以来的英国工党与欧洲一体化》，《国际论坛》2000 年第 4 期。

统的立场，但总体上还是比较积极地参与到欧洲的共同建设中来，因此欧洲一体化建设在这一阶段取得重大进展，在经济、政治、外交、安全防务、社会生活等多个领域中两者都开展了深度的合作。

这种合作给英国、欧洲甚至全世界一体化进程带来的利益显而易见，欧共体演变成欧盟，标志着欧洲从经济一体化到经济、政治全面一体化的迈进。与此同时，欧盟成为与北美、东亚并列的三大区域经济共同体，而英国则成为欧盟的第二大经济体。这种发展态势是非常符合当今的全球化趋势的，英国虽然让渡了部分利益，但是总体来看，英国入欧，仍是利大于弊。然而这种客观事实并没有坚定英国人民留欧的决心，自加入欧共体以来，英国国内疑欧的质疑声就没有中断过。甚至可以说，虽然已经加入欧共体，但是英国对待欧洲的态度依然模糊不清，在经济、人口等方面，英欧在不断融合，而在心理层面上，大多数英国人依然不能认同自己的"欧洲人"身份，而是一贯地认同"英国人"的身份。这种身份的认同感从何而来？自然是英国人固有的民族感情。这种感情甚至可以影响到一些重大的政治决定，比如 2016 年 6 月 24 日发生的由英国全民公投导致的英国脱欧事件。

一　英国脱欧事件的回顾

2016 年 6 月 23 日，英国人民进行了全国范围的公投，以确定是否继续留在欧盟。公投结果：脱欧支持率为 51.9%，留欧支持率为 48.1%。脱欧派以微弱优势取胜，决定了英国正式脱离欧盟。该结果出炉后，立刻引起全球政治、经济等多方领域的轩然大波。英国国内面对该结果也产生了激烈讨论，许多精英群体认为，英国理性的做法本应该是"留欧"，但是超过半数的英国国民仍然选择了非理性的"脱欧"，致使英国陷入了前途未明的境地。

英国脱欧并非一次偶然性事件，实际上，英国国内就留欧还是脱欧长期以来都处于争论之中，可以将英国脱欧进行一下简单梳理：

（一）威尔逊政府的脱欧公投

20 世纪 70 年代初期，全球经济发生衰退，英国经济也遭遇沉重打击，此时英国刚刚加入欧共体，国内一些反欧人士把英国的不幸归咎于此。英国国民也因此划分为两派，一派是留欧派，另一派是脱欧派，其中，绝大多数金融从业人员、保守派等都主张英国应当继续留在欧盟，而一些工会、工党左翼等人员则坚决主张英国应该脱离欧盟。1974 年，哈罗德·威尔逊就曾在其演讲当中提到，应该举行一次全员公投来决定是否继续留在欧盟。在其执政以后，英国在 1975 年 6 月 5 日举行了一次全民公投，而投票结果显示有 67.2% 的民众愿意继续留在欧盟。这是英国历史上第一次就脱欧问题进行的公投。

（二）卡梅伦政府的脱欧公投

1. 公投的提出

工党代表布朗继任英国首相后不久就遭遇全球金融危机，匆匆结束了其短暂任期，随后，在 2010 年保守党代表卡梅伦上台执政。经济危机的余波仍在，新政府面临着各种棘手的问题，疑欧的声音起伏不断，内外交迫的形式使得卡梅伦再次效仿四十年前，并宣称一旦赢得 2015 年大选，便会再进行一次全民公投。这次关系到英欧关系走向的演讲发生于 2013 年 1 月 23 日。在演讲伊始，卡梅伦回顾了第二次世界大战期间英欧的合作以及全球化形式下欧盟的产生与发展，并认为目前欧盟的目标由和平朝着繁荣转变，而面对多变的世界形势，欧盟也需要一定的变革。

随后卡梅伦指出了欧盟现在面临的三大挑战：第一，是欧元区问题，卡梅伦提出，欧元区内成员国需要欧元区提供好的管理，保证良好的货币体系长期存在。第二，欧洲的全球竞争力问题，卡梅伦指出，在未来二十年内，欧洲占全球产值将下滑三分之一，而这种竞争力的弱势则是欧盟复杂的规则制约、过度监管等造成的。第三，欧盟的一些做法违背了民众的意志，比如，大家的生活标准不断下滑，欧盟却把税收收入用于其他地区。

针对这些问题，卡梅伦提出了对策：第一，促进贸易全球化，增加欧洲企业的竞争力；第二，提高欧盟的灵活性，欧盟成员国众多，应该享受充分的自主、自由，"所有的欧盟成员，都存在于单一的市场中，而不是单一的货币中"；第三，权力回归成员国，卡梅伦称这点曾被放进欧盟条约，然而并没有实现，要充分尊重各国的主权，不追求万事和谐；第四，加强民主问责制，卡梅伦认为，欧盟的税收很多被用于其他国家而导致包括英国在内的部分国家人民生活水准的降低。

卡梅伦紧接着指出，英国人越来越多地对欧盟失望。有很大一部分原因是一些人认为欧盟趋于政治一体化，而这对英国不利，欧洲立法不断干扰英国国民生活，比如人权条约。英国赞成经济一体化而并非是政治一体化，目前一个接一个的条款打破了欧盟和成员国的平衡，英国民众对于欧盟条款只能无奈接受，但当问题非常严重时，英国会拒绝欧盟。至此，卡梅伦提出自己的观点：支持英国公投决定留欧与否。

但是，他也提出，目前国际形势复杂，不确定性很高，欧盟也需要时间进行变革，比如欧债危机可能促使其全面改革，因此英国可以再观望一段时间，公投将于 2015 年之后举行。

卡梅伦关于英欧关系的演讲引起了各方的激烈反应，欧洲各国官员纷纷做出回应，素有积怨的法国反应更为激烈，法国外长法比尤斯表示，如果英国选择脱欧，法国会铺红地毯欢送。西班牙外长指责卡梅伦正在借欧盟分裂主义玩危险游戏。而意大利总理蒙蒂则表示，若英国举行公投，他有信心英国民众会选择继续留在欧盟。德国总理默克尔的回应最为理性，她表示将尽快通过谈判找到一个妥协方案，希望英国能继续留在欧盟。"首先，德国政府和我个人都希望英国继续成为欧盟的一个重要组成部分和积极成员。当然，我们也有必要经常讨论研究每个成员国应该得到怎样的利益。我们尤其欢迎英国致力于在全球化背景下提高欧盟的竞争力和保持欧盟的繁荣稳定。当我们研究贯彻某项政策时，会发现每个欧盟成员国都有自己的利益需求，而这时候欧盟就意味着帮助我们找到一个相对公平的妥协方案。在这个基础上，我们也很乐意满足英国方面的利益需求。但是我们还需要注意的是，其他成员国也会有其他的利益要求，而最终我们需要找到一个相对公平的妥协方案。"

2. 媒体就脱欧公投发起民意调查

2013 年 1 月至 2 月期间，英国《金融时报》进行了一项公投调查，主题是假设明天就公投，民众会如何选择。调查有 2114 名民众参与。本次调查的结果显示，有 50% 的民众认为有必要举行一次全民公投，而有 21% 的民众则认为没有必要进行公投，其中仅有 45% 的民众认为继续留在欧盟对英国有好处。并且在这些被调查者当中，有超过 50% 的民众认为，如果举行公投自己会选择投脱欧票，而仅有 33% 的民众愿意投留欧票。与此同时,有接近一半的赞成脱欧的民众认为,如果英国能够在欧盟当中争取到更多的利益,那么就愿意继续支持英国留在欧盟,很多人认为欧盟既有的司法制度和移民制度有待完善。通过这些调查不难看到,一种脱离欧盟的情绪在整个英国不断传播。

2015 年 5 月,以卡梅伦为首的英国保守党大胜,卡梅伦取得了连任英国首相的资格,这次选举的成功也为英国公投奠定了基础,并开始进入准备阶段。随后,英国女王伊丽莎白二世在议会开幕演讲当中提出,保守党政府必须在约定的 2017 年年底之前进行英国脱欧公投立法。在同年 6 月 9 日,英国议会以超过九成的支持率通过了英国脱欧公民公决计划法案。这一事件充分表明,英国不同党派在英国是否有必要进行脱欧选举这一问题上的观点是一致的。①

在 2015 年的欧盟峰会上,经过 30 小时通宵达旦的"马拉松式"谈判,英国与欧盟在欧盟峰会期间就欧盟改革达成协议,欧洲理事会主席图斯克在峰会后表示,欧盟成员国就改革方案达成一致。卡梅伦说:"给予英国在欧盟'特殊地位'的协议已经谈成,我将在 20 日向(英国)内阁推介协议内容。"同时表示自己将带着英欧关系新协议,全身心地投入为英国留在欧盟动员。英欧"新协议"内容包括:英国可以选择不参与欧盟政治一体化,并且也不会在非自愿的情况下与他国结为政治同盟关系;设置专门的应急机制,确保英国的企业不会受到欧元区的歧视;英国可以拥有自己的"紧急停止"机制,即在遇到特殊情况时,有行使长达七年的暂停为移民发放福利的权力。

可以看到,欧盟为了挽留英国,开出了非常有分量的条件,让渡了部分重要权利,卡梅伦本人也对谈判结果满意,随后英国内阁议会宣布公投日期为 6 月 23 日。

3. 公投正式开始

2016 年 6 月 23 日,英国又一次"脱欧"公投正式开始。经过长达十五个小时的投票和统计过程,英国公投结果公布:脱欧支持率为 51.9%,留欧支持率为 48.1%。

---

① 杨芳:《英国退欧及其影响》,《国际研究参考》2016 年第 7 期。

二　英国脱欧带来的影响

英国脱欧将给英国、欧洲乃至世界带来重大而又深远的影响，目前来看，这种影响最先体现在两个方面：

（一）对于欧洲的影响

英国脱欧对于欧洲的影响主要体现在经济与政治两个方面。经济方面，欧洲近年来经济增长乏力，2010 年以来，欧盟经济年度增长从未超过 2%，负增长也出现过，自 2016 年年初以来，欧洲经济开始缓慢复苏，但是英国脱欧事件一出，欧洲经济的恢复步伐可能因此再次出现停滞。英国作为欧盟重要的成员国之一，其经济占欧盟 17.56%，仅次于德国，英国脱离欧盟，欧盟经济占全球比重将从 17% 下降到 14.6%；欧洲央行行长德拉吉预计，受英国脱欧影响，未来 3 年欧元区经济增速或将下降 0.3 个至 0.5 个百分点。政治方面，欧洲一体化进程近年来不断加快——这也是英国脱离欧洲的原因之一，从长远来看，欧洲一体化乃至全球一体化都是未来的大势所趋，但是英国脱欧给欧洲融合的趋势来了一个急刹车，而且英国脱欧之后，是否会有其他成员国群起效仿而对欧盟形成更大的影响还是一个未知数。

（二）对于英国的影响

1. 经济方面

英国脱欧带来的最直接也是目前最明显的影响就是经济方面，2016年 7 月 5 日，英国央行发布最新《金融稳定报告》，大幅放宽银行资本积累要求，支持实体经济增长。英国央行行长迈克·卡尼称，英国经济已步入不确定性和重大经济调整局面。卡尼称金融政策委员会早在2016 年 3 月就做出判断，"（脱欧）公投风险是近期影响金融稳定的最大国内风险"[1]，目前部分风险已经开始显现。外国资本流入英国股票和企业债的速度已经放慢，2016 年第一季度，流入商业房产的外国资本骤减了 50%，交易量在第二季度进一步萎缩，房地产信托投资基金（REITs）价格在脱欧公投以后出现暴跌。

英镑兑美元汇率经历了自重新采取浮动汇率制近半个世纪以来最大

---

① 《英国步入不确定性和重大经济调整局面》，《时代金融》（上旬）2016 年第 8 期。

的两天跌幅，中国国际问题研究所欧洲部主任崔洪建表示："伴随英镑的贬值，英国资产也在逐渐贬值，这可能会引发英国国内资产的抛售，这对英镑的国际地位和信誉都会有损害。"英国脱离欧盟同时也撼动了伦敦金融中心的地位。英国《金融时报》就曾指出，公投结果出来以后，伦敦的很多大型金融机构已经在着手准备迁出主营业务。并且其他国家在英国设立的金融机构也开始做出调整。法国总理瓦尔斯在英国宣布脱欧以后，就提出要对法律和税收制度进行调整。他表示："法国一直致力于建设成为世界金融中心，现在机会来了。"①

2. 政治方面

英国脱欧作为一项政治事件，它必将对英国、欧洲乃至全球的政局产生不可估量的影响。自从英国脱欧之后，保守党和工党内部均出现严重分歧，英国国内政治暗流涌动，这种现象也将波及英国在国际政坛的表现。

而且，长期以来，英国保持着与美国的"特殊关系"，其中一个比较重要的原因在于英国扮演了欧洲与美国之间的"桥梁"关系，如果英国与欧洲之间的关系因为脱欧事件受到影响，那么一旦英国失去欧美纽带的地位，是否会影响到英美关系还是一个问题，尽管美国称英国"特殊伙伴"的角色不会改变，但是从长期发展的角度来看，英美关系的前途并不明朗。

3. 其他方面

2016年6月24日，联合国教科文组织网发出的一项报道指出，英国一旦脱离欧盟，那么将会对整个欧盟的及英国的科学发展带来非常不利的影响，该报告在针对欧盟进行分析时提到，英国是吸引大学生和科研人员的重要目的地。2013年，英国教育服务出口总额约为170亿英镑，英国是接纳获得欧洲研究委员会（European Research Council）资助的科研人员数量最多的欧盟国家，并且享有卓越的科学声誉——仅占全球科研力量4%的科研人员创造了15%的全球最高引用论文。报告指出，"如果英国脱欧成为事实，无论脱欧后双方关系如何，英国将失去其在欧盟内部科研与创新的主导地位，而这对双方而言都是损失"。

---

① 汤帅：《英国努力保住传统地位》，《人民日报海外版》2016年7月12日第8版。

除了科学研究，英国社会生活的方方面面都有可能受到脱欧事件的影响，比如在欧洲一体化的进程中，欧洲各个国家的人口流动空前频繁，包括英国在内的许多国家，其劳动力的来源多样化，外国人占了很大的比例，一旦英欧关系出现裂痕，这些处于英国的国外人员何去何从成了比较棘手的问题，无论是留下还是回国，都将对目前的英国发展造成影响。另外，英国旅欧的上百万侨民的状态也不容乐观，一旦英欧关系出现分裂，他们的生活保障也将成为一个新的问题。

三 对英国脱欧的心理解读——非理性行为

实际上，从各类文献呈现的数据可以看到，英国脱离欧洲会给目前英国国内的政治、经济、生活等各方面带来很大的影响，尤其是经济方面，更是会造成显而易见的损失，为什么面对这样明显的事实，英国人民还是选择了离开欧洲？或许从心理学的角度介入，可以找到更加有说服力的答案。

（一）人是理性的吗

人类在从事某种行为、做出某种决策的时候，究竟是不是理性的呢？这个问题实际上一直是经济学研究的重点，科学发展至今，关于人类选择行为理性与否的研究也经历了漫长的过程。

传统经济学中有一个特别古老而经典的假设——"理性人假设"，它认为人类倾向于在日常生活中追求个人利益的最大化。这种思想起源很早，长期以来，理性被认为是人类进化历史中最伟大的成就之一，也是人类区别于动物的重要特征之一。德国数学家莱布尼茨曾经有一个梦想，就是设想人类所有的理性思维都能够使用数学公式描述，这样数学家就可以解决人类思维的所有问题，这个狂热荒谬的设想也在一定程度上证明了许多经济学家的基本想法：人类是绝对理性的动物。所以，传统经济学家在研究相关市场模型的过程中，通常会将人假定成一种理性决策者，并且认为个体以追求利益最大化为目标，因而会在复杂的环境当中制定出对自己最有利的决策，这就是非常著名的理性人假设。"理性人假设"在传统的经济学中长期地占据着统治性地位，直到实验中经济学家发现"阿莱斯悖论""羊群效应""偏好颠倒"等悖论，才将人类的"非理性"的行为纳入经济学的研究范畴，与此同时，传统经济学的局限性日益显露出来，很多研究者开始反思，传统的"理性人假设"是否是正确的？随着相关实验的开展，传统经济学受到越来越严峻的挑战，更加贴近人类行为本身的理论也陆续被提出，如赫伯特·西蒙的"有限理性假设"学说以及美国普林斯顿大学的丹尼尔·卡尼曼教授和美国乔治梅森大学的弗农·史密斯教授的"前景理论"等，这些理论相较于"理性人假设"能够更好地解释人类的行为，也促使研究者认识到人类的行为很多时候是复杂的、非理性的。

人类在生活中确实会由于种种原因而表现出非理性行为，而英国公投脱欧，实际上是一种非常典型的非理性行为表现。之所以这样说，是因为早在英国脱离欧洲之前，就已经有各个领域的研究者指出，一旦英国脱欧，将会给包括经济、政治在内的多个领域造成不可估量的损失；而在英国脱欧之后，更有学者认为这是一个重大的历史错误。的确，从理智的角度来看，英国留欧对于英国以及欧盟来说，是共赢的事情，甚至一直在提议脱欧公投的卡梅伦，其主要的目的也是通过公投向欧盟施压以帮助英国获取更多的有利政策，然而就是在这样明显的事实之下，脱欧公投的结果却显示，有51.9%的英国人支持英国脱离欧洲，这种明知一件事情会带来损失还坚持让其发生的行为，就是一种"非理性"的典型表现。英国人民在这场政治事件中之所以表现得如此偏执，正是受到非理性思维的驱使，而这种非理性思维，又不可避免地受到岛国心理的影响，从而最终导致了偏误的行为。

岛国心理最主要的特点是恐惧、安全感缺失。多次被入侵所引发的对欧洲大陆的恐惧，促使英国人加强防范，努力保持与欧洲大陆的距离，并长期以来对欧洲实行均势政策，不想过深介入欧洲事务。这种心理深深根植于英国民众心底，甚至已经形成了"岛国情结"，情结一旦形成，就会在人们的潜意识中占据一定的地位，它驱使人们在无意识的状态下花费大量的时间和精力、以各种各样的形式去反复咀嚼那个深深存在于心底的"结"所带来的情绪、情感，甚至有些时候，我们明明知道某种思想、行为与当前利益不符，但是却会为了这个难以言说的"结"而做出让人费解的选择。英国大众在这次脱欧公投中的行为实质上正是在独特而悠久的"岛国心理"影响下所产生的非理性行为。

英国留欧和脱欧的选票分布显示，年轻选民更倾向于留欧，55岁以上的老年选民多倾向于脱欧。在英国的脱欧决策中，留欧派和脱欧派的决策差距，有相当一部分的原因在于"岛国心理"。比如对于英国年轻人而言，通畅的联络方式，平等而开放的沟通环境是非常重要的，而英国传统的"岛国"思想对他们的决策影响较弱，因此，他们更倾向于维护英国留欧；而英国年长者更多地受到英国传统的文化、外交思想的影响，这甚至是他们自豪感产生的根源，因此，对于他们而言，非常有必要继承以往英国历史文化的核心思想——当然，英国的传统文化思想并非是以建立一个统一的欧洲为发展目的，而是以脱离欧洲大陆的孤立主义思想为主。也就是说，"岛国心理"愈严重的群体，他们选择脱欧的可能性就越大。

（二）脱欧公投中个体的非理性行为——从众

根据谷歌趋势的统计数据显示，在脱欧公投结束后，英国人除了搜索"什么是欧盟"以外，他们还在疯狂搜索"脱离欧盟意味着什么"。尽管选择了离开欧盟，但英国人的搜索行为反映出他们对这一决定的彷徨和犹豫，对英国前景的困惑和迷茫，甚至有部分选民希望发起二次公投企图改变脱欧的结果。这个让人啼笑皆非的现象让我们看到了英国民众，尤其是脱欧派的茫然。公投当日，他们坚定地要求脱离欧洲，而数天之后，却突然意识到，他们对脱欧意味着什么一无所知，实际上，很多民众是在一种盲目的激情中，投出了自己手中的选票。这种现象就是社会心理学中的从众。

人类的态度及行为表现极易受社会环境因素的影响。人们总是有意识或者无意识地受到他人的影响，通过改变自己的态度和行为达到与他人保持一致的目的。[①] 从众行为，也称遵从、迎合行为，是指在实际存在或想象存在的群体压力下，个人放弃自己原先的意见，改变自己的态度，而产生和大多数人一致的行为。早在 20 世纪 30 年代，心理学家谢里夫就采用实验的方法对这一现象进行了验证。谢里夫利用游动错觉的现象，要求被试对光点移动进行知觉判断。他告诉被试在黑暗环境中有光点在运动，请被试判断光点移动的距离。一开始，被试根据自己的知

---

① Newell, B. R. & Shanks, D. R., "Unconscious Influences on Decision Making: A Critical Review", *Behavioral and Brain Sciences*, Vol. 37, No. 1, 2014.

觉做出了各自不同的距离判断，但是数次实验之后，被试所做出的距离判断越来越趋近。这一错判现象的心理学依据是：光点本身并不移动，所谓的游动只是视觉错觉，因此所有的被试都处于不确定性的环境中，他们无法找到判断标准，所以他们会互相影响，试图将他人的判断结果作为依据，该实验结论是，当人们缺乏必要的信息，不能确定自己的判断，便会出现遵从行为，[①] 此时跟随大多数人的判断看起来是一个安全的决定，我们便会观察别人的行为，将此作为一个重要的信息来源以帮助自己做决定。后来心理学家阿希针对谢里夫的实验进行了改进，就是心理学历史上经典的阿希从众实验。该实验共有7个人参加，其中1人是真被试，其他6人实际是上实验助手，实验要求被试回答一些非常简单的知觉判断问题，但是在答题过程中实验助手会故意做出统一的、明显错误的选择，随后观察真被试在这种情况下是坚持自己的判断还是选择跟从他人的错误判断。实验结果发现：大约有百分之三十的被试始终保持独立性，无从众行为；平均来看，所有被试大约做了三分之一总实验次数的从众行为。这个经典的实验后来被无数次重复，结果都大同小异，证明了个体的知觉判断行为会受到群体压力的影响，当群体出现一个非常一致的意见时，群体中的个体会担心自己一旦提出不同意见会遭到排斥，此时他们往往会屈从于群体的一致性压力，趋向于与群体意见保持一致。[②] 综上，从众行为发生的常见心理机制包括：缺乏必要的参照信息、迫于群体的一致性压力。

影响从众的因素一般包括以下几点，第一是群体因素：群体的状态会对个体造成相当大的影响，尤其是当群体规模大、群体凝聚力强、群体意见高度一致的时候，都易于使个人产生从众行为。第二是情境因素：包括两方面，一是信息的模糊性，即情境所给出的信息越不明确，越容易产生从众心理；二是权威人士的作用，即情境中的人物越具有影响力，大众越容易产生从众心理。第三是个人因素：个体的性格、知识水平、社会经验等都会影响我们从众的表现。

---

① Sherif, M. , "A Study of Some Social Factors in Perception", *Archives of Psychology*, Columbia University, 1935.

② Asch, S. E. , "Opinions and Social Pressure", *Readings about the Social Animal*, Vol. 193, 1935.

　　通过从众行为产生的心理机制和影响因素，我们可以分析英国脱欧公投中一些民众的心理。英国脱欧公投结果宣布后，超过 325 万英国人在网上参与"二次公投"请愿，企图通过限制公投成立的条件达到废除脱欧公投的结果。可见，部分英国民众在投票时并不是理智的，这种非理智的行为导致公投结果出炉后，大批民众倾向"反悔"，那么在公投的时候，究竟是什么原因导致他们投出了令自己后悔万分的选票呢？

　　分析看来，从众对英国民众做出脱欧决策的影响重大。对于请求二次公投的民众来说，公投当日手中的选票为何会投给"脱欧"可能是他们自己也想不明白的问题。但是从心理学的角度来说，原因是很清晰的。一部分民众是根本不清楚脱欧究竟意味着什么，随着社会大众的选择而选择；一部分民众是虽然觉得脱欧没有什么好处，但是迫于社会上大群"脱欧"派的群体压力而改变了自己的原本的意向，并且公投时期英国的社会环境也为从众行为的发生提供了温床。

　　从群体因素来看，英国民众群体规模较大，凝聚力极强，由于长期与欧洲大陆隔开，被遗弃的恐惧与不安全感促使他们自强自立，并且一度建立了世界上最大的帝国。对于英国民众来说，他们对自己国家的认可度非常高。不仅如此，主张脱欧的英国女王伊丽莎白二世在国家中的地位很高，她的意见对民众的影响力非同一般。

　　从情景因素来看，在脱欧公投前，卡梅伦曾以英国留在欧盟为筹码试图通过谈判向欧盟争取更好的条件，尤其是任何欧盟公民都可以自由进入英国寻找工作机会的权利这个许多民众在意的问题上，欧盟只做出了微小的让步，拒绝给予更加慷慨的条件。这个结果让英国民众对欧盟产生了一定的不满情绪，而这种情绪在公投前开始全面发酵。留欧或脱欧的辩论进行了好几个星期：出现了很多出版物和公开集会，双方在广播里、电视上进行辩论，各家报纸进行了大量的讨论和报道，有一些媒体发布大量有关脱欧的引导性宣传，在这样的情况下，民众获得的信息是诱导性很强且不全面的，这种情况大大增强了从众行为出现的可能性。部分英国人只得跟随身边人的选择进行投票，或者是不闻不问放弃选票。特别是绝大多数请愿二次公投的年轻人，据称他们中原本有 75％的人反对脱欧，但在公投中他们却表现得并不积极。

（三）脱欧公投中群体的不理性行为——冒险转移

除了个体的从众行为，群体层面上的决策偏差也是造成英国最终脱离欧洲的重要原因之一。群体决策在社会、经济、政治生活中普遍存在。一般情况下，当个体在现实生活中面临一些选择时，通常会认真评估各个选项的风险与利益，进而做出比较谨慎的决定，但是研究显示，人们在群体条件下做出的选择往往比个人单独做出的选择更具有冒险倾向。

1961 年，James Stoner 对群体讨论的现象进行研究，进而提出群体极化的概念，指在群体进行决策时，如果人们一开始就赞同某种观点，那么经过群体讨论，他们对这种观点的赞同度会增加；反之，如果一开始人们就反对某种观点，那么经过群体讨论，他们会更加激烈地反对该观点，也就是说，人们在群体背景下，态度、观点、行为等往往会出现朝向某一极端偏斜的状况，从而背离了最佳决策。[1] 后来研究发现，面对同一问题，群体决策的冒险性显著地高于个体决策，这种群体增强个人冒险行为倾向的现象就叫作冒险转移。冒险转移是群体极化的特殊表现之一。

冒险转移产生的主要原因包括：第一，责任分散，冒险转移与社会责任相关，当个体认为某一决策的结果需要由自己来负责，便会产生较为强烈的责任感，此时要做决策，通常会比较谨慎；而如果个体认为某一决策是由大家工作做出的，其后果无论好坏，都有大家一起分担，此时个体的责任感会被大大削弱，并且对于可能会出现的不良后果的恐惧感也几乎消失，这种情况之下，个体的决策就会倾向于冲动和冒险。第二，文化背景会对冒险转移产生一定的影响。不同的文化对冒险或者保守的评价是不相同的，比如在东方文化下，保守、谨慎是被肯定和鼓励的，但是在西方文化下冒险是被宣扬和赞赏的。许多研究发现，在一些产生了冒险转移的情境中，参与者通常认为他们欣赏高度冒险的选择，同时对冒险者的估价也比谨慎者要高一些。因而，当文化高度评价冒险

---

[1] Stoner, J. A. F., "A Comparison of Individual and Group Decisions Involving Risk", *Massachusetts Institute of Technology*, 1961.

时，冒险转移就更容易发生。① 第三，群体成员社会地位。群体成员的社会地位经常在一定程度上由他们是否敢于冒险来决定，从而促使人们为了维持在群体中较高的地位而采取更加冒险的决定。并且群体中高度自信的风险偏好者也会倾向于说服缺乏信心的群体成员接受更大的挑战。

群体极化是脱欧决策形成的重要原因。英国媒体关于留欧还是脱欧一直在进行热烈的讨论，这种群体的讨论促使群体极化现象的产生，使民众的观点朝向极端化的方向发展，而媒体所发布的一些引导性的内容，更是使民众决策的风险性增强。甚至有学者指出，英国公投乱象横生，其原因在于政党媒体化，媒体被一些资本家或者资本集团控制，使大众传媒成为影响和控制民众思想的媒介，比如此次公投，疑欧和脱欧力量抓住了普通民众在欧洲一体化进程中的不安全感并将其大肆渲染，同时又承诺减少移民、控制边境、保护本国民众的就业机会，以争取民意支持，这种媒体宣传是带有政治色彩以及强烈诱导性的。也就是说，实际上，英国的民众在很多时候是被强大的媒体舆论和社会情绪所左右的，这种狂热的群体氛围具有极强的传染性。当个体是孤立状态时，可能会保持理智，而一旦陷入到群体之中，个体的理智、意志就会被淹没，此时人们非常容易受到暗示、接受外界释放的信息。并且在群体之中，人们的情绪情感还会互相感染，导致情绪情感的增强，这种力量更为强大。"疑欧主义"的情绪本来就深植于英国民众心中，当媒体高频率地发布诱导性的信息，会导致这种情绪不断发酵，最终促使越来越多的民众狂热地想要脱离欧洲重新独立出来。同时群体内部的一些意见领袖则通过"重复""断言""传染"等说服手法，利用大众媒介使更多人失去理性、丧失个人判断力。

不仅如此，在英国脱欧公投中，很多普通民众都有投票权，正是由于群体的人数众多，责任分散的现象也更加严重，许多人的责任感都被明显地削弱了，甚至觉得无论选择脱欧还是离欧都无所谓，反正决定是由整个群体共同做出的，即使由于冒险造成了消极的后果，责任也相应

---

① 周感华：《群体性事件心理动因和心理机制探析》，《北京行政学院学报》2011 年第6 期。

地由大家来分担，如此一来，民众对脱欧的恐惧感大大降低，他们做出了更冒险的选择。有的民众仅仅是不满欧盟的官僚主义作风，想抱怨一下心中的不满，便发泄性地投了脱欧的选票，而公投结果公布之后又后悔莫及。

除了责任分散，文化也是造成公投决策中冒险倾向的原因之一。英国地处海边，对大海十分依赖，历史上也曾占领了远远大于国土面积的土地而建立起日不落帝国，英国人对此一直非常自豪。长期的海洋经历，使得英国人对冒险表现出高度的赞赏和肯定，这种评价久而久之作为文化被积淀、传承下来，以至于现代的英国人对冒险精神还有着非常强烈的崇拜之意。群体成员渴望被群体所接受及喜爱，为了显示出自己的能力，常常会选择做出符合社会文化的行为和决定，也就不难理解，为何许多英国民众会将选票投给更加有冒险意味的"脱欧"。

综上所述，英国特殊的地理环境、历史造就了岛国人民独特的岛国心理，英国民众的安全感缺失，导致对于大陆强烈的矛盾心理，既羡慕又恐惧；同时对自己的国家和民族高度认同，带有显著的排外心理。这种心态，加上外部环境中的情境压力，便出现了明知留欧对英国和欧洲都是共赢的情况下，广大英国民众却做出了脱欧决定的情况，正是这种不理性的思维带来了不理性的决策和行为，最终导致英国脱离欧洲。

小　结

从欧盟发展的路径不难看出，欧盟走的是一条渐进式的战略，先是煤钢联合体，后是单一市场，再后是单一货币，还有共同外交与安全政策，在经济上取得重大成就的同时，也正逐步从经济领域向政治领域发展，随着经济的成功对国家权力的限制也越来越多，[①] 欧盟的发展呈现出开弓没有回头箭的势头。

历史上的英国，在处理和欧洲大陆的关系时经历过一些较大的调整和变化，早期是试图和欧洲大陆融为一体，不愿承认自己的岛国身份，

---

① Mark Leonard, Hans Kundnami, "Think again：European Decline", *Foreign Policy*, May/June, 2013.

哪怕诉诸战争也在所不惜，近现代又因自己的辉煌成就不愿承认自己是欧洲国家，为了免受预期盟约的约束，保持处理欧洲事务的自由性，采取了光辉孤立的外交政策。从 19 世纪末到 20 世纪初，英国已经露出了衰落的印迹，随着国际局势的进一步发展，英国对欧事务已经很难置身事外，更别说选择干涉还是不干涉的灵活外交了，甚至被卷进了两次世界大战。第二次世界大战结束后，欧洲各国逐渐走向了联合，英国由最初的倡导到特立独行再到勉为其难地加入，直至适应甚至试图最大限度地影响欧洲，这一路虽然曲折，更多显露的却是无奈，当然这也体现了英国外交一贯的保守、功利和制衡观念。

　　三环外交看似英国处理与英联邦、美国和欧洲关系的战略考量，也取得了明显成效。从民族心理来看，英国的这种战略思维的来源还是其固有的岛国心理，对欧洲大陆的恐惧是核心要素，不管是英联邦还是美国，其实都是英国满足自身安全需要的一种手段，而这种不安全感的直接原因却是欧洲大陆，这在是否加入欧元方面的表现就比较明显。英国出台三环外交政策既有其自视太高以满足民众对安全感的需求，也有通过英联邦和美国以试图维持对欧洲优势的意图，实质上还是为了力图避免被欧洲大陆融化以实现自保。目前的英国民众心理依然是对消亡的恐惧，而三环外交政策、对欧元的疑惧等，从心理层面看，则是消亡阻抗的一种现实表现。

　　长久以来深深根植于英国民众心中的"岛国心理"已经转变成"岛国情结"，使得英国对欧洲大陆一直抱着一种矛盾的心理：一方面希望和大陆融合，一方面又对大陆有着强烈的恐惧感与戒备心。当这种心理遇上外部环境中的压力，就使得民众的决策和行为偏离理性，特别是在媒体的渲染下，脱欧的呼声在普通民众中激荡不休，且愈演愈烈，最终导致英国在经历公投之后暂时脱离欧洲，但经过阵痛和理性选择后，英国依然会向欧盟靠拢，这个过程将是痛苦而漫长的，这也是岛国心理导致的非理性行为所要付出的必要代价。

结论与思考

　　岛国心理对英国外交的影响是客观存在的，岛国心理所表现的是一种群体心理，这种心理的核心是不安全感，是种集体的恐惧和焦虑，一旦被固定便很难改变。英国民众的岛国心理随着民族意识的产生已经逐渐固化，直接影响了英国近现代乃至当代外交。在英国历史发展进程中，缓解岛国心理压力常用的手段是妥协，这在英国历史上曾取得辉煌成就，也是当前英国外交中需要有效运用和调整的重要手段。要改变已经成型的岛国心理，既要有英国民众自身的心理调整，更需要精英人士的大力推动。

一　岛国心理与外交妥协

　　岛国心理对英国民众心理的影响是深远的，也最终影响到了英国的对外政策和外交行为选择。岛国心理在对外行为中的表现是矛盾的，看似自信的背后隐藏的是自卑，看似扩张的背后却是防御，看似接受的背后可能是抗拒。解决这种矛盾心理的现实而有效的方法就是有效妥协。

（一）岛国心理影响英国的外交行为

　　对英国民族意识和国家意识形成有着重要贡献的伊丽莎白一世，也恰恰是英国岛国心理形成的有力推手。伊丽莎白一世历来被看成是英国历史上最杰出的帝王之一，她为了英国国家利益甚至牺牲自己婚姻的壮举也为后世所尊重。伊丽莎白一世当政期间，英国政治相对稳定，经济欣欣向荣，文学辉煌灿烂。在关乎英国命运的海权上，更是一跃成为世界首屈一指的海军强国。也正是伊丽莎白一世的努力，奠定了英国黄金时代的基础。随着岛国心理的形成，英国外交也慢慢形成自己的思维定式，这种思维定式的根源就是岛国心理，表现就是安全感的缺失和生存焦虑。

从伊丽莎白一世逐渐形成开始，岛国心理对英国外交的影响就明显显现出来。英国近现代外交中的几个战略选择，无不与岛国心理相关。均势政策和光辉孤立是英国为消除岛国不安全感而奋发图强后，有强大国力支撑的外交策略，也是岛国心理反映在对外政策中的第一条路径；英美特殊关系是英国在国力衰退后，不甘心再次遭受大陆国家欺辱而试图继续扮演大国角色的一种战略选择，是岛国心理反映在对外政策中的第二条路径；三环外交战略把英欧关系放在较低位置，看似过高评价自己，反映的恰恰是英国对被欧洲大陆消融的深深不安与恐惧，是岛国心理反映在对外政策中的第三条路径。

（二）岛国心理造成英国外交的尴尬境地

岛国心理是英国大众心理的根源和基础，由于大众心理的影响，英国在对外交往中一直在谋求超出其自身实力的作用以及国际影响。[1] 用二流实力追求一流利益的外交方针已经成为英国外交的一种负担，调整外交策略，需要从调整民众心理开始，否则强大的社会心理压力会让决策者们不堪重负。当前英吉利民族对外关系中的心理是很复杂的，这也可以在与欧洲关系中产生的一些新词中窥见一斑。诸如疑欧派（Eurosceptic）、厌欧派（Europhobia）、反欧派（Anti-europe）、爱欧派（Europhile）、欧洲狂热者（Euroenthusiast）等词汇，并不一定列入英语词典词条，但却在英国耳熟能详。这些词汇反映的角度不同，在不同的角度又有不同的程度，反映了英国民众非常复杂的心态。

战后英国最为著名的外交策略要算是"三环外交"了，这是英国在实力下降后，为在动态平衡中寻求利益最大化而选择的一种对外策略。三环外交看似能左右逢源，不用在三个环中做出选择，其实这也恰恰反映了英国外交的尴尬。自从丘吉尔提出三环外交这一理论，就不断遭受抨击，认为这是为避免英国在战后扮演什么角色进行选择的一套说辞。[2] 这在现实中也得到了验证，丘吉尔之后的历届政府所做的选择都

---

① William Wallace，"The Collapse of British Foreign Policy"，*International Affairs*，2005，Vol. 82，No. 1.

② Andrew Gamble，*Between Europe and America：The Future of British Politics*，Basingstoke and New York：Palgrave Macmillan，2003，p. 30.

是试图和美欧都保持良好的关系，这也正说明了英国外交的尴尬境地，因为这种方式"并没有充分回应英国在变化了的国际秩序中外交政策所面临的困境"①。

（三）妥协是缓解岛国心理焦虑的常用手段

英国是一个岛国，国土面积不大，资源也不算丰富，却创建了一个世界帝国。究其原因，有人从海权角度进行解释，有人从世界贸易给出理由，有人认为是殖民地的原因，又有人从第一次工业革命给出答案，这些理由固然都不同程度地解释了这个问题，英国之所以能成为一个大帝国也离不开这些因素的影响，但更深层次的原因恐怕还是其解决危机的灵活性和冲突解决中的妥协智慧，而妥协恰恰是岛国矛盾心理在实践中的反映。

岛国心理的调整是个长期过程，既要正视岛国心理的存在，也要有切实行动推动英国外交。英国是一个善于妥协且在政治上比较成熟的国家，能比较理性地对待世界和国内形势。妥协是英国外交的一大特点，在每一个历史危机时刻，总是能做出较为智慧的妥协。比如相对温和的资产阶级革命、不彻底崩溃的殖民体系、三环外交政策的选择等在英国历史进程中的重大事件，无不表明英国外交的妥协智慧和外交经验。

在英国的历史发展进程中，尤其进入近代以来，很多时候能领先于世界，即便是某一时段显得落后了，迟早也会跟上。总是以温和的姿态来处理内外事务，在国家利益争取上务实而又坚定，妥协和拖延是英国常用的策略，通过妥协团结尽可能多的人，② 懂得争取中的妥协和妥协中的策略。当今的英国，在对外关系上应该直面岛国心理的现实，准确寻找自己在国际关系中的位置，保持和个别大国适当的距离，有效融入欧洲，确立明确的战略目标，稳步走向未来。

二 英国历史上比较成功的妥协案例

英国历史上很多比较典型的案例，在别的国家可能是暴力的或者是

---

① William E. Paterson, "The United Kingdom between Mars and Venus: Bridge or Bermuda Triangle?", *Perspectives on European Politics and Society*, Vol. 8, No. 1, April 2007.

② Halliday F. E., *A Concise History of England-from Stone-henge to the Atomic Age*, London: Thames and Hudson Ltd., 1974, p. 98.

崩溃式的，在英国却表现得比较温和，如资产阶级革命、殖民体系的解体、对外重大关系的处理等。看似根据现实需要进行的有效调整，反映的是对岛国心理导致的矛盾心态在现实中的调整，表现手段就是妥协。

（一）相对温和的资产阶级革命

近代世界史上比较成功且典型的资产阶级革命主要有两种，一种是发生在 17 世纪比较温和的英国资产阶级革命，另一种是 18 世纪末年发生在法国的大革命。英国的资产阶级革命不是一蹴而就的，为避免法国式的暴烈革命在英国上演，在革命取得成功后又进行了多次妥协和调整，使得内部矛盾与冲突得到有效化解，才最终使君主立宪制的英国资本主义制度得以稳固下来。

1640 年 5 月 5 日查理一世解散议会，次日，伦敦市民举行了声势浩大的游行示威，包括学徒、搬运工、水手、码头工人等各个低阶层的人员一起走向街头，甚至不在行会的手工工人也参加进来。不仅是伦敦市民上街游行，还发生了农民运动，而且大有不断扩大之势。而此时的苏格兰也趁机占领了北部的德拉姆和诺森伯兰两郡，反映出了英国资产阶级革命前的热烈氛围，仿佛资产阶级革命一触即发，势不可当。

固有岛国心理的影响，使英国资产阶级革命的历史没有因为气氛的热烈而使革命成为"暴力革命"。与法国的大革命不同，英国资产阶级革命过程中，起关键性作用的不是暴力革命，起决定性的推动因素是资产阶级改革。英国从资产阶级革命爆发到资本主义君主立宪制的建立，经历了一个较长的历史时期。回顾英国资产阶级革命过程，16 世纪的英国，君权达到了顶峰，到 17 世纪，发生了议会与君主的权力争夺，出现过多次两种意识形态和两种社会制度的交替。从 1640 年的议会运动开始，历经半个世纪，先后经历了两次内战、创建共和国、克伦威尔独裁、斯图亚特王朝复辟等多个历史阶段，直到 1688 年的"光荣革命"，资本主义君主立宪制度才算完全确定，最终的结果是英国资产阶级革命成了一场资产阶级改良运动。

在两种社会制度的斗争中，君主的早期选择是对抗，并由此引发了内战，后来顺应情势的发展，经过多代国王的努力，到维多利亚统治时期完成由实位君主向虚位君主的转变。而作为回报，英国的王位被保留下来，并维持着崇高的尊严。与英国不同的是，世界上大多数国家的君王在革命的潮流中，王冠不复存在。英国式的资产阶级革命是君主顺应历史潮流的结果，也是议会斗争的结果，更是各方妥协的结果，这对有利益关联的各方、对英吉利民族、对整个英国未来的发展都是有益的。

（二）不完全崩溃的殖民体系

英帝国在走向巅峰的同时，也开始了其衰落的过程。对于英帝国的解体，学界也是众说纷纭。有学者认为随着帝国的衰落和控制力的下降，殖民体系的崩溃也是必然的，① 有学者认为英帝国的解体是美苏等强国反对殖民主义的结果，② 有学者认为是第二次世界大战对英国的沉痛打击造成的，③ 也有学者认为是殖民地人民的反抗斗争，迫使英国撤退或调整殖民方式，④ 有的学者甚至从文化学的角度，认为是英国完成了文明的传播后主动的撤回。⑤ 总体来讲，英国殖民体系的崩溃与上述因素都有关系，建立英联邦是英国当局根据当时情况为避免帝国彻底崩塌、维持英国大国地位做出的因势利导的战略调整。英联邦既满足了殖民地人民独立的愿望，又一定程度上满足了英国的大国需要，防止了英帝国的突然倒塌，这最大限度地保护了英国的国家利益，可谓一种智慧妥协成就的结果。

早在英帝国如日中天的时候，帝国内部的分裂和斗争就已经开始，主要表现有印度民族大起义、爱尔兰自治运动等，加拿大也由殖民地改称为自治领。英国吸取了美国独立战争的教训，对殖民地的统治也由武力统治变为更容易被接受的同盟或联邦形式。英国的白人殖民地独立发端于自治领，继加拿大之后，澳大利亚和新西兰于 1907 年取得自治领地位，南非于 1910 年建立联邦，成为自治领，这些自治领在第一次世界大战中地位得到提升，希望取得和英国一样的地位，这也导致了

---

① Ronald Hyam V., *Britain's Declinning Empire*, *The Road to Deccolonisation*, 1918 – 1968, Cambridge：Cambridge University Press, 2006, p. 116.

② Ibid. , p. 114.

③ Paul Kennedy, *The Rise and Fall of the Great Powers Economic Change and Military Conflict from 1500 to 2000*, London：Unwin Hyman, 1988, pp. 367 – 368.

④ Brasted, H. V., Bridge, C., "The Transfer of Power in Sorth Asia, an Historiographical Review", *South Asia A Joumal of South Asian Studies*, 1994, Vol. 17, No. 3.

⑤ Roger Louis, W. M., Laine Low, A., *The Oxford History of the British Empire*, Vol. IV, The Twenty Century, Oxford：Oxford University Press, 1999, p. 442.

1926 年的帝国会议对自治领地位的重新确定，为以后英联邦的建立打下了基础。

20 世纪上半叶，特别是两次世界大战的打击使得英帝国殖民体系难以为继。第二次世界大战中，英帝国共派出 500 万军队参加战斗，这既体现了英帝国的团结，也成了英帝国解体的催化剂。战争中各殖民地人民走向战场，开阔了视野，民族意识开始觉醒，英军战争初期的溃败让人们认识到英帝国也是脆弱的，不能给他们带来安全感，同时战时英国答应殖民地的种种好处战后没有兑现，加上盟国普遍对殖民主义反感，特别是美苏的推动，形成了英帝国崩溃的外部环境。战争结束不久，英帝国就走上了解体的道路，到 20 世纪 60 年代，英帝国就已经名存实亡了。

战争结束后，美国和苏联成了两个超级大国，英国失去了世界一流强国的地位，滑向欧洲二流国家。这也促使英国对殖民地政策进行调整，英国的殖民体系不像其他帝国那样，随着帝国大厦的坍塌而彻底崩溃，一旦他们发现民族主义运动不可逆转，便及时调整殖民策略，在帝国衰落后形成相对温和却又紧密相连的英联邦。

英国发展英联邦是英国务实外交的表现，也体现了其一贯的灵活性。主要原因也许可以从以下几个方面解释：首先，维持英国大国地位的需要。虽然第二次世界大战后的英帝国地位面临严峻挑战，但殖民地对英国大国地位的支撑作用是显而易见的，而且当时英国朝野上下也一致认为，第二次世界大战后的英国首要任务是保持英国的大国地位。[①]但战后英国的经济已经不足以维持庞大帝国的开支，如果凭军事维持更不切实际，所以采取联邦的形式把这些殖民地团结在一起共同效忠英王就成了最好的选择。其次，渊源于英帝国的建立方式和历史继承。英帝国的建立与历史上其他帝国的建立方式不同，其他帝国主要靠武力，而英帝国则主要靠贸易公司。这样的一种模式使得各殖民地相互之间的联系不多，还能保持自己的特色。从 19 世纪中期加拿大要求自治并于 1861 年获得自治领授权，到澳大利亚、新西兰、南非等于 20 世纪早期获得自治领地位，实际上已经形成了英联邦的雏形。这个联邦还以宣言

① Ritchie Ovendale, *The Foreign Policy of the British Labour Govenment* 1945 – 1951, Leicester: Leicester University Press, 2006, p. 89.

和法律的形式得到保证，如 1926 年的《贝尔福宣言》和 1931 年的《威斯敏斯特条例》，规定联邦成员地位平等，无论内政还是外交，没有臣属之别，共同忠诚于英王，这也为建立成熟的英联邦奠定了坚实的基础。再次，应对当时反殖民主义浪潮的需要。从第一次世界大战开始，反殖民主义呼声就一直很高，到第二次世界大战结束，整个国际社会形成了一致声音，反殖民主义浪潮一浪高过一浪。英国是当时世界上最大的殖民帝国，被作为首要指责对象，这不仅在被殖民国家遭到激烈反对，也遭到美苏等强国的强烈批评，他们明确支持殖民地人民的斗争。英国面临两种选择，要么完全撤离殖民地，要么不完全撤离。如果想不完全撤退，就要适当做出让步，满足殖民地人民的一些要求，特别是同意殖民地独立，以此来换取殖民地的合作。相对而言，不完全撤退更符合英国的利益，在保证殖民地独立的同时，保证英国的利益。这样英国既可以不再受殖民主义谴责，脱掉了殖民帝国的外衣，同时又以英联邦的形式加强英国阵营，保证英国的利益。最后，面对无力维持殖民统治现实的需要。战后英国经济实力大减，已无力维持庞大的殖民帝国。而这时的美国更是趁火打劫，在给英国贷款时附加了很多苛刻条款，为了使英国尽早走出困境，不得不"为了一包香烟而把英帝国给卖了"[①]。即便是以付出巨大代价的方式获得了贷款，仍难以维持庞大的帝国，崇尚实用的英国大力发展英联邦就成了最好的选择。

正是英国的这种灵活而又务实的外交策略，使得英联邦有着很大的吸引力，在帝国崩溃的同时，英联邦却充满了活力，目前英联邦国家已经达到 53 个（见表 1）。这既体现了英国的政治成熟，表现了其务实外交的特性，更是一次成功的妥协。

表1　　　　　　　　　　　　**英联邦成员一览表**

国别	加入英联邦时间	国别	加入英联邦时间
澳大利亚	1931.01	汤加	1970.06

---

① Henry Pelling, *The Labour Government* 1945 – 1951, London：Macmillam Press, 1984, p. 58.

国别	加入英联邦时间	国别	加入英联邦时间
新西兰	1931.02	萨摩亚	1970.08
加拿大	1931.07	孟加拉	1972.03
印度	1947.01	巴哈马	1973.07
斯里兰卡	1948.02	格林纳达	1974.02
加纳	1957.07	巴布亚新几内亚	1975.09
马来西亚	1957.08	塞舌尔	1976.06
尼日利亚	1960.10	所罗门群岛	1978.07
塞浦路斯	1961.03	图瓦卢	1978.10
塞拉利昂	1961.04	多米尼加	1978.11
坦桑尼亚	1961.12	圣卢西亚	1979.02
牙买加	1962.08	基里巴斯	1979.07
特立尼达和多巴哥	1962.08	圣文森特和格林纳丁斯	1979.10
乌干达	1962.10	瓦努阿图	1980.07
肯尼亚	1963.12	伯利兹	1981.09
马拉维	1964.07	安提瓜和巴布达	1981.11
马耳他	1964.12	马尔代夫	1982.07
赞比亚	1964.10	圣基茨与尼维斯	1983.08
冈比亚	1965.02	文莱	1984.01
新加坡	1965.10	南非	1994.01 重新加入
圭亚那	1966.05	喀麦隆	1995.09
博茨瓦纳	1966.09	纳米比亚	1995.09
莱索托	1966.10	莫桑比克	1995.11
巴巴多斯	1966.11	巴基斯坦	2008.05 再次恢复
瑙鲁	1968.01	卢旺达	2009.11
毛里求斯	1968.03	英国	
斯威士兰	1968.09		

（三）三环外交中的三种妥协

三环外交中的三环，体现了英国岛国心理三种尝试的后期调整，三环中的英联邦体现了英国对大英帝国的留恋和对昨日辉煌的不舍，对美的特殊关系显示了英国人对现实的承认与调整,只能依赖美国的影响来施加自己的影响,对欧洲大陆的定位恰恰反映了英国对欧陆国家的矛盾心理,既离不开又怕被消融,没有实力保持欧陆国家的均势,却又不甘心,进而使得恐惧心理更甚,焦虑感更强,也表现出了一种无奈和不知所措。

三环外交是英国基于大英帝国梦想重现而制定的现实外交策略,这一政策通常被认为是不符合现实的政策,带有理想主义的色彩。[1] 英国自己当然也很清楚,它之所谓的三环连接点,无非是想在苏、美、欧之间起到一个大国应该起的平衡作用,而实际上英国的所谓桥梁更像是"坐在俄国大熊和美国大水牛之间的一头可怜的小毛驴"[2]。不可否认的是,早期的三环外交还是给英国带来了巨大好处,也是英国三个层面有效妥协换来的成果。

英联邦之环是英国的妥协和与殖民地双赢的战略选择。英联邦是英帝国解体后的丰厚遗产,是英国以另一种方式维持帝国地位和世界影响的重要战略选择。战后相当长的时间里,英国外交战略的一项重要目标就是维持在英联邦的势力和影响,进而达到维护英国国家利益的目的。[3] 英国是带着世界上最大的债务走出战场的,[4] 战后的英国面对风起云涌的民族解放运动已经力不从心,实力的衰退也使其只能眼睁睁地看着殖民地和自治领各行其是而无力抗拒。由于英国和殖民地及自治领长期形成的经济上的高度互补和依赖性,殖民地和自治领需要英国的支持,英国不论从精神上还是从物质上都没做好从殖民地全面撤退的准备,形成一个英联邦既可以让殖民地和自治领国家平稳过渡,避免战争,也给英国从海外殖民地有计划撤退提供了时间,从而可以从容不迫地调整自己的政策。也可以说,英联邦是英国现实主义和不愿放弃帝国

---

① Seam Greenwood, *Britain and European Cooperation since* 1945, Blackwell, Oxford UK&Cambrige USA, 1992, pp. 1 - 5.

② David Gowland, Arth Tumer, *Relunctant Britain and European Integration* (1945 - 1998), Taylor & Francis Group, 2000, p. 11.

③ Leech, G., *Principles of Pragmatics*, London: Longman, 1983.

④ Rithchie Orendale, *The English-Speaking Alliance. Britain, the United States, the Dominions and the Cold War*, London, 1979, p. 18.

梦的完美结合，在战略收缩中充满了想象力，在妥协中充满了智慧，这种双赢的结果对英美关系、对英国重建欧洲新均势都有着非同寻常的意义。

英语世界国家之环的核心也是三环外交的支柱，便是英美特殊关系，这是英国让位头号强国地位的同时试图保持国际大国地位的一个妥协。战后英国的首要任务就是恢复经济，英国通过与美国的特殊关系，巧妙地达到了自己的目的，也部分达到了通过影响美国来提升发言权的目的。通过一系列的运作，英国把马歇尔计划的大多数份额收入囊中，同时成为继美、苏之后第三个拥有核武器的国家，使英国在国家安全上拥有更多主动性的同时也保证了在国际事务中的地位。英国通过和美国建立特殊关系，在一定程度上维持了英国的大国地位，被认为在美国主导的西方世界中，起内部平衡作用的重要角色，甚至被看成保持冷战平衡的关键力量。[①]

欧洲联合是英国无法保持光辉孤立而又想继续欧洲均势的策略妥协。之所以说是策略妥协，是因为英国并不像对待殖民地那样，知道已经无法挽回，在战略上的一种选择，对待欧洲，英国一直不愿意承认自己是欧洲国家，一直想凌驾于至少是认为自己是和欧洲大陆平等的国家。对于欧洲的联合，只是希望能作为和苏联的缓冲，这就暗含着英国希望某一天重新拥有对欧洲的平衡能力，所以尚未上升到战略高度。战后初期，英国的相对强势使其成了能够主导美国和西欧走向合作的唯一国家，再加上英国的外交传统，愿意成为美、苏、西欧的桥梁，促进欧洲的联合保持三大势力的相对均衡。在第二次世界大战毁灭性的打击下，英国保持对欧洲的优势已经力不从心，促进欧洲联合也只是英国均势外交的一种延续，尤其希望能在英苏间建立一个有力的缓冲带，这在当时可谓是个比较高明的妥协策略。时至今日，欧洲的联合已经远超英国当时的设想，欧洲联合已经不能作为一个策略对待了，英国应当及时把英欧关系上升为一个战略，甚至比英美、英联邦更重要的战略。

---

① Brian Brivati, Harriet Jones, *From Reconstruction to Integration: Britain and Europe since 1945*, London, 1993, pp. 15 - 16.

三　现实中的妥协智慧

英国在对外政策上，国内一直存在所谓"欧洲主义"和"大西洋主义"之争。时至今日，这种争论仍持续着，这也使英国很难进行外交定位，总是尝试在两难中走出第三条路，而没有实力做后盾的所谓第三条路，并不由英国说了算，所以，英国的外交选择经常处于纠结之中。冷战结束后，世界形势发生了并继续进行着深刻的变化，英国的外交也一直在调整适应中，英国帝国情结及现实中独特的资源和条件，使英国仍拥有充当国际角色的资本，英国当然更愿意抓住一切机会来扮演好这一角色。同时英国也清醒地认识到自己的地位，要想在国际事务中继续发挥超出其自身硬实力的国际影响，寻求与欧美的平衡就显得尤为重要，这种平衡是一种动态的平衡，失去硬实力支撑的英国想走出第三条路线的空间会越来越小。虽然英国在短时期内很难在回归欧洲和充当国际角色之间做出极端选择，但其发挥国际作用的影响正逐步削弱的事实已经无法回避，英国回归欧洲的选择既是一种无奈，也是一种理性。

（一）准确定位，保持与大国的距离

从 19 世纪后半叶开始，英国就露出了向中等强国回归的端倪，时至今日，这种脚步一直没有停止。维多利亚时代的荣耀正渐渐失去其光环，导致这一结果的原因很多，其中两次世界大战和战后的世界格局变迁是重要因素。两次世界大战英国都是战胜国，但它也为此付出了惨痛的代价，第一次世界大战把英国打成了一个帝国的空架子，第二次世界大战让英国濒临崩溃，而第二次世界大战及随之而来的民族解放运动最终导致了英帝国的解体。如果说冷战时期在美苏争霸和欧洲一体化的大局势下英国还能发挥一些桥梁和世界角色作用的话，冷战结束后，英国的这种作用正变得越来越不明显。面对日益协调紧密的欧洲和领导世界愿望极为强烈的美国，英国发挥传统平衡作用的空间正变得越来越小，尤其在深刻变化的世界格局中，英国所谓第三条路线的意愿正在变成一个没法实现的梦想。

英美两国因为历史上的血缘关系和语言、文化的相通性，加上现实中的政治经济需要，两者的想法更容易被对方了解，这也正是英国试图通过影响美国来影响世界的心理基础。英国通过英美特殊关系确实在一定程度上提升了英国的影响力，英国也完全可以利用其全球视野对欧盟的发展做出特殊的贡献。当前英国最需要做的是从国家民族根本利益出发，根据事情本身的是非曲直来进行决策，从维护欧洲大局出发，而不是以"二老板"自居，这样才能起到应有的作用，在多样化的世界中寻找自己的优势，扩大合作伙伴网络，加深如欧盟等的合作伙伴关系，[①] 发挥自己想要的国际影响。

美国虽然在一些极端行动中，如伊拉克战争、反恐战争等还拉着英国一起行动，更多时候却越过英国，直接与法、德、俄罗斯等打交道，所谓英美特殊关系对于美国来讲，并不像英国希望的那样，只有美国认为需要时才会拉上英国，这种特殊关系对于英美两国的现实来讲，都更多的是作秀和工具成分。而英国为了所谓的英美特殊关系参加的美国一些行动给英国带来的常常不是正面影响，比如追随美国所发动的伊拉克战争，不仅造成了财政负担，也损害了英国的国际形象，损害了英国在发展中国家中的信誉。[②]

岛国的地理位置曾给英国带来巨大的政治、经济、外交和军事战略优势，使得英国面对欧洲大陆各国的纷争，能够纵横捭阖，冷眼旁观，及时介入，把自己的外交手腕和策略发挥得淋漓尽致，甚至在第二次世界大战中，也因天然屏障而阻止了不可一世的德国法西斯，成为盟国反攻的前沿阵地。冷战时期，英国因其独特的地理位置，远离东西方对峙的前线，能够比较超脱地处理美国与苏联的关系，甚至有时起到他们期望的沟通东西方的桥梁作用。冷战结束后，英国的地理位置已经没有了传统意义上的战略地位，面对日趋统一的欧洲，英国的地理位置甚至没有处于大陆腹地能够左右逢源的德国更好，在欧洲一体化的大背景中，欧陆一些国家如法、德等国的重要性正在上升，英国在欧洲甚至西方世界中的地位却在下降，正日益面临被边缘化的危险。理性对待自己在国际关系中的位置，保持与大国的适当距离，走自己独立的外交路线，真是当前英国亟须解决的问题。

---

① Robin Niblett, *Playing to its Strengths: Rethinking the UK's Role in a Changing World*, London: Chatham House, June, 2010, pp. 13, 17.

② Ibid., p. 9.

（二）果断决策，有效融入欧洲

英国的欧陆政策自古及今都带着深深的岛国心理烙印，早期与大陆的分离所产生的不安全感是岛国心理的最初源泉，而早年多次被欧陆国家欺凌的历史又加重了恐惧和不安，所以近代以前的英国充满了对大陆的向往，也多次尝试对欧洲大陆的占领与扩张，试图把自己变为一个大陆国家。在大陆扩张失败变成一个彻底的岛国后，英国调整了自己的战略思维，利用地理优势实现迅速崛起。这时的英国因自身实力的增强，对欧陆的政策由靠拢变成了置身事外，这也正是所谓光辉孤立的心理根源和现实基础，以超脱的姿态灵活地选择对欧陆的政策。这样的优势状态满足了英国消除固有恐惧心理的需求，也因这种心理的满足，让英国人不愿面对当今的现实，更多地驻留在往昔的辉煌中。随着 19 世纪末开始的衰落和两次世界大战的打击，英国已无力执行光辉孤立政策，而面临欧洲一体化进程的逐步推行和自己世界大国地位的丧失，英国的对外政策无疑又到了一个十字路口，是回归欧洲还是继续跟随美国，通过一厢情愿地影响美国来扮演世界角色，对于英国来讲是种艰难的选择。历来现实而又功利的英国回归欧洲虽然不情愿，但现实的国际状况已经到了必须选择的时候了，尽管不是非此即彼的选择，如何有效融入欧洲却是无奈而又必然的选择。

随着欧盟的发展，英国必须要面对欧洲地缘结构的重大变化，特别是日益深化的经济和社会乃至政治、安全等的一体化进程，如果不能更多融入欧洲，就可能会被彻底地边缘化，欧洲联合所带来的好处也会失去，这是一贯现实的英国所很难接受的。海底隧道的开通使英国和欧洲大陆在地理上联系更为紧密，英吉利海峡的天然阻隔意义弱化。即便英国想通过美国影响世界，增大自己的发言权，它也必须先有效融入欧洲，以欧洲为依托，通过影响欧洲来连接美国，进而牵动世界，这不仅是个逻辑关系问题，更是一个战略选择问题。

（三）目标明确，稳步走向未来

时势逼迫英国向欧洲大陆靠拢，但想要英国在短期内完全融入欧洲也是不现实的，因为英国所坚持的特殊性虽然在减弱，其继承的国际资源特别是无形软资源还是比较可观的。英国的这些资源既有英联邦的遗产，也有颇具底蕴的外交传统特别是与强国打交道的丰富经验，更有遍及世界的成熟而又老到的金融资本。这些资源还可以在一定程度上满足英国担任国际角色的需要，通过显性的表现来满足内心的焦虑与恐惧，这在英国民众心理上更容易被接受，比简单地融入欧洲更能让人产生满足感。

英国外交历来适应性都很强，面临危机往往具有适应环境和调整自己的超强能力，[①] 在被动时，总能争取尽可能多的主动，不会放弃任何能表现自己主动性的机会。[②] 比如在苏伊士运河危机中，受到羞辱的不仅有英国，还有法国，两国采取的应对方式却是完全不同的，法国更加强调自己的独立，英国则选择了保持与美国的特殊关系。

英国的依附战略的核心是想通过影响美国来增强自己在国际社会的发言权，实质是想继续充当"国际角色"。现实是随着欧洲一体化的持续深入，作为一个欧洲国家的英国必须慎重对待和欧洲的关系，适时回归。在充当"国际角色"和回归欧洲的天平上如何加码，是很考验英国当局的政治智慧的。"国际角色"可以增加英国在欧洲事务中的砝码，欧盟中的地位也会增加英国在国际事务中的分量。反之，如果英国远离欧洲核心，缺少欧洲的支撑，其发挥国际作用的意愿也就流于空谈，而过分追随美国去发挥所谓的国际作用，就会增加欧洲国家的反感，面临被边缘化的危险。当前的英国要及时抓好欧盟深化的契机，摆脱被认为对欧洲的未来没有宏伟蓝图，对欧洲统一立场模糊的认知，在相对衰落所导致的对欧洲平衡能力降低的过程中，不能让自己在关乎欧洲前途选择上越来越成为局外人。[③]

当前的国际关系正在进行着深刻的变化，对于每一个国家来说，都会产生种种限制，不可能完全按自己的意愿行事，同时也会产生很多新的机会。所有国家都在试图按照自己的思维寻找世界的节奏，开拓自己的空间，很难说哪个国家的作为是对的哪个国家是错的。就现在的英国而言，既不想融入欧洲，又怕被欧洲抛弃；既不愿一味地依附美国，又离不开美国的支持。在欧美关系中，英国既想起桥梁作用，又没有了实

---

① Henry Kissinger, *Diplomacy*, Simon & Schuster, 1994, p. 612.

② 陈乐民主编：《战后英国外交史》，世界知识出版社1994年版，第11页。

③ Zbigniew Brzezinski, *The Grand Chessboard：American Primacy and Its Geostrategic Imperatives*, Basic Books, 1997, p. 43.

力和地缘优势。它很想像帝国兴盛时期那样对欧洲指点江山，却没有了实力的支撑，不愿承认自己是个欧洲国家却又不得不面对属于欧洲国家的现实。英国现在对美国的依附战略也有相当的风险性，因为美国的单边主义和先发制人战略也被世界很多国家所诟病，如果按照美国现在所追求的绝对安全逻辑，美国就有可能和更多国家发生冲突，自然也包括欧洲。[①] 英国当然也明白这些道理，它的一些现实看似矛盾的表现并不是在欧洲和美国之间玩骑墙游戏，欧洲主义和大西洋主义一直是英国外交中的艰难选择，[②] 英国一直希望能扮演美国和欧洲之间的枢纽大国和桥梁作用，[③] 以最大限度地实现英国的利益，这在现实中是很难做到的。之所以没对欧洲和美国选边一是因为自己没法选边，二是美国和欧洲也没法逼迫英国选边，毕竟英美欧还是盟友，没有哪一方愿意看到同盟的分离。而英国也一直处于大西洋和欧洲两难的选择境地，一方面被迫顺应形势参与欧洲一体化进程，另一方面，仍然受岛国心理影响而消除不了对大西洋主义的偏好。

要进行行为的改变，首先还是要进行心理的调整，但这种调整对英国大众来说是非常痛苦的，当然难度也是非常大的。心理调整一个重要表现就是态度调整，对于态度的形成，社会心理学界提出了一系列的理论，其中最主要的有两个，一个是行为主义学派的强化理论，认为态度是人们通过学习而形成的，是一种习惯；另一个是认知学派的平衡理论，认为人们的态度是符合他们认知结构总体的平衡状态。这两种理论的侧重点不同，在社会心理学界中的应用也成互补状态，总体上，平衡理论稍占优势。对于影响态度转变的因素，有很多人进行研究，美国社会心理学家霍弗兰（Havland）认为，影响态度转变的因素主要包括宣传说服者、信息、渠道和信息接受者四个，他还和韦斯（Weiss）一起提出了一项美国公认的转变态度的有效模式。如图 1 所示。

① David P. Calleo, "Power, Wealth and Wisdom", *The National Interest*, Summer 2003.

② Robin Niblett, "Hoosing between America and Europe: A New Context for British Foreign Policy", *International Affairs*, 2007, Vol. 83, No. 4.

③ Paul D. Williams, *British Foreign Policy under New Labour*, 1997 - 2005, Houndmills, Basingstoke, Hampshire, New York: Palgrave Macmillan, 2005, p. 2.

谁?		什么?		用什么方式?		对谁?
宣传说服者 变量		信息变量		渠道变量		信息接受者 变量
如：可信性 吸引力	→	如：恐惧的引起 单方面信息 双方面信息	→	如：面对面 电视 录音机	→	如：智力 性格 原有态度

图 1　影响态度转变的因素

从图 1 不难看出，不仅每种变量可能影响态度转变，各个变量之间亦有相互作用，这从另一个角度说明人的态度转变是不容易的。但不管怎么艰难，英国的精英们要下决心进行调整，毕竟"当一个国家的对外战略陷入持续困境之时，它的战略生存空间将日趋狭窄，其国内社会政治制度必将随之面临动荡甚至崩溃的危险"①。

对于目前的英国来说，不选择也许就是最好的选择，但应有自己的选择倾向性，明白自身所处的位置，积极稳妥地向欧洲靠拢，顺势而为。知道作为一个岛国，存在一种天生的恐惧心理，要克服这种恐惧心理和不安全感，自身的强大已难再现，一味地依附大国，最终丧失的必然还是自我。克服心理上的虚幻，客观面对现实，适时融入欧洲，作为欧盟的核心成员国在世界上施加影响，再借助自己现有的资源优势，在国际事务中发挥强于中等强国的作用应该成为英国更为理性而稳妥的外交策略。

---

① 计秋枫：《近代前期英国崛起的历史逻辑》，《中国社会科学》2013 年第 9 期。

参考文献

一　中文著作

[1] 陈晓律、于文杰、陈日华：《英国发展的历史轨迹》，南京大学出版社 2009 年版。

[2] 陈晓律主编：《英国研究》第 1 辑，南京大学出版社 2009 年版。

[3] 陈晓律主编：《英国研究》第 2 辑，南京大学出版社 2011 年版。

[4] 陈晓律主编：《英国研究》第 3 辑，南京大学出版社 2011 年版。

[5] 陈朝高：《欧洲一体化与世界》，时事出版社 1999 年版。

[6] 陈乐民：《"欧洲观念"的历史哲学》，东方出版社 1988 年版。

[7] 章志光主编：《社会心理学》，人民教育出版社 2009 年版。

[8] 尚会鹏：《心理文化学要义——大规模文明社会比较研究的理论与方法》，北京大学出版社 2013 年版。

[9] 陈玉刚：《国家与超国家——欧洲一体化理论比较研究》，上海人民出版社 2001 年版。

[10] 陈志敏、古斯塔夫·盖拉茨：《欧洲联盟对外政策一体化：不可能的使命?》，时事出版社 2003 年版。

[11] 陈志敏等：《中国、美国与欧洲：新三边关系中的合作与竞争》，上海人民出版社 2011 年版。

[12] 崔毅：《一本书读懂英国史》，金城出版社 2010 年版。

[13] 戴炳然：《欧洲共同体条约集》，复旦大学出版社 1993 年版。

[14] 杜厚文等：《世界经济一体化集团化——关于欧洲经济一体化的特例分析》，中国大百科全书出版社 1997 年版。

[15] 冯绍雷总主编，周保巍、成键主编：《欧盟大国外交政策的起源与发展》，华东师范大学出版社 2009 年版。

［16］冯绍雷总主编，刘军、曹亚雄主编：《大构想——2020 年的欧盟》，华东师范大学出版社 2010 年版。

［17］古莉亚：《欧洲一体化的悖论》，吉林大学出版社 2010 年版。

［18］关呈远主编：《零距离解读欧盟——外交官的前沿报告》，中国人民大学出版社 2009 年版。

［19］郭华榕、徐天新主编：《欧洲的分与合》，京华出版社 1999 年版。

［20］洪邮生：《英国对西欧一体化政策的起源和演变（1945—1960）》，南京大学出版社 2001 年版。

［21］惠一鸣：《欧洲联盟发展史》，中国社会科学出版社 2008 年版。

［22］计秋枫等：《欧洲的梦想与现实——欧洲统一的历程与前景》，南京大学出版社 2000 年版。

［23］金安：《欧洲一体化的政治分析》，学林出版社 2004 年版。

［24］陈乐民主编：《战后英国外交史》，世界知识出版社 1994 年版。

［25］李海燕、魏丽军：《欧洲梦与欧共体》，人民出版社 1994 年版。

［26］李静：《民族心理学》，民族出版社 2009 年版。

［27］［加拿大］梁鹤年：《西方文明的文化基因》，上海三联书店、上海人民出版社 2014 年版。

［28］梁晓君：《英国欧洲政策之国内成因研究——以撒切尔时期为例》，世界知识出版社 2008 年版。

［29］廖岷等编：《欧元震撼》，贵州人民出版社 1998 年版。

［30］刘伟：《前瞻记忆——社会心理学的视野》，北京大学出版社 2014 年版。

［31］刘瑜：《观念的水位》，浙江大学出版社 2013 年版。

［32］刘泓：《欧洲联盟：一种新型人们共同体的建构》，中国社会科学出版社 2008 年版。

［33］马杀鹰：《新海权论：中国崛起的海洋之路》，电子工业出版社 2012 年版。

［34］夏继果：《伊丽莎白一世时期英国外交政策研究》，商务印书馆 1999 年版。

［35］马胜利、邝杨主编：《欧洲认同研究》，社会科学文献出版社 2008 年版。

[36] 潘一禾：《文化与国际关系》，浙江大学出版社 2005 年版。

[37] 钱乘旦：《欧洲文明：民族的融合与冲突》，贵州人民出版社 1999 年版。

[38] 钱乘旦、高岱主编：《英国史新探》，北京大学出版社 2011 年版。

[39] 陈乐民主编：《西方外交思想史》，中国社会科学出版社 1995 年版。

[40] 钱乘旦、陈晓律：《在传统与变革之间：英国文化模式溯源》，江苏人民出版社 2010 年版。

[41] 秦亚青：《权力·制度·文化：国际关系理论与方法研究文集》，北京大学出版社 2005 年版。

[42] 饶蕾：《欧盟委员会：一个超国家机构的作用》，西南财经大学出版社 2002 年版。

[43] 马瑞映：《疏离与合作：英国与欧共体关系研究》，中国社会科学出版社 2007 年版。

[44] 石之瑜：《政治文化与政治人格》，（台北）扬智文化事业股份有限公司 2003 年版。

[45] 时蓉华：《社会心理学》，浙江教育出版社 2002 年版。

[46] 孙秀民：《统一后的德国对欧洲及世界的影响》，上海外语教育出版社 2001 年版。

[47] 王鹤：《欧洲经济货币联盟》，社会科学文献出版社 2002 年版。

[48] 王丽萍：《联邦制与世界秩序》，北京大学出版社 2000 年版。

[49] 王逸舟：《西方国际政治学：历史与理论》，上海人民出版社 1998 年版。

[50] 王振华：《列国志：英国》，社会科学文献出版社 2011 年版。

[51] 伍贻康：《区域整合体制创新》，上海财经大学出版社 2003 年版。

[52] 李义虎：《地缘政治学：二分论及其超越——兼论地缘整合中的中国选择》，北京大学出版社 2007 年版。

[53] 许倬云：《大国霸业的兴废》，上海文化出版社 2012 年版。

[54] 仪名海、郝江东等：《战略、策略、技巧：多种外交形态透视》，清华大学出版社 2012 年版。

[55] 阎小冰、邝杨：《欧洲议会：对世界上第一个跨国议会的概述与

探讨》，世界知识出版社 1997 年版。

[56] 阎学通、阎梁：《国际关系分析》，北京大学出版社 2008 年版。

[57] 袁方等：《英国人》，三秦出版社 2003 年版。

[58] 尹继武：《社会认知与联盟信任形成》，上海人民出版社 2009 年版。

[59] 张历厉：《外交决策》，世界知识出版社 2007 年版。

[60] 张世富主编：《民族心理学》，山东教育出版社 1993 年版。

[61] 张蕴岭主编：《欧洲巨变与世界格局》，社会科学文献出版社 1999 年版。

[62] 钱乘旦、许洁明编：《英国通史》，上海社会科学院出版社 2012 年版。

[63] 赵怀普：《当代美欧关系史》，世界知识出版社 2011 年版。

[64] 赵怀普：《英国与欧洲一体化》，世界知识出版社 2004 年版。

[65] 周保巍、成键主编：《欧盟大国外交政策的起源与发展》，华东师范大学出版社 2009 年版。

[66] 周弘主编：《欧盟是怎样的力量——兼论欧洲一体化对世界多极化的影响》，社会科学文献出版社 2008 年版。

[67] 周琪、王国明主编：《战后西欧四大国外交》，中国人民公安大学出版社 1992 年版。

[68] 周荣耀主编：《冷战后的东方和西方——学者的对话》，中国社会科学出版社 1997 年版。

[69] 祝大鸣：《独特的日本人——岛国文化之解读》，中国画报出版社 2009 年版。

[70] 庄锦英：《决策心理学》，上海教育出版社 2006 年版。

[71] 郑雪主编：《人格心理学》，暨南大学出版社 2011 年版。

二　中文文章

[1] 褚怡敏：《战后初期英国的欧洲一体化政策（1945—1951）》，《浙江师范大学学报》（社会科学版）2008 年第 3 期。

[2] 赵怀普：《"布莱尔外交"评析》，《国际论坛》2008 年第 3 期。

[3] 戴炳然：《欧盟：一种独特的国际制度》，《欧洲一体化研究》2000

年第 1 期。

[4] 董晓燕：《浅论欧洲认同及其民族意识的张力》，《世界经济与政治》2004 年第 1 期。

[5] 冯仲平：《欲速则不达——欧盟"宪法危机"对欧洲一体化进程的影响评析》，《求是》2005 年第 17 期。

[6] 冯惠云：《防御性的中国战略文化》，《国际政治科学》2005 年第 4 期。

[7] 高华：《欧盟独立防务：开端、问题、前景》，《世界经济与政治》2002 年第 7 期。

[8] 关信平：《欧洲联盟社会政策的历史发展——兼析欧盟社会政策的目标、性质与原则》，《南开大学学报》（哲学社会科学版）2000 年第 2 期。

[9] 郭艳妮、涂用凯：《布莱尔政府的欧洲政策分析》，《世界经济与政治论坛》2005 年第 4 期。

[10] 何晨青：《英国"光辉孤立"政策的文化渊源浅析》，《温州大学学报》（社会科学版）2010 年第 1 期。

[11] 黄光耀：《冷战后欧盟安全防务政策的调整》，《世界经济与政治论坛》2002 年第 3 期。

[12] 贾文华：《1965 年"空椅子危机"起因思考》，《信阳师范学院学报》2003 年第 5 期。

[13] 竭仁贵：《解析英国霸权运行机制中的自我侵蚀性》，《国际论坛》2014 年第 4 期。

[14] 李存娜：《国际关系研究中的心理分析》，《国际论坛》2006 年第 3 期。

[15] 李靖堃：《英国欧洲政策的特殊性：传统、理念与现实利益》，《欧洲研究》2012 年第 5 期。

[16] 梁晓君：《英国疑欧派解析》，《欧洲研究》2005 年第 3 期。

[17] 林民旺：《国际关系的前景理论》，《国际政治科学》2007 第 4 期。

[18] 刘小林、李宇晴：《近期英国政府欧元政策评析》，《欧洲研究》2003 年第 5 期。

[19] 刘亚轩：《论冷战时的英国与欧共体》，《经济与社会发展》2008

年第 6 期。

[20] 刘世强：《霸权以来与领导国家权势衰落的逻辑》，《世界经济与政治》2012 年第 5 期。

[21] 陆梅：《英国在欧洲一体化上政策摇摆的多元成因》，《南通师范学院学报》（哲学社会科学版）2001 年第 2 期。

[22] 孟庆凌：《影响英国欧洲政策的因素浅析》，《山东省农业管理干部学院学报》2008 年第 6 期。

[23] 潘兴明：《英帝国向英联邦转型探析——基于二战丘吉尔政府非殖民化政策的历史考察》，《史学月刊》2011 年第 2 期。

[24] 聂熙原：《欧洲一体化进程中的英国外交政策研究》，《内蒙古农业大学学报》（社会科学版）2009 年第 5 期。

[25] 秦亚青：《第三种文化：国际关系研究中科学与人文的契合》，《世界经济与政治》2004 年第 1 期。

[26] 裴元伦：《欧盟经济模式之争》，《求是》2004 年第 3 期。

[27] 屈从文：《欧盟委员会超国家性质分析》，《欧洲研究》2004 年第 6 期。

[28] 曲兵：《试析英国联合政府对外政策的调整》，《现代国际关系》2013 年第 11 期。

[29] 尚会鹏：《个人、个国与现代国际秩序——心理文化的视角》，《世界经济与政治》2007 年第 10 期。

[30] 尚会鹏：《基本人际状态的类型、维度与心理—社会均衡（PSH）的动力学关系——对许氏理论的若干阐释和补充》，《国际政治研究》2007 年第 3 期。

[31] 尚会鹏：《许烺光的心理——社会均衡理论及其中国文化背景》，《国际政治研究》2006 年第 4 期。

[32] 宋玮、杨伟国：《论欧元区财政政策与货币政策的不对称结构》，《欧洲》2002 年第 1 期。

[33] 唐恒君：《试论英国在欧洲一体化进程中政策摇摆的原因》，《宜春学院学报》2009 年第 5 期。

[34] 汪波、李晓涛：《论战后欧洲一体化中的英国外交》，《武汉大学学报》（哲学社会科学版）2005 年第 2 期。

［35］王展鹏：《主权话语与制度变迁：欧洲一体化背景下的英国宪法司法化》，《欧洲研究》2004 年第 4 期。

［36］邹根宝、黎媛菲、江畅：《从布朗的五项测试标准看英国加入欧元区的前景》，《世界经济研究》2003 年第 10 期。

［37］王栋：《超越国家利益——探寻对 20 世纪 90 年代中美关系的知觉性解释》，《美国研究》2001 年第 3 期。

［38］王慧然：《中国传统社会中的政治人格解析》，《黑龙江社会科学》2001 年第 1 期。

［39］王丽萍：《人格与政治：政治心理学领域核心关系分析》，《北京大学学报》（哲学社会科学版）2002 年第 2 期。

［40］王振华：《冷战后英国外交的调整与走向》，《外交学院学报》1996 年第 2 期。

［41］王振华：《浅析布莱尔的"枢纽外交"说》，《欧洲研究》2002 年第 6 期。

［42］王燕：《英国工党党内关于欧洲问题的争论及政策分析》，《国际政治研究》2001 年第 4 期。

［43］王沛、刘峰：《社会认同理论视野下的社会认同威胁》，《心理科学进展》2007 年第 5 期。

［44］魏万磊：《政治心理学中的人格研究与精神分析法》，《浙江社会科学》2011 年第 2 期。

［45］吴文武：《试析撒切尔政府在欧洲一体化问题上的分歧》，《求是学刊》2001 年第 2 期。

［46］吴弦：《欧盟国家利比亚军事干预解析》，《欧洲研究》2012 年第 2 期。

［47］叶建军：《调整与定位：英国对英美"特殊关系"的反思》，《现代国际关系》2010 年第 8 期。

［48］杨芳、布庆荣：《超越"三环"的努力——麦克米伦政府对欧政策转折初探》，《内蒙古大学学报》（人文社会科学版）2001 年第 5 期。

［49］尹继武：《国际政治心理学的知识谱系》，《世界经济与政治》2011 年第 4 期。

［50］尹继武：《结构、认知结构与国际政治心理学分析》，《世界经济与政治》2007 年第 10 期。

［51］尹继武：《认知心理学在国际关系研究中的应用：进步及其问题》，《外交评论》2006 年第 4 期。

［52］张惠玲、李晓锋：《文化视角中的英欧关系》，《东华大学学报》（社会科学版）2007 年第 1 期。

［53］赵怀普：《英国缘何对欧盟若即若离》，《国际论坛》2005 年第 5 期。

［54］张清敏：《国际政治心理学流派评析》，《国际政治科学》2008 年第 3 期。

［55］张清敏：《小集团思维：外交政策分析的特殊模式》，《国际论坛》2004 年第 2 期。

［56］张鸿石：《论英国的外交风格》，《燕山大学学报》（哲学社会科学版）2012 年第 2 期。

［57］赵怀普：《英国否决欧盟修约与英欧关系的新动向》，《外交评论》2012 年第 3 期。

［58］赵怀普：《美国新欧洲战略初探》，《欧洲研究》2003 年第 4 期。

［59］王展鹏：《政治文化趋同与英国工党的亲欧转变——八十年代中期以来的英国工党与欧洲一体化》，《国际论坛》2000 年第 4 期。

［60］曹瑞臣、赵灵燕：《地缘战略透视：英国传统均势外交理念的成因与实践》，《大庆师范学院学报》2010 年第 4 期。

［61］赵怀普：《英美特殊关系与国际秩序》，《美国研究》2004 年第 4 期。

［62］赵疑、唐永胜：《英国外交政策的未来走势》，《当代世界》2007 年第 8 期。

［63］哈丁·T. 迪金森、姜南、张正：《英国公投脱欧：一次非理性行动?》，《中国社会科学报》2016 年 7 月 14 日第 4 版。

［64］黄培昭：《"脱欧"将使英国损失惨重》，《人民日报》2013 年 11 月 5 日第 22 版。

［65］何晨青：《英国"光辉孤立"政策的文化渊源浅析》，《温州大学学报》（社会科学版）2010 年第 1 期。

[66] 曾勇：《英国疑欧主义的根源分析》，硕士学位论文，外交学院，2016 年。

[67] 温卫杰：《从卡梅伦"脱欧公投"演讲看当前英欧关系》，硕士学位论文，外交学院，2015 年。

[68] 李慧：《英国首相卡梅伦欧盟演讲视频的同声传译实践报告》，硕士学位论文，天津财经大学，2014 年。

[69] 李雷鸣：《英国对欧均势外交传统的文化基础》，硕士学位论文，华中师范大学，2012 年。

[70] 孟庆凌：《二战后英国欧洲政策研究》，硕士学位论文，山东师范大学，2007 年。

三　中文译作

[1] 欧共体官方出版局：《欧洲联盟法典》，苏明忠译，国际文化出版公司 2005 年版。

[2] ［比］居伊·伏思达：《走向欧洲合众国——一个新欧洲的宣言》，关呈远、胡祖桢译，世界知识出版社 2009 年版。

[3] ［德］诺贝特·埃利亚斯：《文明的进程——文明的社会发生和心理发生的研究》，王佩莉、袁志英译，上海译文出版社 2013 年版。

[4] ［德］贝娅·特科勒等：《欧洲一体化与欧盟治理》，顾俊礼等译，中国社会科学出版社 2004 年版。

[5] ［德］奥斯瓦尔德·斯宾格勒：《西方的没落》，吴琼译，上海三联书店 2006 年版。

[6] ［法］皮埃尔·阿考斯、［瑞士］皮埃尔·朗契尼克：《病夫治国》，郭宏安译，华东师范大学出版社 2013 年版。

[7] ［法］多米尼克·莫伊西：《情感地缘政治学——恐惧、羞辱与希望的文化如何重塑我们的世界》，姚芸竹译，新华出版社 2010 年版。

[8] ［法］埃德加·莫兰：《反思欧洲》，康征、齐小曼译，三联书店 2005 年版。

[9] ［法］埃德加·莫兰：《迷失的范式：人性研究》，陈一壮译，三联书店 2005 年版。

［10］［法］皮埃尔·热尔贝：《欧洲统一的历史与现实》，丁凡译，北京大学出版社 1999 年版。

［11］［法］帕斯卡尔·拉米：《以欧洲的名义》，苗建敏译，中信出版社 2004 年版。

［12］［美］雷德·海斯蒂、罗宾·道斯：《不确定世界的理性选择—判断与决策心理学》，谢晓非等译，人民邮电出版社 2013 年版。

［13］［美］查尔斯·B. 斯特罗齐尔、丹尼尔·奥弗主编：《领袖——一项心理史学研究》，梁卿等译，中央编译出版社 2013 年版。

［14］［美］乔治·赫伯特·米德：《心灵、自我和社会》，霍桂桓等译，北京联合出版公司 2014 年版。

［15］［美］索尔·科恩：《地缘关系的地理学——国际关系的地理学》，严春松译，上海社会科学院出版社 2011 年版。

［16］［美］哈罗德·D. 拉斯韦尔：《权力与人格》，胡勇译，中央编译出版社 2013 年版。

［17］［美］弗雷德·I. 格林斯坦：《总统风格：从罗斯福到奥巴马》，李永成译，中国人民大学出版社 2013 年版。

［18］［美］约翰·R. 扎勒：《公共舆论》，陈心想、方建锋、徐法寅等译，中国人民大学出版社 2013 年版。

［19］［美］马莎·L. 科塔姆等：《政治心理学》，胡勇、陈刚译，中国人民大学出版社 2013 年版。

［20］［美］菲利普·E. 泰特洛克：《狐狸与刺猬：专家的政治判断》，季乃礼等译，中国人民大学出版社 2013 年版。

［21］［美］德鲁·韦斯滕：《政治头脑》，杨毅译，中国人民大学出版社 2013 年版。

［22］［美］泰德·布拉德尔：《政治广告》，乔木译，中国人民大学出版社 2013 年版。

［23］［美］阿尔弗雷德·塞耶·马汉：《海权论》，一兵译，同心出版社 2012 年版。

［24］［美］蔡美儿：《帝国的终结：从大历史的角度解读美国霸权兴衰的历程》，刘海清、杨礼武译，新世界出版社 2012 年版。

［25］［美］亨利·基辛格：《大外交》（修订版），顾淑馨、林添贵译，

海南出版社 2012 年版。

[26] [美] 塞缪尔·亨廷顿：《文明的冲突与世界秩序的重建》，周琪、刘绯等译，新华出版社 2010 年版。

[27] [美] 亚历山大·温特：《国际政治的社会理论》，秦亚青译，上海世纪出版集团 2000 年版。

[28] [美] 戴维·迈尔斯：《社会心理学》（第 8 版），侯玉波等译，人民邮电出版社 2012 年版。

[29] [美] 谢利·泰勒等：《社会心理学》（第 12 版），崔丽娟、王彦等译，上海人民出版社 2010 年版。

[30] [美] 兰迪·拉森、戴维·巴斯：《人格心理学——人性的科学探索》，郭永玉等译，人民邮电出版社 2011 年版。

[31] [美] 戴维·卡里欧：《欧洲的未来》，冯绍雷等译，上海人民出版社 2003 年版。

[32] [英] 约翰·劳尔：《英国与英国外交（1815—1885）》，刘玉霞、龚文启译，上海译文出版社 2003 年版。

[33] [美] 埃里克·H. 埃里克森：《童年与社会》，罗一静、徐炜铭、钱积权编译，学林出版社 1992 年版。

[34] [美] 埃里克·H. 埃里克森：《同一性：青少年与危机》，孙名之译，浙江教育出版社 1998 年版。

[35] [美] 利昂·费斯汀格：《认知失调理论》，郑全全译，浙江教育出版社 1999 年版。

[36] [美] 理查德·尼斯贝特：《思维的版图》，李秀霞译，中信出版社 2006 年版。

[37] [美] 沃尔特·李普曼：《公众舆论》，阎克文、江红译，上海世纪出版集团 2006 年版。

[38] [美] 埃里希·弗洛姆：《逃避自由》，刘林海译，国际文化出版公司 2007 年版。

[39] [奥] 西格蒙德·弗洛伊德：《精神分析引论》，高觉敷译，商务印书馆 1984 年版。

[40] [奥] 西格蒙德·弗洛伊德：《精神分析引论新编》，高觉敷译，商务印书馆 1987 年版。

［41］［奥］西格蒙德·弗洛伊德：《一个幻觉的未来》，杨韶钢译，华夏出版社 1999 年版。

［42］［奥］康罗·洛伦兹：《攻击与人性》，王守珍、吴月娇译，作家出版社 1987 年版。

［43］［瑞士］荣格：《荣格性格哲学》，李德荣等编译，九州出版社 2011 年版。

［44］［意］玛丽娅·格拉齐娅·梅吉奥妮：《欧洲统一、贤哲之梦：欧洲统一思想史》，陈宝顺、沈亦缘译，世界知识出版社 2004 年版。

［45］［美］罗伯特·杰维斯：《国际政治中的知觉与错误知觉》，秦亚青译，世界知识出版社 2003 年版。

［46］［英］巴里·布赞：《人、国家与恐惧——后冷战时代的国际安全研究议程》，闫健、李剑译，中央编译出版社 2009 年版。

［47］［英］肯尼思·摩根：《20 世纪英国：帝国与遗产》，宋云峰译，外语教学与研究出版社 2008 年版。

［48］［英］M. W. 艾森克、［爱尔兰］M. T. 基恩：《认知心理学》，高定国、和凌南等译，华东师范大学出版社 2009 年版。

［49］［英］理查德·道金斯：《自私的基因》，卢允中、张岱云等译，中信出版社 2012 年版。

四　英文著作

［1］Alastair Campbell, Bill Hagerty ed. , *The Burden of Power*：*Countdown to Iraq* (*The Alastair Campbell Diaries* Vol. 4), London：Hutchinson, 2012.

［2］Aaron M. Hoffman, *Building Trust*：*Overcoming Suspicion in International Conflict*, New York：State University of New York Press, 2006.

［3］Andrew Kydd, *Trust and Mistrust in International Relations*, Princeton：Princeton University Press, 2005.

［4］Amelia Hadfield-Amkhan, *British Foreign Policy*, *National Identity*, *and Neoclassical Realism*, Lanham：Rowman & Littlefield, 2010.

［5］Annette Freyberg-Inan, *What Moves Man*：*The Realist Theory of Inter-*

national Relations and Its Judgment of Human Nature, New York: State University of New York Press, 2004.

[6] Brader, T., Campaigning for Hearts and Minds: How Emotional Appeals in Political Ads Work, Chicago: University of Chicago Press, 2006.

[7] Mckercher, B. J. C., ed., Routledge Handbook of Diplomacy and Statecraft, Oxford: Routledge, 2012.

[8] Martha L. Cottam ed., Introduction to Political Psychology, 2nd ed, New York: Psychology Press, 2010.

[9] Cameron, Fraser, The Future of Europe, London: Routledge,2004.

[10] See William Todd Schultz, Introducing Psychobiography, in Handbook of Psychobiography, Oxford University Press, 2005.

[11] Cowles, Maria Green et al., Transforming Europe, New York: Cornell University Press, 2001.

[12] Douglas Hurd, Choose Your Weapons: The British Foreign Secretary: 200 Years of Argument, Success and Failure, London: Phoenix, 2011.

[13] Robert Self, British Foreign and Defence Policy since 1945: Challenges and Dilemmas in a Changing World, Basingstoke: Palgrave Macmillan, 2010.

[14] David Riesman, Nathan Glazer and ReuelDenney, The Lonely Crowd: A Study of the Changing American Character, Yale University Press, 2001.

[15] Deborah Welch Larson, Origins of Containment: A Psychological Explanation, Princeton, New Jersey: Princeton University Press, 1985.

[16] Dinan, Desmond, Europe Recast: A History of European Union, Boulder: Lynne Rienner, 2004.

[17] Dinan, Desmond, Ever Closer Union: A Introduction to European Integration, 2nd edition, Boulder, Colo.: L. Rienner Publishers, 1999.

[18] Featherstone, Kevin and Claudio M. radaelli, The Politics of Europeanization, New York: Oxford University Press, 2003.

[19] Fred I. Greenstein, *Personality and Politics: Problems of Evidence, Inference, and Conceptualization*, Princeton University Press, 1987.

[20] Gill Bennett, *Six Moments of Crisis: Inside British Foreign Policy*, Oxford: Oxford University Press, 2013.

[21] Greenstein F. I. , *The Presidential Difference: Leadership Style from FDR to Barack Obama.* 3rd ed. , Princeton: Princeton University Press, 2009.

[22] Harold D. , Lasswell, *Psychopathology and Politics*, The University of Chicago Press, 1930.

[23] Harold D. , Lasswell, *World Politics and Personal Insecurity*, New York: McGraw-Hill, 1935.

[24] Houghton, D. P. , *Political Psychology: Situations, Individuals, and Cases*, New York and London: Routledge, 2009.

[25] Julian Lindley-French, *Little Britain? Twenty-First Century Strategy for a Middling European Power*, (Kindle Edition) Wilkinson Publishing, Jan 2014.

[26] Jason W. Davidson, *America's Allies and War: Kosovo, Afghanistan, and Iraq*, New York and Basingstoke: Palgrave Macmillan, 2011.

[27] Jennifer Lind, *Sorry States: Apologies in International Relations*, Ithaca, New York and London: Cornell University Press, 2008.

[28] Jeffery J. Mondak, *Personality and the Foundations of Political Behavior*, Cambridge: Cambridge University Press, 2010.

[29] Jamie Gaskarth, *British Foreign Policy*, London/Malden: Polity, 2013.

[30] Jonathan Powell, *The New Machiavelli: How to Wield Power in the Modern World*, London: Vintage, 2011.

[31] Ken Booth , Nicolas J. Wheeler, *The Security Dilemma: Fear, Cooperation and Trust in World Politics*, New York: Palgrave Macmillan, 2008.

[32] Daniel J. Myers, John D. DeLamater, *Social Psychology*, Broadman & Holman Publishers, 2010.

[33] Mark Schafer, Scott Crihlow, *Groupthink versus High-Quality Decision Making in International Relations*, New York: Columbia University Press, 2010.

[34] Martha Cottam, Beth Dietz-Uhler, Elena Mastors and Thomas Preston, *Introduction to Political Psychology*, London: Lawrence Erlbaum Associates, Inc., 2004.

[35] Margaret Thatcher, *Statecraft: Strategies for a Changing World*, Hammersmith: Harper Collins, 2011.

[36] Michael L. Mannin, *British Government and Politics: Balancing Europeanization and Independence*, Plymouth: Rowman & Littlefield, 2010.

[37] Pegden, Anthony, *The Idea of Europe: From Antiquity to the European Union*, Washington D. C.: Woodrow Wilson Center Press, 2002.

[38] Pauline Schnapper, *British Political Parties and National Identity: A Changing Discourse*, 1997 – 2010, Newcastle upon Tyne: Cambridge Scholars Publishing, 2011.

[39] Richard Ned Lebow, *A Cultural Theory of International Relations*, Cambridge: Cambridge University Press, 2008.

[40] Richard Ned Lebow, Wulf Kansteiner and Claudio Fogu, eds., *The Politics of Memory in Postwar Europe*, Duham: Duke University Press, 2006.

[41] Christopher S. Chivvis, *Toppling Qaddafi: Libya and the Limits of Liberal Intervention*, New York: Cambridge University Press, 2014.

[42] David Gowland, Arther Turner, *Reluctant Europeans: Britain and European Integration*, 1945—1998, London: Longman, 2000.

[43] Mahajan, S., *British Foreign Policy*, 1874 – 1914, *The Role of India*, London: Routledge, 2002.

[44] Varun Uberoi, Adam Coutts, Iain Mclean and David Halpern eds., *Options for Britain II: Cross Cutting Policy Issues-Changes and Challenges*, Oxford: Wiley-Blackwell, 2010.

[45] William Mulligan, Brendan Simms, ed., *The Primacy of Foreign*

Policy in British History, 1660 – 2000: *How Strategic Concerns Shaped Modern Britain*, Basingstoke: Palgrave Macmillan, 2010.

[46] Yuan-kang Wang, *Harmony and War: Confucian Culture and Chinese Power Politics*, New York: Columbia University Press, 2011.

五 英文文章

[1] Andrew Gamble, *Hegemony and Empire: British Exceptionalism and the Myth of Anglo-America*, *Paper Presented at the Political Studies Association Conference*, Univ. of Bath, April 2007, p. 11 – 13.

[2] Bancoff, Thomas, Institutions, "Inertia and European Union Research Policy", *Journal of Common Markets*, Vol. 41, No. 1, 2002.

[3] Brian Barder, "Britain: Still Looking for that Role?", *Political Quarterly*, Vol. 72, Issue 3, July 2001.

[4] Barry, Frank, *Fiscal Policy in EMU*, in Eric J. Pentecost et al. (eds.), *European Monetary Integration: Past, Present and Future*, Cheltenham, UK: Edward Elgar, 2001.

[5] Christopher Hill, "British Foreign Policy Priorities: Tough Choices", *World Today*, Vol. 66, No. 4, April 2010.

[6] Caroline Kennedy-pipe, Rhiannon Vickers, "'Blowback' for Britain? Blair, Bush, and the War in Iraq", *Review of International Studies*, Vol. 33, No. 2, April 2007.

[7] Dina Badie, "Groupthink, Iraq, and the War on Terror: Explaining US Policy Shift toward Iraq", *Foreign Policy Analysis*, Vol. 6, No. 4, 2010.

[8] David M. McCourt, "Rethinking Britain's Role in the World for a New Decade: The Limits of Discursive Therapy and the Promise of Field Theory", *The British Journal of Politics & International Relations*, Vol. 13, Issue 2, May 2011.

[9] Frederick Hood, "Atlantic Dreams and European Realities: British Foreign Policy After Iraq", *Journal of European Integration*, Vol. 30, No. 1, March 2008.

［10］Giacomo Tagiuri, "Forging Identity: The EU and European Culture", *Survival: Global Politics and Strategy*, Vol. 56, No. 1, February-Marce 2014.

［11］Steve Marsh, John Baylis, "The Anglo-American 'special relationship'", *Diplomacy and Statecraft*, Vol. 17, Issue 2, 2006.

［12］Harold James, "International order after the Financial Crisis", *International Affairs*, Vol. 87, No. 3, May 2011.

［13］Goldgeier J. M., Tetlock P. E., "Psychology and International Relations Theory", *Annual Review of Political Science*, Vol. 4, 2001.

［14］Judi Atkins, "A New Approach to Humanitarian Intervention? Tony Blair's 'Doctrine of the International Community'", *British Politics*, Vol. 1, Issue 2, 2006.

［15］Jonathan Mercer, "Prospect Theory and Political Science", *Annual Review of Political Science*, Vol. 8, 2005.

［16］Jonathan Mercer, "Emotional Beliefs", *International Organization*, Vol. 64, No. 1, 2010.

［17］Justin Morris, "How Great is Britain? Power Responsibility and Britain's Future Global Role", *The British Journal of Politics & International Relations*, Vol. 13, Issue 3, August 2011.

［18］Justin Morris, "How Great is Britain? Power, Responsibility and Britain's Future Global Role", *The British Journal of Politics & International Relations*, Vol. 13, Issue 3, August 2011.

［19］Matt Beech, "British Conservatism and Foreign Policy: Traditions and Ideas Shaping Cameron's Global View", *The British Journal of Politics & International Relations*, Vol. 13, Issue 3, August 2011.

［20］Mark Bevir, Oliver Daddow and Ian Hall, "Introduction: Interpreting British Foreign Policy", *The British Journal of Politics & International Relations*, Vol. 15, Issue 2, May 2013.

［21］Nick Carter, "Whither (or Wither) the Euro? Labour and the Single Currency", *Politics*, Vol. 23, Issue 1, February 2003.

［22］Ole R. Holst, "Public Opinion and Foreign Policy", *International*

Studies Quarterly, Vol. 36, No. 4, 1992.

[23] Oliver Daddow, "Tony's War? Blair, Kosovo and the Interventionist Impulse in British Foreign Policy", *International Affairs*, Vol. 85, No. 3, 2009.

[24] Peter Hays Gries, "Social Psychology and the Identity-Conflict Debate: Is a 'China Threat' Inevitable?", *European Journal of International Relations*, Vol. 11, No. 2, 2005.

[24] Paul Macdonald, Joseph Parent, "Graceful Decline? The Surprising Success of Great Power Retrenchment", *International Security*, Vol. 35, No. 4, Spring 2011.

[25] Rose Mcdermott, "Prospect Theory in Political Science: Gains and Losses From the First Decade", *Political Psychology*, Vol. 25, No. 2, 2004.

[26] Rose Mcdermott, "The Feeling of Rationality: The Meaning of Neuroscientific Advances for Political Science", *Perspectives on Politics*, Vol. 2, No. 4, 2004.

[27] Ross A. Hammond and Robert Axelrod, "The Evolution of Ethnocentrism", *Journal of Conflict Resolution*, Vol. 50, No. 6, 2006.

[28] Group Captain G Tunnicliffe, "A Problem with Choice-A Weakness in the UK's Strategic Approach?", *Royal College of Defence Studies*, July 2011.

[29] Srdjan Vucetic, "Racialized Peace? How Britain and the US Made Their Relationship Special", *Foreign Policy Analysis*, Vol. 7, Issue 4, October 2011.

[30] Stephen Benedict Dyson, "Personality and Foreign Policy: Tony Blair's Iraq Decisions", *Foreign Policy Analysis*, Issue 2, 2006.

[31] Shiping Tang, "The Security Dilemma: A Conceptual Analysis", *Security Studies*, Vo. 18, No. 3, 2009.

[32] Robin Niblett, "Choosing between America and Europe: A New Context for British Foreign Policy", *International Affairs*, Vol. 83, No. 4, July 2007.

[33] Shiping Tang, "Reputation, Cult of Reputation, and International Conflict", *Security Studies*, Vo. 14, No. 1, 2005.

[34] Taylor, Paul, "The European Community and the State: Assumptions, Theories and Propositions", *Review of International Studies*, Vol. 17, 1991.

[35] Tiersky, Ronald, "France in the New Europe", *Foreign Affairs*, No. 2, 1992.

[36] Willian Wallace, Christopher Phillips, "Reassessing the Special Relationship", *International Affairs*, Vol. 85, No. 2, March 2009.

[37] Willian Wallace, "The Collapse of British Foreign Policy", *International Affairs*, Vol. 82, No. 1, 2005.

[38] William E. Paterson, "The United Kingdom between Mars and Venus: Bridge or Bermuda Triangle?", *Perspectives on European Politics and Society*, Vol. 8, No. 1, April 2007.

六 一些网站资源

[1] 伦敦国际问题研究所 (http://www. iiss. org)。

[2] 英国政府网站 (https://www. gov. uk)。

[3] 撒切尔研究中心 (http://www. margaretthatcher. org)。

[4] 欧洲改革中心 (http://www. cer. org. uk)。

[5] 皮尤研究中心官方网站 (http://pewresearch. org)。

[6] 英国外交部 (http://www. fco. gov. uk)。

[7] 英国皇家国际事务研究所 (http://www. chathamhouse. org)。

[8] 美国战略预测公司 (http://www. stratfor. com)。

[9] 中国社会科学院欧洲所 (http://www. ies. cass. cn)。

后　记

本书是在我博士学位论文的基础上修改而成。深感时间如白驹过隙，三年制的博士不知不觉读了四年，2015 年 6 月底博士毕业，又因工作和自己的懒惰，断断续续修改了一年多，直到现在书稿才得以完成。完稿之际，心中难免五味杂陈，有对书稿完成的欣喜、有对选题与论证的彷徨、有对不被接受的焦虑、有对被认可的期待，更多的还是满心感激。跨专业的学习让我当初修学分时觉得很辛苦，而接下来的论文写作才真正体会到研究的孤独与艰难。写作期间常遇到思路纠结、资料缺乏和筛选两难等情况，也会因之而陷入焦虑、苦恼之中，此时调节心态的方法就是幻想成文后的各种心情，激励自己继续打起精神前行。而搁笔之际，心中似乎并没有曾设想的那种激动和兴奋，更多的是对几年来陪我走过的老师、同事、同学和朋友们的感激之情。

首先要感谢的是我的导师赵怀普教授。结识赵老师既是一种缘分，更是一种幸运。跨专业学习需要一个适应过程，学科交叉也需要时间，4 年的学习时间，赵老师对我倾注了较其他同学更多的心血和汗水。论文从选题到框架构建再到逻辑把握，赵老师都给予了全面的把关和指导。赵老师的博学、谦和以及认真负责的工作态度都让我非常钦佩，也是我努力的方向。他不仅是我学业的导师，也是我人生的榜样。我深知赵老师工作非常繁忙，当我怀着忐忑的心情打电话邀请赵老师给本书作序时，赵老师竟欣然答应，令我大为感动，也又一次深切体会了师生深情。

感谢外交学院秦亚青教授，在他的课程中我学习了不少有益的方法论，这对论文的规范写作有重要意义。感谢曲博老师，感谢林民旺老师，感谢外交学院所有给我上过课和指导过我的老师，正因为他们的才识，让我收获颇丰，激发了很多写作灵感。

　　感谢北京大学张清敏教授、中国政法大学贾文华教授、北京外国语大学王展鹏教授、外交学院李海东教授、《外交评论》执行主编陈志瑞教授。在博士论文开题和答辩的过程中，他们给我提出了不少批评和建议，这些意见和建议对论文的后期修改、框架调整和书稿的最终成型都具有重要的指导意义。

　　感谢我的同事们，感谢罗艳艳教授、朱金富教授、杨世昌教授，感谢他们作为我求学期间新乡医学院心理学系的领导对我学习的大力支持。特别是罗艳艳教授，不但给我提供了学习的机会，还在我在京学习期间，为让我安心学习，承担了我几乎所有的工作，使我能全身心投入紧张的学习之中，能有这样的领导也是我的幸运。

　　感谢李秀敏教授，在人事处工作非常繁忙的情况下，关心支持我的学习和写作，尽一切可能提供便利，以使我完成论文写作。感谢心理学系的所有同事们，感谢人事处的所有同事们，是他们的帮助和支持给了我写作的时间和信心。

　　感谢李涛、吴太行、凌胜利、张怿丹、谷红玉、席桂桂、弋浩婕、刘匡宇、黎旭坤、史海东、韩叶、孙丽娟、崔越以及所有我的博士同学们，和他们一起学习让我重温了学生生活，和他们的交谈也给了我很多启迪。感谢师弟梅秀庭博士和宋文龙博士，在我处于新乡和北京两地不便时，给我提供了很多帮助。

　　感谢我的朋友们，在我写作疲倦和思维困顿时的陪伴，在我往来北京和新乡时的关心和帮助，在我孤独时的大力支持。

　　感谢新乡医学院人文社会医学研究中心和新乡医学院博士科研启动项目的大力支持，这也是本书得以出版的直接支撑。

　　最后感谢我的家人对我长期求学的支持，从读双学位，到读硕士，再到读博士，一路走来虽然辛苦，没有家人的支持也是很难完成的。

　　虽然完成本书的写作我倾注了最大的心力，但由于才疏学浅、水平有限，书中还存在许多不足之处和需要改进的地方。这些不足和需要改进的地方既是我下一步继续努力的方向，也是我继续奋斗的动力。

崔金奇

2016 年 12 月 23 日